本书为国家 2016 年主题出版项目

谨以此书献给

为红旗渠奉献美丽青春的人
为红旗渠奉献矫健体魄的人
为红旗渠奉献智慧血汗的人
为红旗渠奉献毕生爱情的人
为红旗渠奉献宝贵生命的人
暨前往红旗渠寻幽览胜的人
探索红旗渠梦想成真奥秘的人
特别是有意追求红旗渠精神的人

——作者

红旗渠的基石

HONGQIQU DE JISHI

焦述——著

河南大学出版社
HENAN UNIVERSITY PRESS
·郑州·

这里有历练意志的熔炉

    这里有塑造品格的模范

这里有孕育思想的沃土

    这里有滋生精神的源泉

这里有挺进太行的志士

    这里有搏击漳河的精英

他们是红旗渠的基石

    铸立起红旗渠的精神丰碑

目 录

楔 子 001

挑 战 险 峰 009

有一种基石 010
新"精卫填海" 017
比石头还硬的人 021
林红庄与清凉宫 025

面对死亡 031

英雄修建英雄渠 032
舍己救人李改云 036
前仆后继东街人 042
血染谷堆寺 046
要死应该我去死 055
风门岭洞炼真金 057

心灵最美元金堂 062
英灵流芳 066

太行赤子 081

风浪之中现忠诚 082
慧眼丹心豹子胆 095
决定命运的决策 104

精英斗士 111

虎胆英雄王磨妞 112
除险英雄任羊成 118
子承父业张买江 128
功勋炮手李存生 135
老兵新传辛山林 141

干部风采 149

对得起林县百姓 150

县长李贵速写 157
跟副县长申钖让抗旱 164
马有金剪影 167
康加兴的汗马功劳 190

圣洁情操 197

红旗渠式爱情 198
红旗渠式忠诚 206
李金花的平凡日子 214
有这样一个奶娘 218
忠孝两全的新女性 221

佳话轶闻 225

第一个在工地开汽车的人 226
走进工地的女教师 231
工地上的初中生 236
从打字员到副指挥长 241
两位铁姑娘 245

工地上的火头军	251
在洞子里摸爬滚打	256
太行基因	260

风光无限　　　　　　　　　275

美梦成真	276
阳光没有背面	289

精神传承　　　　　　　　　299

不爱金钱愿清贫	300
艰险的日子	305
护渠才女宋玉青	311
三十载风雨王家庄	316
为护渠献出生命的人	323

渠畔拾遗　　　　　　　　　331

不是尾声　　　　　　　　　337

楔　子

红旗渠是林县人民修建的"引漳入林"渠，它将发源于山西的漳河水引入了河南林县。

说起"渠"，它与林县可谓有着不一般的缘分，至今林县人也说不清道不明修建过多少渠了，仅从能够收集到的古志中扫视一下，发现林县曾修的渠就有：

天平渠：又名桃园渠，修建于元至元五年（1268年），由元朝潞安巡抚李汉卿主持修建，以太行山的天平山龙洞为水源，开道引水，向东流至林县县城。渠长10公里，宽1米，深0.7米，用3年时间修成，渠水流经桃园、白杨洼、胡家庄、李家庄等村，解决了沿途百姓饮水和县城的供水问题。

黄华渠：修建于明弘治十七年（1504年），由明朝提学副使王勒创凿，沿渠的口头村、止方村、常家庄、上申街、栗家井、火烧屯、水洼村、王家庙、郝家庄、魏家庄、高家庄、聚仙桥等共同修建。渠长10公里，宽1米，深0.7米，流量0.7立方米/秒。以黄华山泉为源，东南流入县城与天平渠汇合。

谢公渠　　供图　《红旗渠》杂志编辑部

谢公渠：明万历二十年（1592年），林县知县谢思聪组织百姓，以合涧西部山上洪山寺附近一个山泉为水源，开凿一条宽一尺半、堤高二尺、长9公里的盘山渠道，沿洪谷山北崖曲折东流，出山后至辛安北山村入池，解决了椒园至辛安等40多个村的村民吃水问题。至今这条渠上游仍保存1公里长的渠道，为附近北庵沟等村饮水灌溉使用。百姓为感激谢思聪的修渠功德，特称这条渠为"谢公渠"。清乾隆五十年（1785年），当地群众为纪念谢公修渠功德，又在渠旁立祠，名"谢公祠"。堂屋横额题"谢公祠"，右侧上联为"创渠便民千秋传颂"，左侧下联是"饮水思源万代瞻仰"。今天，在林州人开发的洪谷山旅游景区中，谢公祠成为一处熠熠放光的景观。

新中国建立前后，为解决林县吃水灌溉的问题，林县人民又先后修建了抗日渠、荷花渠、桃园渠（后更名爱国渠）、爱民渠、建民渠、瓦管渠、天桥断渠、淇河渠和上规模的英雄渠。同时，相继修建了黄华水库、曲山水库、元家口水库、西沟水库、千人泉水库、四合水库、要街水库、弓上水库、南谷洞水库、石门水库等水利设施。

其实，林县人修建的"渠"远远不止这些。由于年代久远，有的历史资料已经遗失，有的资料可能在民间尚未露面，有的当时也许就没有记录，但林县人的确是一直在干着修"渠"的活计。

修渠，就像林县人的"家常事"，说上就上，说干就干。

可是，到了修"引漳入林"这条渠，就不那么简单、不那么是"家常事"了，因为不是说上马就能上马、说要干就能干起来的！

为什么？因为"引漳入林"不像以往林县人的修渠，这条渠太不一般！太艰难！太凶险！正是这种缘故，致使"引漳入林"迟迟没能实施。

可以讲，"引漳入林"是林县百姓多年的夙愿，这个创见性的构想最早是在民间。太行山中从来不乏有独到见地的智者，只是他们人微言轻，诸多见解只是说说而已。然而，说得多了，久了，就能形成舆论。舆论是能引起各方关注的，终于在1951年林县第八届人民代表大会召开之际，与会代表正式提出了引漳河水入林县的要求……

1952年8月15日，在林县第九届人民代表大会上，代表们又一次提出把漳河水引入林县浇地，也就是要求兴建"引漳入林"工程。

这次代表们的意见引起了党和人民政府的重视，不久，县委与县政府对这项重大工程进行了分析研究，并报请省委和中央定夺。同年，中央直接派专家组到林县一带进行勘测。终因这项工程浩大、经济实力不足、工程设备与技术人员匮乏等诸多因素，致使"引漳入林"工程未能立项上马。毋庸置疑，上级不批准兴建"引漳入林"工程是正确的，专家们是以技术的眼光来审视的，他们对林县人是极其负责任的，决不会让太行山人去冒超负荷的风险和牺牲。面对"引漳入林"工程的规模、地形地势、地质结构及林县人的工程技术力量、仪器设备等等，即使再多的专家组来评估论证这项工程，都不会同意上马的。做工程也像打仗，当双方实力相去天渊，谁敢讲弱方能打败强方？既然上级派的专家组都不同意上马"引漳入林"工程，照一般人的思维，这事无须再提，即使还是想做，也要静默一段时间，待机再重新说起。可是，林县人不然，许是骨子里有太行山的孤傲，基因中含花岗岩的硬朗，他们不仅没有消停，反而，坚决上马"引漳入林"的呼声一浪高过一浪，1953年，1954年……一直呼喊，不仅在县人代会上呼喊，在党代会上也高声疾呼。不只是呼喊，同时提出了上千条"引漳入林"的提案；不只是提案，有的代表还现场表决心、发誓言，要身体力行去开发"引漳入林"工地。有人带头，就有人响应。要解决林县人的吃水困难，哪一个人不拥护呀！有句话叫"穷则思变"，其实"渴则更要思变"！想一想，整日整年被缺水所困扰，能不想法子改变现状吗？

时光进入1959年，"引漳入林"的呼声已响彻林县的四面八方、旮旮旯旯。此时"引漳入林"的舆论空前强烈，"引漳入林"的思想准备业已成熟，"引漳入林"的群众基础更是厚重坚实。

其实，"引漳入林"工程是林县人民在一步一步地向前推动着，推动到各级领导的认可，推动到各级领导同意实施，推动到林县领导与群众心贴心，同呼吸，共患难，跌打滚爬在一起，将自己的命运与林县人民一道系在了"引漳入林"工程上,以"置于死地而后生"的胆略和气魄,上马了这个划时代的工程。

1959年10月10日晚,林县县委书记杨贵主持召开了县委全体委员扩大会议,对"引漳入林"工程进行专题研究。与会人员分析了工程的有利因素和存在的困难,并出谋献策,谈了攻克各种困难的具体措施。会议从傍晚开至次日黎明,当旭日在东方天际划出第一道曙光时,县委会议室响起一片热烈掌声,"引漳入林"工程决议通过了!

1960年2月10日,林县县委、林县引漳入林总指挥部向全县人民发出"引漳入林"动员令:"引漳入林"工程正式开工。

1960年2月11日,这天是农历正月十五,元宵佳节,首批修渠大军37000人,浩浩荡荡,扛着工具,挑着行李,推着锅灶,迎着太行山早春的寒风,向浊漳河汇集。"引漳入林"的战役拉开了序幕。

倘若仅是引漳河水,并非林县人创举,早在2000多年前的战国时代,中原各国,特别是比较强大的诸侯国都很重视农田水利建设,其中魏国的"引漳灌邺"工程,也称"引漳十二渠"工程,尤为著名。当时,西门豹就任邺县县令,任期内他做了两件大事:一是打击邪恶势力,破除巫蛊迷信。邺地在林县东侧的河北磁县、临漳县与安阳县一带,可谓林县的"邻居"。战国时此地有一种陋习,就是每年选一名美女投入河中,以乞求河神保佑风调雨顺,安居乐业,美其名曰"为河伯娶妇"。西门豹到邺时,正巧赶上当地三老、廷掾、巫妪张罗给河伯娶妇。西门豹对他们说:"河伯娶妇那天,一定要告诉我,我要亲自为新娘送行。"至期,西门豹如约来到河边,他扫一眼为河伯挑选的少女,对巫妪说:"这个新娘长得有些丑,你下去跟河伯说,我这个县令为他们再选个美的。"随后,就令人将巫妪投入水中。稍停片刻,西门豹又以派人下去催促为由,令人把巫妪的徒弟和三老投入水中,并对廷掾和豪长讲,他们下去的人都不愿回来,你们谁

千军万马上太行　　供图　《红旗渠》杂志编辑部

再下去催催他们。西门豹的话音刚刚落下,吓得廷掾、豪长立即跪下,连连叩头求饶,并说以后再不敢给河伯娶妇了。"为河伯娶妇"的陋习就这样在邺地被废除。二是兴建防洪和灌溉工程。西门豹率领邺地庶民百姓,先后凿通十二条渠道,将漳河水引进邺地,灌溉民田。

由于漳河水含有大量的细颗粒泥沙，有机肥料丰富，引水灌田既能补充农作物的水分，又能填淤加肥，还使遍布于两岸的盐碱地得到改善，所以自有了引漳十二渠，邺地一带连年丰收，逐步成为政治经济中心……正因为此，西门豹治邺的佳话流传至今。

如今，任林县"县令"的杨贵，对先辈西门豹为民治水的创举钦佩不已，且身体力行，发扬光大，就要开创他的"引漳入林"大业了。可是他依然压力重重，忧深思远。是啊，眼下的"引漳入林"与2000多年前的引漳入邺，虽同为引漳河水，但西门豹是将漳河水引入邺地，那地方距林县虽仅几十公里，却是太行山的尽头，也是平原与山峦的接壤之处，在那里凿渠挖土，与在悬崖峭壁上开山造渠，将漳河水引往太行山上，可谓有天壤之别啊！

供图 《红旗渠》杂志编辑部

挑 战 险 峰

无限风光在险峰

有一种基石

基石，是建筑物基础的石料，可谓事物的根基。由于这种石料被埋得很深，一般人是看不见的，但我们在瞻仰壮丽大厦的容貌风采时，请不要忽略和忘却这种埋在地下深处的基石。是它们，默默无闻地用生命支撑着华丽宏伟的建筑。它们是大厦的根基，是宏伟建筑的中坚力量。这里，向读者报告的"基石"，是有心跳、有灵魂的"基石"，我们称之为"红旗渠的基石"。

红旗渠工程（"引漳入林"工程于1960年3月9日改名为"红旗渠"工程，以下文中皆以"红旗渠"称谓）的序幕拉开了，按照总指挥部的指示，任村公社的修渠社员担负修筑渠首拦河坝的重任。这项工程是整个"战役"的前哨之战，要在奔腾不羁的浊漳河（漳河分为清漳和浊漳两条河，均发源于山西，后在河北汇集，称为漳河）中间修筑一条溢流坝，将浊漳河水拦腰斩断，使它乖乖地依照红旗渠的线路爬上右岸的太行山，再顺着红旗渠总干渠流入林县。这一工程必须在汛期来临之前完成。否则，汛期一到，上游洪水暴发，

截 流　　　供图　《红旗渠》杂志编辑部

会猛增几千个流量,还能成功截流吗?那是要延长工期、影响通水的。而且,这种位于前哨的艰巨的攻坚战的成败,必将影响整个修渠队伍的士气。

500名男女壮士蜂拥般进入截流阵地——平顺县浊漳河的侯壁断下。家住异常缺水干旱的任村公社的社员,平日哪里见过如此奔腾咆哮的河水,更别说干过这种活计了。"漳河九峡十八段",虽是早春枯水季节,但从侯壁断下跌落的漳河水,依然是横冲直撞,浪花飞溅,气势汹汹。领战的前线民兵营长董桃周为众人鼓劲道:

"漳河再凶,还能凶过我们有力的双手?大家说,咱能不能制服它?"

"董营长说的对!困难是死的,人是活的。我们坚决制服漳河!"众人一致呼应道。

征服漳河的第一个战役打响了,先看看身为女性的姑娘们。盘山村有三个二十来岁的女青年,担负着在羊肠小道运料的任务。小道不仅狭窄且十分陡峭,每迈一步都要小心谨慎,一失足可就要命

工地上的姑娘们　　供图　《红旗渠》杂志编辑部

了。三个姑娘每日都争着超额完成任务。她们的肩膀被压得又红又肿，她们的双脚磨起血泡，她们一个月穿破四双鞋，磨破六个垫肩。那不怨鞋不结实，也不是垫肩不够厚，是她们走的路太多又太坎坷崎岖，扛的料太重呀！她们在鞋底钉上自行车轮胎胶底，把垫肩用小帆布补了一层又一层。二十岁的姑娘不爱美吗？垫这种垫肩美吗？这种鞋美吗？在姑娘们心中，只要能把活干好，把料运到，就是最大的快乐，心里就美滋滋的。姑娘们干的这种活，在工地上算是轻活了。至于男人们干的什么活，怎么个态势，还用说嘛！

就这样，战斗在拦河大坝工地的数百名民工，经过一个多月的忘我奋战，完成了一、二两级截流工程，清一色的大石坝呈现在河床两侧。最困难的时刻来到了，这就是第三级的截流合拢！事先准备好的草包、沙袋、石头像小山一样堆积在岸畔，一个个壮士摩拳擦掌，等待命令与漳河激流做殊死决战。

本来河水分布在整个河床并不算大，但当两侧被大坝堵住、挤在仅有10米宽的低谷中时，河水就奔腾咆哮起来，显得特别"嚣张"。由于它的冲击力异常猛烈，使截流合拢难上加难。没有想到，随着一声号令，壮士们砸进激流中的一个个沙袋、一筐筐石碴、一块块石头，都被咆哮的河水席卷而去。人们拣100公斤乃至200公斤的大石块抛下去，偌大的石头竟被激流冲得没了踪影。有人提出喊着号子，众人一齐把石头、沙袋扔进水中，这样应该能压住咆哮的激流。两岸的壮士跟着号子的节奏，分秒不差地同时扔进了石头和沙袋，可是依然斗不过那汹涌的漳河水，成堆成堆的石头和沙袋还是被冲走了。

战斗告一小结，精疲力尽的壮士歇息了一夜，次日一大早，他们开始新的"计谋"，在河两岸栽上大木桩，扯起数道铁丝绳索，然后喊着号令，众人同时将一筐筐石碴、一块块巨石一齐推进水里。哪里想到，这样还是不行，推下去的物料又被猖狂的激流冲走了！

还有什么办法能顶住如此疯狂的激流，使拦河溢流坝合拢截流呢？总指挥部的同志与任村公社分指挥部的同志来到渠首现场，面对宛若脱缰野马般的汹涌漳河，一道琢磨用什么法子才能够拴住这匹"野马"。

"看来用物料是堵不住了。"总指挥部办公室副主任段毓波说，他指的物料是石头和沙袋之类。

"是呀，两百公斤的大石头都镇不住，这水太凶了！"民兵营长董桃周说，他是任村公社在施工现场最大的领导。

"没想到漳河这么厉害，冲走咱那么多石料，叫人心疼呀！"段毓波不只是惊叹面前漳河的狂暴凶悍，他还可惜准备了那么久的石料都白白地被冲走。他的话突地引发董桃周一个设想，心直口快的

太行曙光

民兵营长说：

"对，咱干脆用人来挡水！"

"人？啊！太危险！"段毓波有点儿吃惊。

"它漳河水再厉害，还能厉害过咱的人？"董桃周说这话，信心是很足的。

"可——那水冲得恁猛，要是把人冲跑了咋办？人命呀！三四百斤的石头都顶不住呀，咱的人一个个撑足了也就是一百五十斤，瘦的还不足百斤哩，搁住那水冲吗？"

"老段呀，咱人是活的，那石头是死的呀！咱人虽比不过石头沉，别忘了，咱是能蹦能跳的，有心有肺有脑子的，难道咱不比石头厉害？"民兵营长向段主任说着他的见解。

"要说也是，还是人厉害。"段主任有点儿倾向民兵营长的说法了。稍停片刻，他还是不无担忧地说："不过，这天气还是冷呀，你看，那河两边还有冰碴子呢，人跳到水里，不知道饿得住饿不住？"

"总得跳进去试试才知道呀。叫我说，应该能饿得住。再说，不

摄影 彭新生

用人去堵水,你还有啥好法子没?"其实,董桃周说的这堵水的法子,也是思来想去,没了别的办法才撂出来这一招。他当然知道这办法充满了凶险。

"也是呀。桃周,你说的对,不用这法子,又没别的法子,咱总不能干瞪眼停下不干吧!我想起当年董存瑞去炸碉堡,那是没有支架支起炸药包呀。要是能找到个支架,还用董存瑞用自个肉体作支架吗?这是一个理儿,不能因为怕危险就不往上冲!我同意这办法,也是没别的办法了,不这样又能咋办?不过,你别说是咱指挥部定下的办法,先让大家议一议,看看群众有啥反应再说……"

民兵营长将这个想法一放出去,立马得到众人响应,一个个都要冲锋向前,没一个人打退堂鼓。董桃周从人群中挑选出四十多个体格壮实的小伙子,组成一个特别支队。小伙们不由分说,一个个脱去衣装,接二连三跳进冰凉的漳河。在民兵营长指挥下,他们臂挽臂,肩并肩,手拉手,排起道道人墙。狂暴的激流没能冲破人墙,只好咆哮着打起回旋,一股激流接着一个回旋,反复地卷土重来,凶悍地、猛烈地袭击着一个个赤身的林县汉子，却依然冲不垮热血躯体筑就的人墙。此刻，民兵营长领诵起毛主席语录："下定决心，不怕牺牲，排除万难，去争取胜利！"

四十多个汉子反复地、铿锵有力地诵念着这句话，感到热血沸腾，激动不已，他们的呼声震住了太行山早春凛冽的寒风，他们的热血顶住了漳河水刺骨的冰冷。四十多个林县汉子的臂挽得更紧了，肩并得更紧了，手拉得更紧了，他们同声高喊："团结就是力量，团结就是胜利……"

这哪里是四十多个血肉之躯，这分明是一道铁壁铜墙，竟然使那狂暴不羁的激流只能在其面前回旋打转，就是无法越过这道特砌的人墙。垒堰的人们哪里敢有半分怠慢，一个个手疾眼快，急步流星，抬石头的，背沙袋的，在人墙下游垒起一块块巨石，贴上一个个沙袋，填充一筐筐石碴……

在四十多个汉子往河水里跳时，细心的段毓波已与总指挥部联系，告诉他们，前线要采用人墙堵水了，马上送来两瓶烧酒，让下水的人喝点儿暖暖身子。段主任知道，总指挥部那里也没几瓶酒了，他就没敢多要。

酒瓶在站在冷水中的人们的手中传递，尽管每个人只是稍稍抿那么一点儿烧酒，但心中顿感火辣辣的！

就这样，人墙截流轮番奋战三天三夜，漳河终于被驯服了，它不得不按照林县人的意志，流进红旗渠渠源隧洞。

为什么一块块二百公斤重的石块堵不住的激流，却被一个个身躯仅有几十公斤重的林县人堵住了？因为他们是一方方有心跳有灵魂的"石头"，他们不只有石头本身的分量，更有一种精神含量，精神所产生的爆发力是所有科学仪器测量不出来的，也是以技术眼光看世界的工程师们无法评估和判断的。

他们就是"红旗渠的基石"。

新"精卫填海"

红旗渠工地的壮士们以超人的毅力和韧性,以无比的耐心和信念,肩扛手搬满山遍野的石头、清理工地的壮举,可与精卫日衔西山石木填东海比肩。

石子山位于山西省平顺县豆口村南,是红旗渠总干渠必须通过的一道险关。说它是险关,一是其特殊的地质结构,山的下部20至30米为石英岩层,上部是130多米高的鹅卵石堆积层,石缝间夹有细沙,胶结度很差,整个山体缺树少草,孤独地矗立于浊漳河南岸。一遇刮风天气,这里的沙土就被风卷起唰唰作响,山坡鸡蛋大的石头像冰雹般乒乒乓乓地落下来,砸进浊漳河,溅起朵朵水花。二是这里山体陡峭光秃,人想上山,手无抓挠之物,脚无蹬踏之处,倘若有丝毫闪失,滑坠悬崖,连尸骨也保全不了。

可以想象,在这地方开山挖渠是何等艰险。就是在这登山比上天还难的险隘悬崖,几个胆大心细的突击队员硬是用鸡蛋粗的麻绳捆住自己的身躯,吊在山体半腰抡锤打钎,轮班苦干十个昼夜,打

工地一角　　供图　《红旗渠》杂志编辑部

成一个直径3.5米、纵深18米、往下直拐6米的特大炮眼，装进去2125公斤炸药，安放260个雷管，点燃之后，一声排山倒海的巨响，可谓山崩地裂，石子山被开膛破肚，动了惊天地、吓鬼神的大手术！

放炮之后，大炮崩过的石子山的石头像雨后山洪，哗哗直往下泄，整整流动三天三夜，三天后方渐渐地停下，但一遇山风，鹅卵石又开始往下滚落。

看着满山一见风就往下滚的鹅卵石，人们默默无语。满山遍野的石头蛋子，连走路都难蹚过去，还怎么施工干活？面对堆如小山的石头，人们无计可施，一筹莫展。民工个个心里只是叹息，这石子山真是厉害，怪不得民谣中说：

石子山，鬼门关，腰系白云峰触天，大风呼呼绕山转，飞沙走石往下翻。猴子不敢上，禽鸟也难沾。

唉！崩炮前谁能想到，炮崩后会下落这么多石头蛋子……工地总指挥长马有金就在现场,他和大家一道静默一阵子,就耐不住了,许是他想出了治这石头蛋子的法子。只见他走到一个大鹅卵石旁,蹲下身子,呼叫道:"快来俩人,把这块石头抬到我肩上。"听到马副县长这话,一个个在场的人都惊呆了,有些疑惑得不知所措,马县长是要干啥哩?他说的那块鹅卵石可不一般,必须俩人才抬得起,还让放他肩上?

马有金有点儿火了,提高了嗓门吆喝道:"发什么呆,快点,把石头抬我肩上!"

在场的刘老二知道马县长的脾气,他不敢再怠慢了,马上伙同两个人把石头抬到马县长肩上。只见马有金慢慢站立起身子,背扛着石头一步一步地向崖边走去,走至崖边猛一转身,把那大石头抛到崖下漳河,只听"轰"的一声,漳河水溅起足有丈把高的浪花。

马有金又走回来,问大家:"你们谁有啥好办法收拾这石头?"

没一个人回应他的话,场面静默起来。

"没人说话,那就是你们没啥好办法收拾这石头,是吧?"场面依然静默,"好吧,大家都没好办法,只能用我刚才这个笨办法了。现在就开始,我们的优势是人多,山上的石头再多,也是搬走一块就少一块,它总不会再多生一块吧!咱们就冲着搬一块少一块的结果,干吧!"

马有金边说边又搬起一块石头向崖边走去……

在场的人终于明白,马县长是要用这蚂蚁搬家的办法来清除石子山这不计其数的石头啊!没有人再说什么,在马有金的感召下,一个个壮士都搬运起了石头……是啊,既然大家都没有更高明的办法,只能用这笨法子了,笨法子总比没法子强。偌大的工地,紧急的工期,总不能停下来怠工等待吧!

不用指令,搬运石头的队伍像滚动的雪球,愈来愈大了,各个分指挥部都安排属下民工涌进了搬石头的队伍。运石路上可谓八仙过海，各显神通，用肩扛的，双手抱的，俩人抬的，宛若一场人海战争，煞是壮观。运石路上，有人领喊劳动号子，有人齐诵鼓劲的豪言壮语，有人互相激励展开竞赛……

经历整整七天的超负荷苦干，石子山上活络的鹅卵石终于被清除得干干净净。这种流动的石头不再威胁现场干活人的安全了。可是，山体的沙粒小石子还是不断往下流动，依然影响渠线的施工安全。

没有什么难题能阻挡修渠壮士的进击，他们搬运石头的举动岂止只是蚂蚁搬家，这种毅力、决心和韧性可与精卫填海相比。傲视着还不驯服的石子山下落的流沙石子，壮士们竟然在倾斜近80度的山体陡坡上横向挖出一条深沟，牢牢地把石流拦腰截断。为了稳妥，又从别的山上割来荆条、马夹条之类，编织成四道防护网，后面打上钢钎，再后面又设立几道石岸，彻底改变了施工环境，保证了施工壮士的人身安全。

石子山战役，正是以精卫填海的壮举，攻克了这道"鬼门关"。

比石头还硬的人

红石崭的石头无比坚硬,在太行山岩石中硬得称雄。然而,敢闯红石崭的壮士个个比它还硬。

过了石子山,来到红石崭。如果说,石子山是以它陡峭绝壁的不毛躯体及飞沙走石翻腾出的迷尘石网来阻拦红旗渠的通行,那么,红石崭则以它凌空高耸倾斜的恶檐和出奇钢硬的石质威逼着修渠壮士:"红旗渠想从我红石崭通过吗?做梦去吧!"

位于石子山东侧的红石崭,背靠太岁峰,前临漳河水。特殊的山躯,越往上越向外倾,倾斜于空中的山岩活似卧着的一只羊,远望去崖间犹如檐下蜂窝般大大小小的羊群,当地人叫它"羊檐崭"。

红旗渠要从这道崖崭的下半截通过,原计划凿洞穿越,可是下面是风化层页岩,上面是陡峻的石英岩,如此山体地质结构,下面页岩难以承受上部的压力。指挥部决定从中间掏心,再从外面设一道墙,砌成沿山明洞。经过实践,证明这种施工手段危险性更大。最终,只有一个办法,就是从山体顶端往下劈。倘若没有天大的胆量,咋敢这样整治？

东岗公社分指挥部抽出70多名强壮劳力，开始了劈开90多米高的石崭的壮举。他们腰系绳索，身吊半空，凌空打钎，夜以继日，一连要打12个大炮口，每一个炮口直径1米多，深13米。为什么这么大？因为每个炮眼要装1000公斤炸药。不然，以那种小打小闹的办法崩山，哪里能有从上至下劈山的效果！

红石崭的石质特硬特强，打一锤，那钢钎在石头上蹦一蹦，钎头根本打不下去。仅仅打不下去还不算什么，有的钎头硬不过石头，反而被石头顶断了。咋办？钎头打不进岩石就不打了呗，那是不可能的。一下子打不下去，就两下子，两下子还打不下去，就三下子、五下子……俗话说，只要功夫深，铁杵磨成针。修渠壮士跟红石崭的石头较上劲了，就这么地硬打狠打猛打一直打，直打得那从没遇见过这般硬头硬脑的石匠的岩石渐渐软了。说是软，其实并没有软，那岩石一直与石匠过不去，生生地顶撞着一支支钎头，那是经过高温冶炼的钢做的钎呀，一个又一个被红石崭的石头顶弯了，顶秃了，顶得断开了……钎弯了，钎头秃了，钎断了，没关系，重新修造。为奉陪红石崭石头的挑战，工地边架起两盘铁匠炉，配备6名铁匠，从早干到晚。干啥？捻钎头，修钎头，铁匠下决心说："你红石崭石头硬嘛，厉害嘛，我这钎头就奉陪到底，看看谁硬过谁？！"

前线抡锤打钎的壮士更是摽上了劲，抡着锤说："你红石崭的石头硬吧，再硬，能硬过我们修渠的汉子？叫你见识见识，看谁硬到最后……"

石头只是死硬，人却会用智力取胜。为了减少钢钎磨损，打钎的人会沾上水打；为了取得更好效果，打钎的人会先打个小洞眼，在小洞眼里放些炸药，放个小炮崩一崩。这样崩一崩，打一打，炮眼自然而然愈来愈大了。这样的打法是要打钎人下进洞子干的，当炮眼打到一定程度，人必须跳进洞子作业。洞子里往往因缺少氧气

渠畔铁匠　　　　　供图　《红旗渠》杂志编辑部

而发生窒息死人事故。可是，壮士们没有因为怕死而退却，也没有因为怕自己出危险而耍滑头，遇上这凶险活计反而都抢着向前冲。在红石崭工地，有一天已经打好一个较大的炮眼，需要下洞子作业时，工地上的一个独生子与本村另一个小伙争将起来，谁都说自己应该下去干活，最终另一个小伙厉声吆喝道：

"小江生，靠一边去。"边说边拉住欲要下洞子的小伙："你小江生，爹娘都残疾了，都等你修好渠回家照料他们哩。要是死在洞子里，你爹娘可咋办？俺爹俺娘身子骨都硬朗着哩，俺怕啥！"

随着话声，小伙"扑腾"一下跳了下去。

听听，乡里乡亲多么明白事理，又是多么善良博爱啊！

红石崭，在这么强悍勇猛的修渠壮士面前，能不退缩吗？

当12个深13米、直径1米多的炮眼全部打好时，每个炮眼都装进了1000公斤炸药，布成的连环炮一齐点燃！只听震天动地"轰"

今日红石崭　　供图　《红旗渠》杂志编辑部

的一声,半个山头应声倒下,那是12000公斤炸药的威力啊!不,何止仅是炸药的威力,那是比红石崭的石头还硬的修渠壮士的排山倒海的威力!

是的,再硬的石头,还有修渠壮士的钢筋铁骨硬吗?!

林红庄与清凉宫

蓝天白云作棉被,大地荒草当绒毡。高山为我站岗哨,漳河流水催我眠。

这首诗是对清凉宫的真实写照,在红旗渠工地流传甚广。当三万多名修渠大军一下子涌进了红旗渠工地,山西省平顺县沿渠的村庄竭尽全力为林县人腾出230多间房子。山西人哪里能想到,林县人有这么大的冲劲儿,一下子就上来几万人,比他们整个乡的人还多得多,他们哪里有能力解决这么多人的住宿之急。腾出的200多间房子,只能解决1000多人的住宿问题,还有数万人怎么办?三万多人的住房事宜,可以说对小小的平顺县来说是没有能力安置的。但是,能因为没有房住就不动工吗?这信息开始只有领导知悉,奔往工地的民工并不了解实情,所以在往工地行进的路上,城关公社就有人问带队的公社领导:"咱们晚上住啥地方?"

城关公社的领导是个很风趣的人,他只是说:"晚上咱们住清凉宫。"

吃住在山洞　　　供图　《红旗渠》杂志编辑部

"清凉宫，这名字好听。"有人赞扬。

"应该是个寺庙，要不就是个大殿什么的。"有人往"宫"的意思猜测。他们想让领导说个清楚，到底是啥地方。

"甭问了，到了地方就知道了。"公社领导这句话堵住了大家的提问。

一直走到天黑透了，队伍走至一个山崖下，这时领导说：

"到了，就在这地方。"说着话，他把背的行李放到地上。

"咋不见有寺庙？"有人发问。

"也没啥大殿房舍呀。"

"往下看，是不是平平的石板？"领导让众人看脚下踩的石头地面。

是的，这是一片平坦的石板，公社领导已经打前站来这里"考察"过了，在与老乡协商腾房的事之后，他们就决定将这方地盘作为"清凉宫"安排住宿。

"'清凉'不假，可没'宫'呀。"有人笑哈哈地提出异议。因为刮来的山风确实凉，不，哪里只是凉，刚立过春的太行山，山风凉得有些冷，冷得还有点儿刺骨哩。

风趣的公社领导也笑哈哈地回应道：

"这你就不懂了。往左看，这太行山是不是正为咱站岗哩；往右看，漳河水是不是正为咱弹着小曲儿哩。仔细听，流水声真像唱的一样好听；往天上看，那月亮是不是特别明，特别亮，月光又特别白，月是故乡明嘛，还有这山风轻轻地刮着，它是在跟咱说心里话哩。你们说，这地方不是清凉宫，是啥？嘿嘿嘿……"领导一番话把大家都逗乐了。没人说三道四，更没人怨这怨那。就在这方平坦的石板上，大家纷纷解开行李，一字排开铺好"床被"，照男左女右顺次躺下，中间由一对夫妻将男女分隔开。平日大家都是在自己家中过夜，没有感觉到山里的气温反差如此之大。到后半夜，山风冷飕飕的，像利箭直钻被窝，别说被窝没一点儿暖气，连人的躯体都冻凉了。不过，再凉，一颗颗修渠引水的心一直是热乎乎的。也是靠这颗永远不凉的热心，民工们在清凉宫安营扎寨了。

"林红庄"的村名则是在清凉宫之后被确认的。林红庄并不是人们概念中的村庄，它是在山西省平顺县马塔村对面崖下土坡上，用镐头掏出来的许多特殊的屋舍——小山洞，住着一支特殊的修渠"部落"。那是在鸻鹉崖、谷堆寺连续出现人员伤亡的惨烈事故之后，总指挥部决定组织各公社精兵强将进行大会战，以攻克鸻鹉崖险关。六七天时间，各公社积极报名参战的人已超过15000人。经过挑选，由5000名青年壮士编成15支突击队，由副县长马有金率领来到鸻鹉崖下。马有金做事总是身体力行，并不只是口头指示下级。他一到现场，就看准个地方，把自己的铺盖一放，找了一把镐头在山崖上掏起来，他是要打一个洞房作为安身之处。大伙一见领队的马县长这种做法，都跟着仿效起来。一个多小时过后，一座又一座的洞房就掏得差不多了，人们又从山坡上割来一捆捆蒿草，往洞子里一摊，

红旗渠的基石

劈开太行山　　供图　《红旗渠》杂志编辑部

铺盖往上一铺，就这样安家了。

小山洞特别的小，一个人躺在里面像被镶嵌起来，不能站立也不能翻身，一起身就碰脑袋，至于保暖就更不行了。但是，这确实是修渠人安居的地方。

修渠壮士就是这样自觉地解决住宿难题，不论是领导还是民工，不管是男的还是女的，也不管是老的还是少的，找不到合适地方，就地取材，垒石庵、挖洞子、睡崖下、躺石缝，即使露天打铺，睡没有屋顶、没有床、没有火的石板，也是家常便饭。这是一个特殊的部落，这是一座特殊的村庄，这是一片特殊的天地，这是一方极其坚毅刚硬的王国。几块布篷撑起来，就是指挥千军万马的指挥部；三块石头支起一口大锅，就是烧火做饭的大伙房；搬几块石头一支，就是办公写字的桌案……

其实这里许多乱坟岗及废弃的墓道都住着修渠壮士。在人海战术的工地上，每一寸土地都是金贵的。

壮士们是乐观的，他们不会告诉你自己住在乱坟岗，住在埋过死人的墓道里。他们找了一块很方正很好看的大石头，写下了"林红庄"三个大字。那意思是林县人修建红旗渠的村庄。就这样，"林红庄"叫响了。

红旗渠在修建过程中，渠线一直向前延伸，工程跟着渠线走，人们跟着工程走。当鸬鹚崖险关被闯过之后，林红庄也随之"渐行渐远"了。如今，尚有修渠人遗存的小洞穴和光石板，尽管它们已凋零残破，但留给人们的记忆是永恒的、美丽的。

供图 《红旗渠》杂志编辑部

面 对 死 亡

生命诚可贵,爱情价更高,
若为自由故,二者皆可抛。

[匈牙利] 裴多菲

而林县人是这样改写此诗的:

生命诚可贵,亲情价更高,
若为治水故,二者皆可抛。

英雄修建英雄渠

那石块堆砌的渠岸,是诸多无名英雄的血骨铸就的。那清澈甘甜的渠水,是无数勇敢壮士的汗水酿造的。

在修红旗渠之前,林县曾做过一个较大的水利工程——淅河渠,之后改名为英雄渠。

淅河发源于山西陵川、壶关境内,流经林县与淇河相汇,之后入卫河。由于特殊的地理环境,致使淅河两岸常年闹灾。村民弃家逃荒、妻离子散在这里很是普遍。1955年当地政府就有了修建淅河渠的构想,并抽调人员进行勘测。到1957年修渠条件成熟,由林县的合涧、东姚、横水、城关等8个乡抽出8300名劳力,组成113个修渠突击队,于年底上马出征。

有诗赞道:

人马轰轰齐出动,万名英雄献本领,
峭壁悬崖修渠道,林县人民胜愚公。

红英汇流　　供图　《红旗渠》杂志编辑部

可以说，英雄渠是红旗渠的一个缩小版或前奏曲，在这里遭遇的凶险，通过的关隘，攻克的难题，在红旗渠又重新上演了。只是后者规模更大，凶险更多，气势更雄，工期更长。

英雄渠斩断80道岭，填平70道沟，大小建筑物81个，开山劈石162019方，挖土291765方，砌石6538方，用工83万个，于1958年5月1日通水，四道支渠共灌溉351个自然村、2800公顷耕地，解决了80000人远道取水的困难。

修建英雄渠的农民诗人这样写道：

手打千眼炮，脚踢万重山，
苦战五个月，山区变江南。

近万名民工，以愚公移山的精神，夜以继日，迎寒冒暑，苦战150多个日日夜夜，完成了了不起的英雄渠。

在不算长的5个月中，有9位民工牺牲了，为了林县的水利事业，为了英雄渠胜利竣工，他们献出了人生最宝贵的生命。他们是：

赵王学，小店南山村人，年轻的村干部。他带领群众苦干大干，提出"头可断，血可流，不建成英雄渠誓不休"的口号。1958年3月4日，天不作美，下起雨来，为赶工期，他带头冒雨作业，被滚下的山石砸伤牺牲，年仅27岁。

秦全增，合涧辛安村人，在工地担任炮手，他设计的"斜眼炮"、"空心炮"、"拐弯炮"等多种爆破方法，炸断了坚硬的红石崭。1958年3月18日，因装炮触爆雷管牺牲，年仅20岁。

李全仓，合涧辛安村人，与秦全增一起装炮牺牲，年仅24岁。

郭长生，合涧道棚庵村人，1958年8月1日上午11时，在大战虎头垴支渠中，由于炮捻燃速过快，炸药爆炸牺牲，年仅24岁。

申天存，合涧道棚庵村人，与郭长生一道牺牲，年仅 32 岁。

曲双嘉，河顺西曲阳村人，"林县山区建设协作军"第四团炮手，1958 年 8 月 22 日晚，在三井沟开辟英雄渠第三支渠时牺牲，年仅 22 岁。

郭太保，东姚安山人，1958 年 7 月，因山石砸中头部，在施工现场牺牲，年仅 32 岁。

魏嘉元，城关高家庄人，1958 年 4 月 27 日，在火焰山的悬崖打钎，山石飞滚砸伤腰部牺牲，年仅 19 岁。

贾宝珍，横水黄家岗人，1958 年参加英雄渠建设，1959 年 4 月转战弓上水库，在推土运料时，因土岸坍塌砸伤牺牲，年仅 19 岁。

正是"英雄修建英雄渠，英雄渠上尽英雄"。

生死存亡是最严厉的考验，面对世间大多世事，在死亡威胁之下，退缩者众，进击者寡，能否闯过"死亡关"，往往决定着成败得失！看看太行山中的林县人吧，看看林县人是如何面对死亡的吧！

舍己救人李改云

当死神不期而至的危险时刻,还有什么比舍生忘死去救他人的行为更加可敬!

李改云可称为"一不怕苦,二不怕死"的女性。本来组织没有安排她去修红旗渠,领导她的大队支书这样对她说:

"改云啊,你还是在家吧,上工地修渠太苦,那活计叫男人们干吧。家里的事也得有人招呼嘛,你就甭去了。"

当时,李改云任姚村公社井湾大队妇女大队长,22岁的她是大队最年轻的大队干部。面对大队支书关心的话语,李改云却有自己的主见:

"你还是叫我去吧,上次修南谷洞水库,你就说那工地太苦,叫男人去干吧,不叫我去。咋的,苦活累活都得叫人家男人干,女人就不能吃苦,这公平吗?再说,就是排队轮,这回上工地修渠也轮到俺了,不管说啥,这回该俺去了……"

大队支书见改云这气势,不再劝她留家里了。这时的李改云,

面对死亡

李改云　　　　　　　　　摄影　李俊生

还是新婚不久的新媳妇，丈夫参军正在部队兵营。既然准她去修渠，就给她压上担子，毕竟她是妇女大队长，有一定的能力，特别是做女人的工作。当时，就让李改云当了4个村子的妇女营长。

1960年2月11日那天，清晨5点钟，李改云带领200多名青壮年从井湾村出发了。出发时，村里大食堂发给每人6个窝窝头，是用红薯面、玉米面和红薯叶做的，这是两天路途中六顿饭的口粮。

李改云带的队伍，目的地在山西平顺县王家庄，红旗渠渠首的位置。第一天天黑时，她们赶到河北省涉县的一个小村庄，由于人太多，小村庄哪有能力安排这么多人住宿，除一少部分人住进了房子，大多数人不是睡在老百姓院子里或打麦场，就是在牲口圈过夜。李改云和几个妇女一起在一个驴马槽棚将就了一夜。晚饭吃的是凉窝窝头，喝的是凉水。第二天又是清晨5点钟，大家就起程向渠首进发。

第三天还是清晨5点钟，李改云带着她的队友向修渠工地进发。这时天还不亮，走在最前面的人手提马灯照明，肩扛红旗带路。李改云时时提醒各位乡亲，别看马灯，后边的人要拽着前面人的衣服，一个紧挨一个地前行，以防在拐弯地方失足——下边是三四百米深的悬崖。

到了工地，人们才发现，这里哪是他们想象的施工工地，全是陡坡石块，站都站不稳，稍不小心，就有摔到万丈深渊的危险。身为营长的李改云，一边带大家干活，一边手掂个喇叭式话筒，不时地喊话，要大家注意安全，不仅小心脚下，还要注意上边有飞石坠落。

开始干活时，李改云带的队伍改名叫"刘胡兰突击队"，她们与男人们展开了劳动竞赛，在岩石上写下这样的誓言：

"头可断，血可流，不修成渠不回头！"

"宁可苦干，不要苦熬！"

"人和渠水一块回！"

李改云带领着"刘胡兰突击队"，向陡峭坚硬的山体挑战。她还要负责200多个民工的人身安全,别人有歇一会儿的时间,她没有。只要遇上大家歇工的间隙,李改云就到工作面检查,对着简易的喇叭话筒,宣传施工的危险性,要求每个人提高风险意识、防范意识。

然而,凶险的事故还是发生了。1960年2月18日,时间已到正午12点,劳作半天的人该收工了,李改云像往常一样,收工前到每一个工作面检查一番。当她走至一个工作面,这里的民工正准备插杠子撬动已开挖的一道壕,李改云突然发现,上面一块大石头在晃动,时有土石落下,下边几个人还在专心干活,情况十分危急。见这场面,李改云大喊:

"不好!快撤出去!石块要掉下来了!"人们听到喊声,迅速撤出危险区,可是,十六岁的女青年郭焕珍却没动静,依然低头弯腰搬石头。

只见李改云一个箭步飞奔到郭焕珍身边,用尽全身力气,两手推着她,狠劲地把郭焕珍推到一侧的安全地带,这时,崖壁塌方了,只听见一声巨响,劈落下的沙石砸着了李改云,沙石伴着李改云坠入几十米深的悬崖。人们已看不见了刚刚救人的她,李改云被山石和土渣裹住了。当人们跑到悬崖下,方发现了女营长的踪迹。大家七手八脚地刨起石块和土渣,尚有呼吸的李改云已成了血人,她的右小腿开放性粉碎性骨折,仅有一些皮连着,大动脉血管破裂,向外喷血,血和泥渣与李改云的右腿黏在一起。有些经验的人马上用绳子将她的大腿扎住,以防止大动脉继续出血……

当李改云躺在林县人民医院的病床上,完全苏醒过来时,她问起自己最关心的事:

"焕珍呢,她怎么样了?"

病床前的乡亲告诉她,郭焕珍很好,啥事也没有,与大家一样正在工地呢。

听到这话,李改云方释然地说:"那就好。焕珍才16岁,以后

以救人英雄李改云命名的"改云桥"　　供图　《红旗渠》杂志编辑部

日子长着哩,连婆家还没说哩,要是有个三长两短,那可咋办?"

"放心吧,改云姐,我们大家都没事,大家都祝福你,甭操工地的心了,好好养伤啊。"一个陪护李改云的年轻姑娘,听着她只是关心郭焕珍,却不问问自己的伤势,心疼得直想哭。唉,这个改云姐,哪里知道,医生已向公社领导建议,将她的右腿截肢。改云姐要是截了肢,先前那个健美豁达的她会成啥样子啊?她新婚不久的丈夫正在异地部队,知道了这事,该多伤心啊!

医生建议截肢的话,没人敢跟改云讲,大家都在悄悄地祈祷,祈求苍天保佑李改云,千万别截肢,保佑李改云能恢复健康。在病床前,只想安慰她,有人故意转移话题,说:

"平时俺谁也没见过你能跑得那么快,出事时,老董哥说你简直像支箭,一下子就射到小焕珍跟前啦!"

"我能不快跑吗？我是营长，得对咱营几百号人负责呀！哪一个兄弟姐妹出了事，都叫我心疼难受啊！"李改云真诚地说。

"可……改云姐，你就不怕，那石头掉下来，要砸死人的呀！"一个年轻的乡亲这样问她。

"谁不知道那不长眼的石头危险啊，谁叫我先看见那石块要坠落下来了。我看见了，能见死不救吗？能只为我自己一跑了事吗？那场面，就是要人命也该要我的命，不能叫姐妹兄弟去死啊……"

没有人不相信李改云讲的是真心话，她已经用行动证明了。大家心里在流泪，面颊上却强涌动着笑容，说着宽慰她的话，默默地祝愿她平安无事。

李改云舍己救人的行动惊动了四方，上级领导极其重视，特派直升机将她送进省城最好的医院救治。为了李改云的生命安全，医生曾几次建议截肢，最终在领导的关怀与医生的努力下，保住了她的右腿，但是落下了终身残疾。右小腿因为感染腐烂，肌肉全被挖掉，致使小腿逢遇天变就隐隐疼痛，平时走路也有点儿瘸。

李改云从没有因救人落下残疾发过一声怨言，提起这事，她总是乐哈哈地说：

"这事做得值，毕竟救人一命，自己瘸一点儿疼一点儿算啥……"

前仆后继东街人

前仆后继的"战术",往往使弱者打败强者。其实,它是制胜的法宝。

鸻鹉崖工段是红旗渠要通过的一段天险,位于林县与平顺县交界处的山西境内。这段工程有谷堆寺、鸡冠山、鸻鹉崖三个险峰。这里地势险恶,山体陡峭,湍急的漳河从山麓北侧迅猛流去,给施工带来极大难度,林县城关公社接受了这块难啃的骨头。

蜂拥而上的民工,在山顶打上三根钢钎,作系人绳索的绳桩。他们在上无寸物可攀、下无立足之地的悬崖峭壁凌空施工,抡锤打钎,早将艰苦和生死抛至九霄云外,唯一想的是,尽快把炮洞打成,快快结束这场险峻的工程。经历四五十天的苦干,他们在鸻鹉崖打出了39个20多米深的大炮眼,要分四层切下,把200米长、250米高的鸻鹉崖从上至下直劈80多米,等于劈掉一部分山体,工程的巨大险峻可想而知。

城关公社东街村的张文德、杨黑丑、苏福财和杨五成为一个班组,

劈山凿石　　　供图　《红旗渠》杂志编辑部

他们在打一个直径 1 米、深度 8 米的大炮眼，待炮眼打好后，里面装上数千斤炸药，放一个老炮，方能把山劈开。4 个小伙子已经不是第一次打这种炮眼了，为了赶速度，就要不断放小炮崩山石，每放一次小炮，就能崩下不少碎石，将碎石渣清理出来，再接着往下打……眼下炮眼已打至 4 米多深了，又刚放了一次小炮，炮响过后是一阵浓郁的烟雾。如果等烟雾散尽再下洞底去清理碎渣烂石，太耽误时间。这时候，苏福财就脱下自己的外衣，下洞里驱赶烟雾。

开始，上边的年轻人与洞里的他还相互传递着信息，不大会儿，就再也听不到苏福财的声音了。这下子急坏了洞子上边的年轻人，只听杨黑丑说："我下去看看。"随着他的声音，人已下至洞里，他只与上边的人对了两句话，就再无回音了！这时间张文德已经觉得情况不妙，一门心思地要去救亲兄弟般的乡亲，他什么话也没说就"扑腾"一下沉入洞里了，结果也没了动静。这时候上边只剩下杨五成了，眼睁睁地瞧着3个伙伴都下去了，又都没了回信，他心急如焚，恨不得一蹦三跳地下到洞底，将3个兄弟伙伴拉出来。他将要下洞时，突然被一个老者抱住了，老者叫苏九江，也是本村的村民，刚才的阵场，他都亲眼看见了，老者判断，下去的人是中毒了，这种放炮后的毒气很厉害，如果抵抗不住，真个是凶多吉少。眼看着3个年轻人没有上来，这个杨五成再下去，肯定也上不来。杨五成哪里肯依，他用尽气力，企图挣脱老者的双手，这时又来了几个同村人，见状后立即围住了杨五成，他们知道这是洞子里浓烈的毒气在作怪，这时候下去一个死一个，决不能让活着的人再做没有必要的牺牲！

当毒气慢慢散出，人们将3个遇难的年轻人捞出洞子，3个生龙活虎的小伙子转眼间成了3具尸体，静静地躺在那里。围过来的人都哭了，苏九江瞅着3个可爱的小伙子，老泪纵横地说："孩子啊，你们没看到红旗渠修成就走了，你们才刚刚成人啊……"

是的，他们都有修成红旗渠的坚定信念，都怀着渠水滋润家乡的美好憧憬。可是，他们没有看到成功的美景就离开了人间，他们都是二十几岁的孩子啊！

苏福财：24岁

杨黑丑：23岁

张文德：22岁

这一天，是1960年5月10日。

真是祸不单行啊！日子过去不到一个月，6月7日，又一个悲剧发生了。

这一天,城关公社逆河头大队的炮手余长增干着他日常装炸药的活计,他用双手捧着炸药往炮眼里塞,装了一会儿炸药,他嫌这样装下去太慢,就改用铁锨从炸药袋子里铲起炸药往炮眼里装。这种法子以往偶尔也用过,那多是活急,往前赶时间,才用铁锨替代双手。可是,他没想到这回用这法子却出事了,要装的是黑色炸药,是见火就炸的危险品。也不知是他用力猛了,还是那铁锨正好碰撞着石头的棱角,铁锨与石头撞击后迸出了火星,火星引燃了炸药,只听见"轰"的一声,炸药爆炸了,强大的冲击力裹挟着余长增,把他抛出老远,余长增变成了一个火人,躺在地上不省人事……

人们很快把烧得像焦炭似的余长增送到医院,在医护人员的抢救下他奇迹般地苏醒了,他苏醒后的第一句话不是问自己的伤势怎样,而是说:"等伤好了,我还要上工地修渠。工地那么忙,活那么紧,我咋能在这里躺着,我得上工地好好干下去……"

然后,他的第二句话是:"我口渴,医生,我想喝水。"医护人员很清楚,面前的伤员已没救了,他的伤势太重了,仅看外表已成个焦炭式的躯体,只是心脏还在跳动。医生惊奇的是,这样深度和广度的灼伤病员,还能说出话来,说的是"等我伤好了还要上工地修渠……"若不是有一种神奇特殊的力量在发挥作用,伤至如此程度的伤员,早已精神崩溃了。如果尚有一点儿思维,只会想到命保住保不住,哪里还会想着再去修渠!医生看着余长增干裂的嘴唇,没有满足他喝水的要求,只是用棉签蘸着水往他的嘴唇上抹了抹。

第二天傍晚,余长增因伤势太重,加之工地医疗条件又差的缘由,走完了二十八岁的生命历程。

血染谷堆寺

连死都不怕的"部落",在他们的辞典中找不到"退缩",也发现不了"惧怕"!

绵绵八百里太行山,谷堆寺可谓一座极其险峻的山峰,要引漳河水进入林县,渠线必须从这里经过。承揽谷堆寺段修渠工程的是林县城关公社槐树池村,在仿效军队编制的工地前线,他们的名字叫城关营槐树池连。

槐树池连队是1960年的早春二月开进谷堆寺工地的,到仲夏六月,经历100多个日日夜夜顽强苦战,谷堆寺这块硬骨头正被一丝一丝地"蚕食"。12日一大早,槐树池连的连长兴冲冲地跑到热火朝天的工地,向大家宣布一个好消息:

"乡亲们,总指挥部刚才说了,我们槐树池连今日大干一天,明个都回家收麦子……"

是啊,按节气,芒种都过去好几天了,平原地区的麦子已收割完毕,动作快的都种麦茬玉米和栽红薯秧苗了。不过,位于太行山

面对死亡

用生命铸造的工程　　供图　《红旗渠》杂志编辑部

区的林县，麦子熟得晚，这时候回家，可为收麦正当时。连长刚才宣布的好消息，顿然间为修渠人注入了兴奋剂，一个个的心里乐滋滋的。来修渠的人，哪一个不牵挂家中要熟的麦子呀。俗话讲，"蚕老一时，麦熟一晌"。那麦子，到了节令，说熟也就是转眼工夫，倘若不及时收割，熟透的麦粒儿就从裂开的麦穗里蹦跳出来，对太行山人来说，麦粒儿可是最金贵的东西，平日连吃都不舍得，怎能让它随便抛洒？

能到工地修渠的人，都是体格壮气力大的棒劳力，在家里也是顶梁柱，老人、女人、孩子能替代他们吗？当听连长说，明个就能回家收麦子，一个个都归心似箭了。不过，想只是想，并没有影响眼前的活计，一个个心窝里都揣着一个共同心声，"好好干，明个就要回家收麦子了……"

真的是"天有不测风云，人有旦夕祸福"。就在连长宣布好消息一个钟头后，一方巨石突然从陡峭的山壁向下滑落，经历与山体猛烈的撞击，巨石已被撞得粉身碎骨，犹如一阵特别的"石雨加冰雹"，狠狠地砸在80米之下的地面，正在峭壁下作业的是槐树池连的壮士，没长眼的石头来势凶猛，又铺天盖地，顿时，原本热火朝天的工地沉静无声了，原本勃勃生机的人群躺下了十多个，有九个躺下的人连一点声音都没有发出，他们只是那样安安静静东倒西歪地躺着，其中一个没了半个脑袋，一个没有了臂膀，有一个很年轻的壮士，左小腿没了，鲜血从膝盖下淌出来。赶到事故现场的指挥长，细心地察看灾情，他一转身，瞅见不远的山坡上一株小树的树枝上挂着一条小腿，五十多岁的指挥长欲去取挂在树上的残腿，跟随他到现场的宣传干事崔复生立马跑到他的前边，先他到了小树跟前。看着这条血淋淋的小腿，原本活生生能跑能跳的腿，眼下却挂在树上，崔复生的心滴出了血，最终他还是鼓足勇力，用右手使劲地捏着残腿上的大拇指，将它带到小伙身边，小心翼翼地去对接断腿……就在断腿小伙子身边，躺着一个年轻女人，她的脑袋被石块击烂，脑浆流出来了，蓝色的裤子已开裂破碎，白皙的双腿裸露着，鞋子不知到哪里去了，双脚着的一双鲜艳的红色袜子，在阳光下特别耀眼，这是一双呢绒袜子。山里人知道，这种质地的袜子，一双好几元呢，谁舍得买啊，这袜子不是男人送的定情物，就是刚过门的新媳妇才舍得买的。这话说着了，脚着红色呢绒袜子的年轻女人是结婚不到十天的新媳妇……

天大的噩耗迅速传遍四方，在周边干活的槐树池村的人几乎都跑过来了，有南柳树行的人，有谷堆庄的人，有李家池的人，有迭坡的人，有董家村的人。就连东街村的人、逆河头村的人也来了，邻近干活的河顺公社的民工闻讯也跑来救人。当涌过来的乡亲们看到面前惨烈的场景，一个一个都不动了，有站在山头上的，有站在碎石上的，有两手攀着小树枝头的，有俩年轻姑娘拥抱在一起的……依山就势站立的不下2000人，那场面，异常凝重；那姿态，婉若伫立的雕像；那氛围，静谧得如午夜长空。

面对牺牲了的朝夕相见的乡亲，怎么不放声恸哭？为什么如此沉静默然？！

也许，这是极度悲伤呈现的场景，这是由悲伤化为悲壮的沉默！沉默，是在孕育一种力量，力量当化为一种精神。这是一种什么精神？精神又是什么？精神是表里如一的朴素气质，是前仆后继的进取风度，是有血有肉的真实奉献。

红旗渠精神就是这样培育酿造的，红旗渠就是在这种精神的滋养润泽中建成的，红旗渠就是这样染红的！

不是吗？当家人确认了九位牺牲勇士的尸首，就立即钉棺了。看着叮叮当当敲打的棺材，家人是那般泰然自若，尽管心里涌动着失去亲人的极度痛苦。他们明白，在劈山引水的空前大工程中，死人的事是避免不了的。就在32天前的5月10日，同一个公社东街村的张文德、杨黑丑和苏福财3个原本活蹦欢跳的二十来岁的小伙子，不是在同一天同一个炮洞里去世的吗？4天前的6月7日，同一个公社逆河头村的炮手余长增不是被引燃的炸药烧死了吗？这些再一再二的死人事故，才刚刚过去，难道槐树池村的父老兄妹不知道吗？忘记了吗？他们当然知道！闯谷堆寺前路的凶险仍在，当然死人的事还会发生！

在这里，让我们记下牺牲的修渠壮士的名字吧，还有生养他们的村庄：

秦天佑：44岁，南柳树行人

李　黑：45岁，南柳树行人

李保栓：44岁，谷堆庄人

王秀英：21岁，谷堆庄人

王书英：21岁，李家池人

李宝山：24岁，迭坡人

董　合：58岁，董庆庄人

方海荣：21岁，槐树池人

董海吉：31岁，董家街人

这次事故同时还造成重伤二人、轻伤一人。

这一天，鲜血染红了谷堆寺。

死去的人已经安息，活着的人能没有思想波动和各种想法吗？这时间，有人坚持，不变初衷，知险而进；有人动摇，有人害怕，有一种说法传播开来：

"放炮触动了鹚鹆精，是鹚鹆精发威了！"

死人的事是鹚鹆精在作怪吗？不管是不是，干活的人不敢像以往天不明就上工地，天黑了方才收工。说来也怪，几个民工同时在一处山崖，听到一方石缝传出"嘎嘎"的响声，他们被吓得飞快地跑开，有个年轻小伙过于惊慌，一失脚跌到崖下，摔得肠子扭曲，

鸻鹉崖　　供图　《红旗渠》杂志编辑部

肚子奇疼，立即送到医院，经手术方才脱离危险。

在这样的背景下，在连续死人的现实中，有一种"鸻鹉精发威"之说并不奇怪，也不荒诞。不能否认，中国是一个信仰鬼神很深的国度。虽然历史上儒家主流文化将鬼神文化排斥在经史之外，但儒家对其只是敬而远之；在笔记野史中，鬼神的形象行为却活灵活现。在与正统文化所不同的鬼神世界，什么奇思异想、稀奇古怪的事都会发生，恐惧、喜悦、孤愤、痴心、慈善、丑恶、报应，各种情绪与寄托都可以在这里获得发泄与释怀。也许正是这种缘故，使民间的鬼神信仰与文人的自由精神觅到了园地。也是这种缘故，方使以神怪、异闻为内容的神话著作《山海经》成为经典，从先秦流传至今；而明代文人蒲松龄的神怪小说，却让人常读常新，爱不释手，至今没人说那是"胡编乱造"。

鸻鹉崖何以有此称谓？鸻与鹉本是两种鸟类，无论鸻还是鹉，都身轻敏捷，善于飞翔。可以讲，太行山的这个巅峰，只有鸻与鹉方能飞达，因为它太高太险，两条腿的人无缘攀登。按照中国的传统文化讲，物老方能成精，事物存在的时间一久，就会具有某种灵性和神通。鸻与鹉倘若成精，自然也就神通广大，那是凡人百姓惹不起的"神鸟"！如今要把鸻与鹉居住的家园——鸻鹉崖劈开了，昨日还是风和日丽的美好家园，今日却被炮崩人掘，弄得乱石飞滚，满目疮痍，已修炼成精的生灵能不发威、能不报复吗？

在这里，请不要简单地把迷信的帽子扣在我们的山民头上，请以真挚的感情去理解他们吧！知道死人的滋味吗？了解失去家人、亲人、友人的滋味吗？死了的人已经没了感觉；活着的人，在经受失去亲人的痛苦煎熬，他们中有人担心还会继续死人。面对连续的死人现实，谁敢保证不会再死人，谁又能说得清有没有鸻鹉精？如果有，如此干下去，损失岂不更大！封闭在大山里的朴实山民，以这种朴直的心声，来提醒乡亲们，实则是一种善意。

这时候，沉重的压力压在林县人身上，不仅是修渠的诸多壮士，还有县委、县政府的各级领导，在后方的庶民百姓，他们都在经受着巨大压力的考验——死人！世上还有什么比死更可怕、更惨痛！

其实，这一段时间，死人的事不只是发生在鸻鹉崖大会战，也不只是城关公社死了人，也不只是在5月10日和6月7日、12日死了人。从二月间，张运仁被炮炸掉了脑袋；到三月间，吴祖太、李茂德被洞子塌方砸死，石板岩的张立山被崩山飞起的石头砸死；4月24日，采桑公社王新发为工地编筐上山割荆条，不幸从山崖坠下身亡,同日临淇公社占元大队党支部副书记张乃荣,在山崖除险,与石块一道滚下,不幸牺牲;4月25日,东岗公社石福来,因放炮受烟熏中毒身亡;5月13日,小店公社民工张运,被放炮崩出的飞石砸在头上身亡;5月17日,合涧民工孙官成施工时跌入大渠岸下身亡;6月10日,采桑公社民工付章锁、董用拴在工地被炮炸死……

死人是对活着的人的考验,最大的也是最严重的考验,是对死去的人的父母、妻子儿女、兄弟姐妹、爷爷奶奶及所有有血缘关系的人的考验。不能不承认血浓于水的真理,失去亲人后,活着的人怎么办,实际决定着修渠队伍的志气、士气和勇气。看看吧,在众多的失去儿女、失去丈夫、失去妻子、失去父母、失去亲人的林县人中,没有人去找领导讨说法、追究责任、赔偿损失、哭天喊天。

什么叫设身处地、换位思考?如此空前的工程,哪个做领导的能有先见之明?哪个人敢打保票保证人身安全?毕竟是从来没有干过的大工程啊!

什么叫精诚团结?那是一种真诚、挚诚、实诚的结合,没有一丝一厘的间隙,更没有三心二意的猜忌;那是一个真正的亲密无间的大家庭,不是父子,胜似父子,不是兄弟,胜如兄弟,正是"上阵需得父子兵,打虎还要亲兄弟",正是有了这样的一支队伍,就是在死了人的面前依然能互相体谅,互相担待,同心同德,同舟共济。

什么叫相互理解?理解,是相互包容,相互宽慰,相互补台,相互支持……

当沉沉的压力兜头罩在整个红旗渠工地的时候,在死人的事反复出现的太行山岭,在夜以继日的红旗渠工地前沿,出现了"下定决心,不怕牺牲,排除万难,去争取胜利"的标语,在前沿工地的宣传栏贴出了"为有牺牲多壮志,敢教日月换新天"的决心书!15000份血战鸻鹉崖的请战书像雪片般飞进总指挥部,强硬的"飞虎神鹰"除险队,城关公社的"开山能手"突击队,东岗公社的"扒山虎"突击队，合涧公社的"常胜军"突击队，采桑公社清一色女性的"半边天"铁姑娘突击队，一下子涌到悬崖峭壁的修渠前线。

就是真有鸰鹉精深居山崖，也受感动啊！如精卫鸟一样，鸰鸟与鹉鸟也是有灵性的生灵，面对这般前仆后继、不惧牺牲的团队，能不让步吗？能不退却吗？

太行山是真正的山，那山的风雨寒暑已把林县人锤炼成铁骨钢筋，在林县人的辞典里找不到"退缩"，也发现不了"惧怕"，他们的信条是"进攻！进攻！再进攻！"

多么可敬可爱的太行山人，在这群人面前，没有人不被感动！总指挥部对屡屡发生的事故做了深刻检讨和反省，重新整合并加强了红旗渠指挥部的班子。同时，从各分部选出5000名精干青壮年，编成15个突击队，对3000米鸰鹉崖险峰发出新的攻势。

又经历50多个日日夜夜的浴血奋战，终于使红旗渠穿过绝壁悬崖谷堆寺、鸡冠山、鸰鹉崖三个险峰，为1500公里的"水上长城"树立起一座里程碑！

要死应该我去死

在死亡线上，把生让给别人、把死留给自己的慈悲情怀，是创造奇迹的团队不可或缺的元素。

在红旗渠工地，最常见到的标语是：

"男的要学董存瑞，女的要学刘胡兰。"

董存瑞与刘胡兰都是为了革命事业献出生命的烈士，他们共同的特征是不怕死。这种不怕死的精神在红旗渠工地已蔚然成风。只要是为修渠引水，明知是会要命的活计，也毫不犹豫，冲锋陷阵。不仅是不怕死，在这里，似乎还有个潜规则，怎样的死才死得划算，让谁去死，才死得更合乎情理。因为这个团队已亲密无间，宛若一个和谐团结的大家庭，家庭成员要献出生命的时候，当然会想，谁牺牲更适宜一些。但是，这种事情尽管在人的心里都有个利弊权衡，却无人说出口来，也不好制定政策法规之类排序人的牺牲先后。在红旗渠工地，却靠人的自觉和善意，达到了争相牺牲的境地。

在修渠壮士强攻红石崭战役中，面临要立即下洞子作业时，东岗公社武家水村的两个小伙子争着要下。因为这是个面临死亡的活计，洞子里缺氧，曾发生过多起因缺氧致使下洞里的人窒息死亡的事。这里，让我们回放一下争相下洞子的小伙的肺腑之言：

"臭蛋子，滚一边去，"只见一个壮实小伙边说边一把拽住欲要跳下洞子的人的衣衫，狠劲地将他甩至一侧，喝道："臭蛋子，爹娘就生你一个宝贝蛋，要是死在洞子里，你爹娘可咋个活？我弟兄仨哩，死我一个，家里还有俩兄弟，要死应该我去死！"

随着话音，小伙扑腾一声跳了下去……

在红旗渠工地，将自己的生死置之度外，勇于站在挡炮眼的位置的勇士，可谓比比皆是。无论是名声在外的舍己救人的李改云，还是除险英雄任羊成、虎胆英雄王磨妞，更有诸多叫不出名的英雄，他们同样具备了善良、厚道、体贴别人、奉献自己的不怕死的高尚情操。在开凿青年洞时，担任第二突击队队长的郭福贵主动要求开辟二号旁洞，以加快施工进程。工程位于阳凤山半山腰，往下是几十丈深的悬崖峭壁，往上是巨石压顶且向外倾斜的山体。在这方地盘施工，凶险极大。在呼叫的山风吹动中，悬在上方的巨石似要摇摇欲坠，时有落下深渊的危险。年轻的郭福贵带着两个更年轻的炮手，腰系绳索，手持专用工具，在悬崖半空悠荡抡锤，打钎放炮。他很清楚，这样的干活态势，距离死亡只是一头发梢的距离，只要稍有不慎，或绳索出了毛病，就会掉入万丈悬崖。如果运气不佳，有飞石凌空而降，砸中要害，也会当即毙命。上岗时他对两个年轻助手讲：

"咱仨人在这地方干活，要知道咱们是把命交给阳凤山了！它说叫咱活，那是恩赐；它说叫咱死，也在情理之中。我想了，就是死在这地方，也值；这种死法叫牺牲，为修渠而死，比泰山还重。等到红旗渠修成了，在这地方立个碑，要是咱死了，就刻上烈士纪念碑；要是咱还活着，这碑就让后人知道，前辈是咋着把渠修成的。"

郭福贵他们就是这样，在悬崖绝壁处一锤锤、一钎钎、一寸寸地向大山腹部开凿，他先后七次受伤，却从不下"火线"，用他的话说，只要没要了命，只要四肢还能走能动弹，受再重的伤算啥，该上阵修渠就要上阵修渠……

风门岭洞炼真金

能够为一种事业忘我拼搏，献出终生，可谓摩顶放踵，死而后已；同样为一种事业，能够献了终生又献子孙，可谓功德无量，名标青史！

如果说，英雄渠是红旗渠的缩小版，也是在宏伟的红旗渠工程之前模拟演练的前奏曲；那么，魏家庄风门岭隧洞可谓红旗渠的续篇。

无疑，由于这段工程超常的艰难及众修渠壮士超常的竞技状态与爆发力，它同样是宏伟的红旗渠交响乐的一段华彩乐章。

风门岭隧洞是红旗渠三干渠第三支渠上最长的隧洞，长 2500 米，高 1.8 米，宽 1.5 米，引水量 1 立方米／秒。决定上这项工程的是林县河顺公社，也就是一个乡；参与工程的是河顺公社下属的 12 个大队，即 12 个行政村。其中有魏家庄、郭家庄、王家沟、河湾、庞村、栗家沟、马家山、马家坟、河顺、上坡、西里、前庄。工程从 1969 年 1 月开工，到 1974 年 5 月竣工通水。其间共打竖井 15 个，最深的井深 77 米，最浅的井深 30 米，整个隧洞挖土石方 1.8 万立方米，砌石方 3000 立方米。整个投资 99.44 万元，仅大队（各村庄）投资就有72.63万元，占总投资的73%。

可以看出，上级并没有投入多少钱，做这项工程，是林县山村农民自发的强烈愿望，与9年前修建红旗渠一样，并没有上级领导指示他们要做，是祖祖辈辈缺水的苦难在山民身上酿造出的强大动力，推动着风门岭隧洞向前掘进。

参与施工的12个村庄，皆是十年九旱、靠天吃饭的缺水之地。以往他们企图靠打旱井来解决吃水问题，可是前前后后打了10年，吃水的难题还是困扰着村民。红旗渠的修建，使这里的百姓看到了曙光，他们老早就勘测好了渠线，待红旗渠主干线畅通，水流至三干渠，他们就打凿风门岭隧洞，以便将红旗渠水引进村子。

然而，风门岭隧洞工程异常艰难。由于山体地质结构的缘故，这里全是坚硬的石英岩，石质坚硬，难凿难打，又是在井下冰凉的水里作业，施工条件异常恶劣，想钻通洞子，就要冒塌方的风险，攻克积水的难关。面对难啃的硬骨头，来自12个村庄的民工，并没有退却，还写下了敢以拼搏、勇夺胜利的口号：

人民群众胜山神，当代愚公闯风门，
千难万险何所惧，誓牵龙王进山村。

一直与民工大众在洞子里跌打滚爬的魏三然，自开工后就没离开过施工现场。他很清楚，自己是魏家庄大队党支部书记，又是施工现场的负责人，既然当了这个角色，就要以身作则。哪里的活最苦最紧，就到哪里干；哪地方凶险最大，就到哪里坐镇。洞子里是施工最危险又最艰苦的地方，魏三然不仅自己坚守洞子的岗位，他还把自己的两个儿子和一个女儿派进洞子。他明明知道钻洞劈石的活计太危险，已经有人牺牲在洞子里，却还要把自己的亲人安排到最危险的地方。有人劝他：

险崖作业　供图　《红旗渠》杂志编辑部

"魏支书,你一个人到洞子里,又干活又指挥大家,就中了,甭再把孩儿们招过来了,这是啥好地方。"

也有人私下抱怨说:"这老魏也是,自己是大队的头头,指挥指挥大家就中了,何必要自己整天泡在洞子里。再说,让孩子们下洞子,最多来一个就中了,他可好,连儿子带闺女一锅端了。这老魏,不为自己想想,也不能不替孩儿们想一想呀……"

乡亲们的话没有恶意,他们有种为魏三然抱不平的意思。你魏三然自己当大队支书,自己带头吃苦冒风险,也应该,但你不该叫孩儿们也陪着来呀。吃苦的活,村里家家都有份,你不该把自家的人都弄到洞子里吧！

魏三然不是不知道这个理，他是想，谁叫自己是村支书哩，村支书家的孩子能跟普通百姓家的孩子一样吗？再说，自己的孩子多担一份风险，别家的孩子就多一份安全。这是多好的事啊，当队支书的人不做这好事，叫谁去做？

人心是杆秤，公平合理是众人的愿望。在魏三然的带动下，魏家庄的人似乎都不怕苦不怕累，不怕风险，甚至不怕死了！17岁的刘秋才，初中刚毕业就要求上工地，还特别要求必须下到风门岭洞里做活。有人劝他，说他还小，那活他干不了，他说："为啥魏支书家的孩子能干，俺不能干？"进了隧洞，他专拣重活苦活险活干。一次洞子塌方，不幸夺去了他17岁的生命。但是，他的姐姐刘先英和16岁的妹妹没有被死亡吓倒，在送走兄弟秋才以后，姐妹俩化悲痛为力量，迎险而上，加入了铁姑娘团队，一道进入风门岭隧洞，为打通风门岭隧洞顽强地拼搏。

这时间，在洞子里日夜操劳的魏三然，身体每况愈下。人们只见他日益消瘦，不怎么吃饭，甚至连喝水也很少很少。好心人都劝他，该歇歇了，洞子里有这么多乡亲，让他放心地出洞子休息。可是，他却说："水引不进村子，我哪里能放心啊。"其实，他很清楚自己患的胃癌已是晚期，连吃饭喝水都很困难了，已活不了多少时光，眼前只能是活一天就干一天，不能虚度时光啊！

魏三然已骨瘦如柴，连走路都没了气力。他硬是叫儿子魏勤堂搀扶着走进洞子，看工程进度。

魏三然病危了，在他就要走向另一个世界的时刻，对站在床前的儿女们说：

"我没完成开凿风门岭隧洞的任务，你们仨要与大家继续干，打通隧洞，引水入村……"

魏三然走了，他的两个儿子和一个姑娘始终没有离开隧洞工地。

女儿魏秀花还担任了妇女营长，直到身孕三个月，依然在69米深的竖井里劈石出碴，指挥施工。她是公认的出色的铁姑娘，总是在最凶险的岗位工作着。1971年暮秋的一天，因施工时罐车发生事故，魏秀花不幸殉职，年方22岁。

榜样的力量是无穷的，魏三然和他的儿女们的身体力行，怎能不让人钦佩感动。在魏家父女不怕苦不怕死的行为感召下，风门岭隧洞修渠壮士明知洞中险、偏向洞里行的事迹层出不穷：

魏家庄大队的冯立生、刘记昌、魏林伏，王家沟大队的申太俊，上坡大队的王海生，都是为了钻通风门岭隧洞，英勇又壮烈地牺牲在洞子里。接下来，又有3名大队小队干部、4名民工，为打洞先后献出了宝贵的生命。

1974年5月，风门岭隧洞终于通水了，它是魏家庄人经历了5个寒暑又5个月的艰苦卓绝的奋战，用鲜血和汗水浇铸成的不平凡的"通道"。风门岭隧道引水成功，使5000多亩高岗旱地得到了红旗渠水的滋养，当12个受益的村庄的村民在享用着渠水带来的粮食丰产、带来的菜绿果香、带来的物质文明时，他们永远不会忘记，为引水而献身的可敬可爱的乡亲、勇敢无私的壮士……

心灵最美元金堂

他的生命宛若烂漫的彩虹，以"赤、橙、黄、绿、青、蓝、紫"的饱满绚丽，为红旗渠平添无限风采。

元金堂是个苦命的人，但是他的心灵却很美。元金堂的命苦不是一般的苦，他的心灵也不是一般的美，是异常的美。

说元金堂命苦，是说他从小就没了爹娘。那是1942年，一个大旱饥荒年代，又有战乱，爹娘在饥寒交迫中先后患病去世，刚4岁的小金堂没了爹娘的呵护。在一个寒冬中，小金堂躺在林县任村镇豹台村的一堆麦秸垛里，浑身都冻僵了，他面色泛青，嘴唇发紫，奄奄一息。村里的老农元有发出外拾柴，在一处麦秸垛里看见一个一动不动的孩子。他小心翼翼地用手摸摸孩子的额头，啊，还有温度，他掀开孩子破破烂烂又脏兮兮的小棉袄，又摸摸心窝，啊，还跳着哩！这可是个小性命呀！这天，元有发没捡到多少柴火，倒是抱着个捡来的小孩子回到家里。

元有发虽然有家室，却无儿无女，两口子熬着清贫又寂苦的日子，如今白捡了个孩子，他就高兴起来，把这个孩子当亲儿子养，为他起个元金堂的好名字。因生活拮据，口粮本来就不够吃，又多了个要吃饭的孩子，日子就更难熬了。在煎熬中，元金堂长大成人了。

进了新社会，日子一天天好起来，到了说媒成家的年龄，在元有发的撮合下，元金堂跟本村一个姑娘结婚了，一年后元金堂添了个儿子，一家三代过着其乐融融的小农生活。

当元金堂的儿子长到两岁时，生产队要派人去修红旗渠。本来，队里没派元金堂去，因为他家有些困难。他爹元有发已年老力衰，儿子还小，元金堂无疑是家中的顶梁柱，咋能把一个家中的"柱子"抽走呢？还是让那些弟兄多的人家去修渠吧。可是，当元金堂获悉队里不派他去修渠，心中很不是滋味，就与他爹元有发商量，该不该主动要求往渠上去。俩人共同的认识是，"修红旗渠是解决咱村吃水的头等大事，咱咋能不出人出力，只等人家把渠修好，把水引来，咱家赚现成用水，那能行吗？那引来的水没咱家出的力，能心顺吗？"父子俩一块儿去找大队，强烈要求去修渠。就这样，元金堂走进了任村公社豹台村的修渠队伍中。

元金堂所在的修渠队伍的工地，位于红旗渠青年洞向下 15 公里的地方，是为红旗渠补源而建的南谷洞中型水库，他们的任务是为输水打通一个难啃的山洞，工程极其艰巨。元金堂和 30 多个乡亲日夜奋战，当 150 多个日夜过去的时候，洞子已被凿通三分之二了。当大家众志成城、信心倍增、拼足气力向前方"冲锋"时，谁也没有想到，洞子里这时出了意外——一箱炸药着火了，而就在着火炸药一侧还放着几箱炸药和雷管，情况非常危险！正在洞子里干活的元金堂眼明腿快，"蹭"地一下飞奔过去，抱起着火的炸药就往洞外跑。他知道这一箱炸药的威力，若在洞子里爆炸，会洞毁人亡。倘若只是自己的人身安全，他只要与 30 多个乡亲迅速撤离洞子，跑到洞外就行了。这种选择也许是合乎常理的，在危险关头，还有什么比人的生命更为重要！然而元金堂的选择出乎意外，他把保护大家的生命放在第一位，把保护大家用五个月的心血汗水浇铸的成果放在第一位，唯独没有把自己的生命放在第一位。

同伴们朝他大喊:"危险!——""快扔!卧倒!"

不知是没有听见,还是他根本不理会同伴的好心,还是他压根就准备要这样干!抱着起火的炸药箱固执地神速地朝距洞子16米远的悬崖边奔去。他很清楚,每跑出一米,就使自己多一米危险,每跑出一米,就会为30多个兄弟姐妹和150多个日日夜夜辛劳的结晶多带来一米的安全,他想的只是要保住30多个兄弟姐妹,要保住大家流血流汗浇铸的成果,要拼尽自己的一切……

跑到悬崖处,元金堂知道他达到了自己的目的,他用尽整个身躯和四肢的气力,甩出了炸药箱。这哪里是甩出了炸药箱,分明是连人带箱一块甩出去的啊……也许是甩出去的晚了,随着元金堂甩动的动作,只听一阵巨响,惊天动地的巨响,直响得天昏地暗,雾霾茫茫……

当在惊恐万分中被震迷糊的乡亲清醒时,发现洞子没遭受一点

太行雄姿

儿损坏，唯独距元金堂稍近的一个叫付二红的伙伴，一只眼睛受了伤，三十余个伙伴个个保住了命。可是，谁也不知道抱炸药箱的元金堂到哪里去了？无论怎么呼喊，无论怎么寻觅，都听不到元金堂的回音，见不着元金堂的任何踪迹。

三四个月过去以后，有人在对面老远的花椒树下，在簇簇野草丛中，发现了已经风化了的油润的人体白骨，经过认证，原来是元金堂的尸骨。

元金堂啊，生来就苦，至死不知道亲生爹娘的名和姓；元金堂啊，走得也苦，至死连个完整的尸首都没有！

但是，大家都说元金堂的心灵最美，正像它尸骨上面盛开的花椒花儿那般明丽、纯洁、烂漫。不是吗？那不正是元金堂得悉他牵挂的三十多个兄弟姐妹连同洞子都安然无恙时涌动的释然慰藉的微笑吗？

摄影　彭新生

英灵流芳

一个阳刚开朗、正直有为的汉子,一个不平凡的知识分子,无论什么都动摇不了他对红旗渠的赤诚忠心。他把毕生的智慧、毕生的追求、毕生的爱情以及整个生命都献给了红旗渠。

在众多修渠壮士中,吴祖太是个特例。第一,他是正规的黄河水利学校毕业的、有水利专业知识的技术干部;第二,吴祖太不是林县人,他的老家在河南省原阳县白庙村。

1953年夏,吴祖太从黄河水利学校毕业,被分配到安阳专署水利局工作。到了1958年,由于区划变更,安阳归属新乡专区管辖,吴祖太就顺理成章地从安阳专署水利局转入新乡专署水利局。

新乡的水利局长慧眼识珠,一下子就看中了吴祖太这个年轻人,特请他到家中设盛宴款待,趁着酒兴,局长表露出心意,愿将自己的掌上明珠独生女儿许配吴祖太……对突来的这等好事,涉世尚浅的技术员受宠若惊,一时有点不知所措。他稍加思考之后说,非常感激长辈对自己的信任和厚爱,待与家父家母禀报后再回禀局长。

"人生的道路虽然漫长,关紧处却只有几步,特别是在年轻的时候。"这时,年轻的技术员走至人生的十字路口,是选择"权力"铺就的顺畅光明道路,过舒适稳定的温馨日子,还是选择闯荡峻岭险峰,经风雨,见世面,走一条艰苦卓绝的创业之道?一个星期后,吴祖太对青眼相待的局长作出了令人意料不到的回禀。他不是表示同意或不同意做东床,而是递给局长一纸调离申请。他要调到何处?在局长管辖的地盘,对一个学习水利的技术员,有哪里比专署水利局更优越?更令人意料不到的是,吴祖太要到的是位于河南省西北边陲的林县,那可是个深居太行山区的小县城。

放着专署所在的政治、经济、文化中心的城市不要,却去那个偏僻县城,为什么呀?也许,当一个生命降临这个世界,上苍已安排好他的命运,是创业型还是享乐型,是经受磨难的开拓者还是平庸无奇的守旧者……其实,做什么样的人,走什么样的路,是一个人的人生观所决定的。吴祖太主动放弃条件优越的城市生活,选择偏僻的小县城,自有个中缘由。

吴祖太刚到安阳专署水利局工作时,下去调研专署管辖的五个县,他首选的就是林县。林县是他刚参加工作下基层的第一站。也是通过那次调研,吴祖太方看到,世上还有这么缺水的地方。以前虽然也知道缺水山区的概况,但是没有亲身见过真情实况,当然也没有深刻感受。

那次去林县,大约是1954年的秋季,吴祖太一踏进这个山城,就感受到一种特殊的温暖和厚爱。县政府听说安阳水利局的技术员来了,大小领导都来看望,同行同仁更是形影不离,伴随左右。无论吴祖太提出召开座谈会还是到缺水村庄调查,还是去考察流经县里的几条河流,县里的人都立即照办,积极主动热情提供各种便利条件。说实话,第一次下基层调研,给他最大的感受是林县人真好,山里人真实在,从没有人嫌他提的要求有难度,太麻烦,更听不到

"这种事不好办"的话。甚至对他这个年轻人提出的想去看看发源于山西省的漳河，想沿这条河徒步考察的要求，县政府的人也没打一点儿折扣，一点儿为难情绪都没往脸上写，就应承下来，当即拍板，并派县政府的水利科科长全程陪同。

吴祖太提出徒步考察漳河是有缘由的。在看了林县境内的水利设施及诸条河流之后，他觉得眼前实施的手段不能满足用水需求，即使遍地打井，对偌大的林县来说也解决不了根本问题。吴祖太毕竟是学水利专业的，他知道发源于山西的清漳河和浊漳河都有丰富的水资源，只是没有到实地现场看过。

吴祖太在县政府水利科科长栗永祥陪同下，沿着漳河徒步向源头走去，在哪里有了兴趣，就停下来静静地察看，还会找来沿河的老乡，询问一些感兴趣的话题。他们走走停停，看看问问，用了三四天时间方到源头。亲眼目睹了漳河不舍昼夜涌动的激流，吴祖太兴奋了，一个富有灵感的构想涌入他的脑际，如此丰富的水资源，不正是林县人求之不得的吗？更使吴祖太兴奋的是，在林县深入调研中，他得知将漳河水引进林县的构想早已是林县人的梦想了。新中国成立以后，"引漳入林"已经多次成为县人民代表大会上的议题，特别是1952年8月15日，县第九届人民代表大会又提出兴建"引漳入林"工程，引起了省委和中央的重视，专门派专家组到林县实地勘测，但终因人力物力等诸多条件不能承担如此巨大工程而批示暂时缓建。真是英雄所见略同啊！既然引漳入林早已是众人的共识，这工程肯定会上马，只是个时间问题，吴祖太更有信心了。

在这时候，吴祖太想到黄河水利学校一位资深教师的教诲："有志献身水利事业的人，决不能惧艰苦，怕寂寞，因为大的水利工程都是在条件艰苦人烟稀少的偏僻地方；对一个献身水利事业的人，他还应当明白，一个人一生若能干上三个大工程，就圆满了。所以，一旦有了做大工程的机遇，千万要抓住啊！"

吴祖太　　供图　《红旗渠》杂志编辑部

是的,一个大的水利工程,一般不会少于八年甚至十几年。人的一生有几个八年?几个十几年?走出校门就向往宏伟工程的吴祖太,通过这次徒步考察漳河,感悟到引漳入林就是自己要做的第一个大工程,这是梦寐以求的机遇,林县这地方正是自己施展抱负的用武之地。他暗暗下了决心,一定到林县把漳河水引过来,一定要来做这个大工程。二十一岁血气方刚的他还这样想:这个大工程非我吴祖太莫属!因为自走进林县,还没有发现这里有像他这样学习过水利专业的工程技术人员,尽管有那么多可敬可爱实实在在的林县同仁,但是,做大的水利工程,没有专业的工程技术人员是干不成的,自己不正好填补这个极为重要的空缺吗?

世上有许多巧合的事,别以为那是偶然,其实偶然之中蕴含着必然,所谓必然,实际是一种缘分。吴祖太与红旗渠真有缘分,也许他学习水利专业,就是冲着红旗渠工程来的。

由于吴祖太的坚定信念和强烈要求,使一再挽留他的新乡专署水利局局长倍感无奈,当自己的美意无法实现,那就做另一种成人之美的好事，放飞吴祖太，成就年轻人的梦想吧！

吴祖太离开了新乡专署水利局，步入林县的水利世界。这时，林县人正为一条冠名"英雄渠"的水利工程干得热火朝天；同时，也正在被一道技术难题困扰得一筹莫展。眼下在建的英雄渠却达不到原本设计的功能，有相当大一片田地得不到渠水的润泽，工地上无论是领头人还是干将，一个个急得团团转，已经捣鼓几天几夜了，就是弄不成事。这时一听有个水利技术员调林县了，真个是天降及时雨，喜出望外。吴祖太连食宿都没顾得安置妥当，就直奔英雄渠工地了。一到现场他发现果然是个难题。他心里清楚，凭自己现有的实践和经验，还不敢打保票能干好这活计。不过，当吴祖太注意到周围投来的一双双信任的目光时，蓦然间有一种责无旁贷的感觉："解决面前难题非我莫属！我是技术员，技术员吃的就是这碗饭呀！"他没有表现出一点为难情绪，也没有道出半个难字，为对得起这么多信任的目光，他竟然吹了大话："放心吧，这个问题能解决，不过，得花些时间。"

吴祖太清楚，解决面前这道难题有多么重要，其实，它已成为考验自己的"试题"。沉沉的压力和激越的动力搅拌一起，促使他迸发出一个又一个智慧的灵感，画出一张又一张解决难题的草图，当他最终解决了这道难题，将绘就的图纸送给英雄渠工程总指挥长马有金时，这一少一老两个男人竟都亢奋地蹦跳起来。

在英雄渠解决难题使吴祖太一炮走红，他成了众人崇拜的技术专家，甚至是救星。当众人遇到技术难关时，都去请教吴技术员。

吴祖太与工程总指挥长马有金也因为这事成为忘年交。马有金不只是英雄渠的指挥长，他还是林县副县长。可是，任何人看上去，马有金哪里像个县官，而吴祖太又哪里像个技术干部。这种反差，不只是衣着外貌，重要的是其内容。俩人虽然都是干部，却一直在工地与民工一起泥里滚水中泡，在石头堆上爬。晚上收工归来，吴祖太连饭都顾不上吃，就去查阅技术资料、数据和绘画草图，因为这是工地立刻要用的东西。关心技术员的马副县长，见到这情况就派人把饭菜送到吴祖太面前。有个好心的姓吕的民工对吴祖太说："吴技术员啊，你是大学生，又是技术员，我们都觉得你可了不起啊！有啥子要干的，只要你动动嘴，挥挥手，就中了，我们谁都听你的，你何必天天跟俺们滚在一起不要命地苦干呀？"

"吕大哥啊，谢谢你这么高看我。我是技术员不错，你不知道，技术员虽有理论，那都是书本上的东西。有些东西没有经过实践，也是不管用的，有些理论在甲地管用，到了乙地就不管用了。咱整个工程就我一个技术员，啥病都得能治。我得做到腿勤、手勤、嘴勤才中，很多事不跟你们一块在施工现场摔打就弄不成呀。不是我不想坐在办公室遥控指挥，是咱这工程现状不让我坐办公室呀。"

吴祖太把实践看得尤为重要，这方面他有切身体会和教训。林县这方天地的水利工程，技术员不能离开一线工地，不能离开一线民工。吴祖太从英雄渠干到又一个水利工程——南谷洞水库。实际上，这些工程都为以后的红旗渠工程做了技术准备和铺垫。

就在这时候，二十六岁的吴祖太与淇县高村小学教师薄慧贞订婚了，吴祖太在安阳工作期间俩人就认识了。淇县距林县虽不算远，但毕竟天各一方，沟通交流全靠鸿雁往来。也是这时候，南谷洞水库进入技术攻坚阶段，眼下正做水库大坝，采用的是一种乱石堆砌坝，这种坝施工难度很大，倘若做不标准，后患非常严重。为这事，吴祖太的压力特大，无论吃饭、睡觉，无时不牵挂着大坝的施工，就连做梦也是怎么将乱石堆砌坝筑好。把水利工程看得高于一切的吴祖太，全部身心都给了工地，还能顾得工程以外的事情吗？

吴祖太日夜牵挂的是水利工程，他的父母最牵挂的是孩子的婚事，儿子到了这般年龄，还有什么事比男大当婚更重要。况且，孩子已经有了未婚妻，眼下只是赶紧把婚礼办了，使儿子和儿媳名正言顺地结婚成家。爸妈来信为吴祖太选定了成婚典礼的良辰吉日，吴祖太写信婉言推辞，当时大坝正在忙碌施工。爸妈二次来信，又为他选定了成婚的良辰吉日，此时大坝施工进入攻坚阶段，吴祖太回信，再次要将婚期推迟。第三次来信，距第二次来信间隔了很长一段时间，而且这次来信落款签写了双方父母的名字，又为儿女的婚期选定了良辰吉日。吴祖太依然重施故伎。其实，吴祖太这时更是忙上加忙了，已经酝酿多年、盼望已久的"引漳入林"工程上马在即，吴祖太已被抽调到"引漳入林"工程的勘测队，为工程的走向作定线测量。而南谷洞水库一时也离不开他，在"引漳入林"工程先行者队伍中，他是个挑大梁的角色，能不加倍地忙吗？

薄慧贞出身于书香门第，自幼受父母良好教育，学习认真又积极向上，上中学时就做了班干部。开始，她对吴祖太两次推迟婚期并不意外，她了解吴祖太。但是，当吴祖太第三次还要推迟婚期时，父母和周围的亲友都质疑和埋怨起来，她的心情方有些矛盾了，其中理解中包含着怨尤，眷恋里融入了委屈。在得悉未婚夫第三次婉言推迟婚期的信息时，她决定到林县走一趟，一是看望昼思夜想的未婚夫，以了时时牵挂惦念的心绪；二是澄清吴祖太一再推迟婚期的理由，不仅给自己，也好给家人亲友一个交代。

薄慧贞收拾好简单行装，于1960年1月26日清晨动身，从淇县奔往林县，经历几番倒车的辛劳，整整在路途折腾了12个钟头，走了100多公里的路程，才在当天傍晚来到了南谷洞水库工地。

这一天，吴祖太参加的红旗渠线路测量小组刚告一个小结，也是马上过年了，他方回到南谷洞工地的住宅。吴祖太哪里能想到，未婚妻会第二次跑到大山工地，一见面，他不无惊讶地问：

"你咋又摸来了？我这正忙得一塌糊涂呢。"

"我咋不能又摸来，谁叫你整月整月地见不到个人影。明天就除夕了，后天是大年初一，你们这工作没个周末假日也罢，连过大年也不放假?"显然,女人不是第一次来工地,这是她第二次"故地重游"了。

"哟,还过大年?这里根本没有过年的意识,知道吗?引漳入林的工程很快就上马了。"

说话间,工地上不少伙伴拥了过来,听说技术员的未婚妻来了,有人掂着暖水瓶来送开水,有人不知道从哪儿弄来一袋子柿饼、酸枣和核桃,还有人抱来一小袋白面和几个鸡蛋,说要给俩新人改善一下生活,补补身子。更多的人是空着手来看热闹的,工地平时哪里有女教师来探亲,又是技术员的未婚妻,当然是大家都关爱的人物了。

工地的总指挥长马副县长闻讯也赶来了,他听了未婚妻告技术员的"状",当即一拍大腿,说:"吴祖太同志,这事是你的不对。工地再忙,你也可以请假回家结婚啊,你咋连句话都没呀!唉,也是我老马太官僚吧,咋就不知晓你们父母都给你们定过三次婚期了,太不应该了,怨我这个总指挥长太不深入群众了。"然后,马有金又使劲地用右掌拍一下大腿,说:"这回你小吴得听我老马的,明天就是大年三十了,后天大年初一。大年初一,你们举办婚礼,这事谁说也不中,我说了算!"说罢,马有金目视一下薄慧贞,然后双目聚光在吴祖太的面孔上,示意他表态就范。

"太仓促了吧,什么都没准备。"吴祖太以推辞的口气说。

"准备什么!由我做主,你啥也别管。就这么定了,谁叫我是指挥长哩,还是总指挥长,总指挥长连这事都指挥不成,还能指挥个啥?"

吴祖太、薄慧贞俩人都没想到,一直反复推迟的婚期会在1960年1月28日,农历的大年初一,在南谷洞水库工地举办了……

年没过完,新婚夫妻就离开工地的临时新房,各奔东西了。是啊,吴祖太得马上回到"引漳入林"的勘测队伍中,他可谓那个团队的领队，那里一天也离不开他。薄慧贞是个深明大义的女人，在丈夫的事业上，她不会拖后腿，尽管学校还在放寒假，她还是在大年初三就回娘家了。

引漳河入林县，也是吴祖太的夙愿，如今他的夙愿似乎即将实现，眼下，领导已将工作的测量、设计与施工都交给他了，实际这是个总工程师的角色，这副担子是何等沉重，挑这副重担的吴祖太能安逸地休婚假吗？送别妻子时，他的内心涌起一股愧疚，是有点儿不近人情吗？好在妻子深明大义，她是微笑着与他说再见的。俩人其实心照不宣，都在悄然期盼来日方长的日子里再相会。吴祖太没有一点儿闲暇时间，送走妻子，就与他的团队沿着漳河往上走，在太行山上攀爬，整整花去两天时间才到了渠首——山西平顺县的车当村。红旗渠的测量工作全面铺开了，吴祖太深知工作的要害，责任的重大，他所做的事情，首先是论证"引漳入林"能不能做，也就是说漳河的水能不能从山西引入林县，这是科学，不是仅凭一股热情想当然的。在太行山区曾有过这样的传说：

太行山腹地有个十分缺水的小山村，村里有个姓王的长者，他不仅是全村少有的文化人，且做事干练，为人诚信，颇得村民信任。针对缺水现状，他提出个大胆设想，修一条小水渠把山后的泉水引到山前，这样即可浇灌村里的二十多公顷土地。为办成这事，他说东家，劝西家，终于使全村人有了修渠的共同愿望，之后就是按照各家土地数量以每亩地三块大洋摊派集资，家家户户都甘心情愿地掏钱，公推姓王的长者为修渠带头人。可是，谁也没有想到，当渠修好后，山后的泉水就是引不到山前。懂行的人都知道，这是因为修渠时勘测得不准，落差不够，水自然流不过来。太行山腹地的小山村虽然修好了渠，那渠中却无水流动，乡亲白花了真金白银，那可都是养命的血汗钱啊！若不是王姓长者的号召力和诚信度，谁舍得掏这腰包呀！讲诚信的长者觉得无脸面对乡亲，一天深夜，他到

测　量　　　供图　《红旗渠》杂志编辑部

山里的一棵老柿子树跟前，解开腰带，上吊自杀了……

眼下要做的"引漳入林"工程，可是关系着林县十多个乡镇、数千个村庄的几十万人口的利益啊，敢有个闪失吗？敢出现疏漏吗？倘若渠建成了，水引不过来，谁敢负这个责任？！谁能负得起这个责任？！

为保险起见，吴祖太和同仁研究设计了三条线路，通过测量，确定哪条线路切实可行。在这方王国做测量，不是一般的难。吴祖太一行来到一个叫"通天沟"的山岭，这地方峰巅直插云霄，壁立千仞，临之目眩，找块下足站立处都难，三脚架还没支好，狂风"忽"地就将它刮倒了。就这种场合，没有人说等风小点了再来测吧，而是迎风跳出两员干将，争着去扶那摇摇欲坠的三脚架。这时紧抱着水平仪的吴祖太大喊："开始测量！"还有比这一幕更险的，一天在一处悬崖，怎么也找不到水平仪的支点，能因为找不到合适的支点就不测量吗？吴祖太就令同仁用绳子把他吊在悬崖边，把水平仪的两个支点放在自己的肩膀上，就是在这样艰难危险的处境中，硬汉子们硬是顶着狂风的挑战和寒冷的侵袭，把一个又一个木桩打进崖缝，引漳入林的渠线就这样艰辛地硬朗地一步一步向前挺进着。

夜已很晚了，大家还没有入睡，都围在吴祖太身边，听他讲如何正确使用校正仪器。测量的要求很严格，渠线的纵坡为一千分之一，决不允许出现超标的误差。吴祖太发现两个组测量的同一条渠线，结果差别很大，超过了允许的误差范围，导致误差大的原因是这一班人还不能完全正确地使用校正仪器……

吴祖太让每个人看了校，校了再看，眼看着他们将错误的位置调至正确的位置，他还找出一本《水平仪与经纬仪讲义》交给一位同仁，让他抽空儿组织大家认真学学这本小书。

吴祖太课讲得异常认真，同仁们又学习得十分刻苦，很快，先前用不好仪器的人都会用了，而且测量得准确无误。这使吴祖太颇受感动，没有想到，林县人不仅开山凿石的体力活干得出众，就是测量的脑力活也做得漂亮精准。就这样，吴祖太一行测量了三条引漳入林的主干线，且每条线路反复做了四次测量，工作做到这份上，能不成竹在胸吗？能没有底气吗？当县委书记杨贵以担心的口气询问吴祖太，渠线到底测量得准不准、有没有百分之百的把握时，吴祖太拍着胸脯回应道：

"杨书记，我们的测量没有问题，设计也正确精准，坡比是8000比1（即8000米长的渠线会有1米的落差），一点儿不会错的，我可以用脑袋担保。照这样的渠线,漳河水百分之百地能引进咱县！"杨贵看着年轻的技术员，脸上显现出一丝释然的微笑。

然而，正是在这关键时节，一个使吴祖太做梦也想不到的噩耗传来了。

妻子薄慧贞在学校组织的义务劳动中，为了抢救一个横穿铁路的学生不幸遇难……

如五雷轰顶的噩耗，简直要把吴祖太击倒了。掐指算算，新婚

吴祖太设计的空心坝　　供图　《红旗渠》杂志编辑部

还不足百日。本来，大年初三离别时心中就倍加留恋，新婚仅仅三天就要分别，距常人享用的蜜月差得太远了吧。不过，两个相互理解的年轻人心中藏着一个共同的美好期盼："日子长着呢，蜜月会有的。"突来的噩耗粉碎了吴祖太美好的向往，他来到妻子身边，守了整整一个昼夜，他在向妻子倾诉人间最真挚的爱情，他祈祷妻子在另一个世界舒心惬意，他更希望长眠的妻子理解事业型男子汉的情怀……

是的，也就是一天一夜，他守着睡眠的妻子。24个小时之后，他又来到工地，投入火热的"引漳入林"工程之中。是啊，这方工地就是战场啊！这战场一时一刻都离不开吴祖太，不只是测量工作，还有许许多多千奇百怪的难关，在阻挠着吴祖太和他的团队的进击。他知道，眼下双方已到殊死决战的时刻。

1960年3月28日傍晚，吴祖太正在吃晚饭，有人来反映，王家庄隧洞时有塌方，洞壁出现了裂缝，不时有石块掉下。吴祖太一听，把饭碗一推，就往洞子方向走。身边有人劝他，天已晚了，明天再看不迟。吴祖太说，还是早一天去好，早一天排除险情，民工就早一天免得遭害！负责安全的姚村医院院长李茂德也说："祖太说的在理，我跟他一块去。"说着俩人就匆匆离开食堂，走进了洞子。正当两人细心观察洞子出现的裂缝时，洞子竟然大面积塌方，吴祖太和李茂德被脱落的石块埋住了……

总指挥部的干部闻讯赶来了，副指挥长段一波第一个冲进隧洞，他一眼就看到吴祖太那双被气流冲脱的布鞋，可是已看不见吴祖太的身影了。

工地的民工成群结队地赶来了……

王家庄的干部群众也赶来了……

当人们挖开厚重的石块，看到吴祖太时，他的面庞还是那么自然安详，但却停止了呼吸。

苍天啊！你有没有看清楚，怎能把红旗渠工程的技术引领人带到另一个世界啊！

你知道吗？第一本红旗渠蓝图——《林县引漳入林灌溉工程初步设计书》是他一手编制的啊，有了这本书，我们林县人才敢动工挖渠呀。

你知道吗？是他创造性地设计出渠首白家庄空心坝，让渠水通过坝心流向林县，河水从坝顶溢流，解决了渠水与河水交叉的难题，方使红旗渠的渠道工程顺利实施。

你知道吗？是他大胆设想，因陋就简，因地制宜，设计出青年洞，改变原设计的绕山明渠，让漳河水避开天险绝壁轻快地从洞子里通过，不仅减少了工作量，降低了施工难度，还大大节约了工程成本。

……

吴祖太做的事情太多太多，就是铺太行山当纸，蘸漳河水作墨，也书写不尽啊！苍天啊！为什么要把我们的吴祖太带走啊？

也许，是新婚妻子的呼唤？新婚不到百日，两人相聚也仅有几个昼夜，就阴阳两隔天各一方，这也太失人之常情了吧?！是妻子，一个深爱他的女人，将丈夫呼唤到另一个世界与己相聚吗？是吗？

……

当红旗渠水沿着吴祖太和设计组勘测的线路悠悠地流动，当红旗渠水顺畅地通过吴祖太创造的白家庄空心坝，当红旗渠水欢笑着甩掉天险绝壁，轻快地涌进吴祖太设计的青年洞，洒向林县大地沃野，洒进一百万庶民百姓的心田时，怎能不唤醒我们对吴祖太深深的怀念啊！

附记：1966年1月11日，吴祖太被中华人民共和国内务部追认为烈士。

与吴祖太一道牺牲在王家庄隧洞的李茂德同时也被追认为烈士，享年46岁。

供图 《红旗渠》杂志编辑部

太 行 赤 子

  修建红旗渠,不啻是林县人与造物主部署的难关险隘的征服与反征服的搏斗,其中还有政治迷雾的干扰与权力掌控的博弈。这就要求团队中个个是赤胆忠心的"忠臣"。

风浪之中现忠诚

狂风恶浪，洗礼仁人志士；刀光剑影，考验忠义之臣。

红旗渠的修建，不只是林县人民与造物主部署的难关险隘之间的征服与反征服的拼搏，还有来自政治风云中的摩擦撞击与人事斗争，在这里，不妨统称之为"权力之争"或"政治斗争"。

红旗渠上马之际，正是新中国最困难的时期，国家的经济状态极端恶化，人民生活空前贫苦，在一些地区，由于粮荒，已有成千上万人饿死，缺粮引发的浮肿病贫血症日益严重。在这种背景下，政府出台政策，暂停一些大项目工程，使其进入休整时期，无疑是正确的。这时间，一些人却利用国家纠正极"左"错误的时机，将红旗渠打入"极左路线的产物"之册，造出舆论："林县老百姓没有饭吃，树皮都叫剥光了，县委一些人不顾人民死活，他们修渠是为捞取政治资本……"云云。

1961年7月初，国务院副总理谭震林到河南省新乡县七里营公社蹲点，适逢新乡地委召开纠正农村"左"的错误会议，谭震林参加了这次会议。会上，一些人说林县修红旗渠就是极左行为，林县县委不听中央的话，勒着裤腰带还要修红旗渠，根本不顾农民的饥饱死活……谭震林听了这种批评，很是生气。我们党内怎么还有这样官僚的干部，极左阴魂不散啊！这样整下去后患无穷啊。是的，难怪副总理这样恼怒生气，从1958年搞大跃进，加之连年的自然灾害造成大饥荒，仅河南省饿死的人就数十万了。这种不实事求是的浮夸风、虚报风、好大喜功风如不煞下去，恶果可想而知。耿直的谭震林当场表态，像林县这样的县委书记，应该撤职！

这时，坐在会场的林县县委组织部部长路加林按捺不住愤懑的心情，发言了：

诸位领导批评林县，所谈的情况不符合实际。眼下全国都在闹饥荒不假，都吃不饱饭不错，许多人都饿死了，这是事实。可是，我们林县，与那饿死人的县城不一样，大不一样。我们的粮仓里存有3500万斤粮食。我们为啥敢上马红旗渠，因为我们仓库里还有粮食，我们的人还没饿死，要说能吃得饱，不敢说。因为我们虽有这些存粮，也不算宽裕呀，也得精打细算地用，还要多以野菜树叶替代主食。还有，我们的财政尚有三百多万元，钱不多，但不是没有钱了。还有，上红旗渠是林县人民群众的强烈愿望，不只是县委几个领导的指令，县委领导只是做了顺乎民意的事……

路加林讲的是实话，在中国，老百姓中就有这样的话：

"丰收之年有歉收之家，歉收之年也有丰收之家。"

虽然国家大面积处于困难时期，但这困难很大成分是人为酿造的，人为地吹嘘亩产多少千斤，人为地虚夸自家仓库有多少存粮。好吧，既然你有那么多粮食，就拿一半交国家吧。其实，照他们吹嘘的数字，把他们库里的总粮都交出来也凑不够交国家之数。林县人却没胡吹，林县人报的是实数。这样，林县人当然多少还有些存粮。另外，林县人生活一向俭朴节约，不舍得吃，不舍得花，就是吃个小米饭，也会把米碾烂，熬饭更涨锅。这样的生活方式，使林县人

巍巍太行

家家户户的日子过得很俭朴,他们没有一点儿侈欲,甚至没有享受生活的意识,受苦受累,勤俭节约,对林县人来说是应该的,是正常的生活。

路加林力排众议,实话实说,却惹怒了与会的一些人,他遭到了围攻式的"批判"。在这种氛围中,领导当场宣布撤销路加林林县县委组织部部长的职务,调离林县,并通知新乡地委辖管的各县县委书记,立即到地委开会。

也许如今的人不解,路加林只是发了发言,道出一些林县的实际情况,为县委决策上马红旗渠找了一些根据,何以就遭到如此打击?我们党一向不是讲"言者无罪,闻者足戒,有则改之,无则加勉"吗?的确是这样,我们的理论是非常正确的,但在实际工作中却与理论背道而驰。也正是这种缘故,致使我们的干部不讲真话,已成为大多人的习惯。

路加林不是这类随波逐流的人,他不是不知道讲出实情的风险,

摄影 彭新生

但是他要讲,要力争保护敢于决策上红旗渠工程的林县领导。可以说,林县人的红旗渠能够修建成功,与干部队伍的精诚团结不无关系,兵爱将,将爱兵,在干部之间更是蔚然成风,理所当然。也许这与林县的水土有关,这里不仅山硬,水硬,人更硬。

当林县县委书记杨贵按照通知时间地点来到会场时,感觉陷入"四面楚歌"之中。许多平日亲切的兄弟县市的同僚,不像往时一见面就握手寒暄,他们以避而远之的态度对待进场的杨贵。这却更加坚定了杨贵要讲真话的决心。当地委书记对杨贵谈了会议情况,并告诉他撤销路加林组织部长职务的决定后,杨贵提出了三条意见:第一,路加林讲的意见与谈的情况都没有错,他是实事求是的,不能把实事求是讲真话当成错误;第二,如果说修建红旗渠是错误的,责任在我县委书记,后果由我承担,不能撤销组织部长的职务;第三,请地委将我的意见报告省委和党中央。

会议的第二天,是让各县县委书记发言,这时杨贵已破釜沉舟,他想好了，最坏的结果无非是被撤销县委书记职务，即使撤职，也要把话讲完，把林县之所以上红旗渠的真实原因公布于众。

杨贵滔滔不绝地陈述了林县人民缺水的现状，林县人民要求引漳入林的强烈愿望，引漳入林成功后会为林县人带来的效益，之所以上马红旗渠只是林县县委、县政府顺从了林县人民多年的愿望。他特别强调，眼下虽然大多地区缺粮少吃，有饿死人的现象，但是在林县，由于林县人会过日子，无论是县、公社还是大队、生产队，都有一定数量的储备粮，绝不是有些人说的那种情况。倘若你们不信，欢迎到林县调查，最好一竿子插到底，到公社、到大队去看看……

事实胜于雄辩，领导果然派人到林县调查了，结果证实杨贵与路加林讲的都是实情，不久之后就恢复了路加林的组织部长职务。在林县干部众志成城的努力下，红旗渠工程没有夭折！

但是，斗争远未结束，批评红旗渠的话语从未停止，让红旗渠下马的噪声一直存在，为达这种目的，这些人或放明枪，或施暗箭，俗话讲，明枪易躲，暗箭难防。而权力之争、政治斗争的手法又多以暗箭"见长"。

在路加林的职务恢复以后，红旗渠的风波似乎安静下来。然而，好景不长，一天，中国人民银行河南省分行的调查组突然进驻了林县，原因是有人揭发林县支行行长路明顺私自动用国家退赔款。调查组由河南省分行一位副行长带队，进入林县之后，县政府副县长王才书就跑前跑后，赶紧安排省行一行的吃住行，生怕有怠慢之嫌。省行的副行长对王才书讲：

"不要为我们的事忙了，马上通知支行行长路明顺，停职检查，交代问题。"

王才书有些丈二和尚摸不着头脑，问：

"你们能不能一边调查一边让路明顺同志继续工作着？"

"你想的也太简单了，王县长！你知道他的问题有多大吗？竟敢擅自动用国家退赔款，这是犯罪，懂吗？严重的是要枪毙的，叫他停职检查，是最客气的做法了，明白了吧？"对方抵视着一脸纳闷的王才书，像是老师跟学生讲课。之前，王才书什么信息也没有听到，现在要停止路明顺林县人民银行行长的职务，哪里接受得了！又听到问题如此严重，甚或攸关性命，王副县长不再说啥了，他只推托道：

"路行长问题既然这么严重，我们县委至今一点儿也不知道，我这就去县委汇报。"王才书说这话是一种推托，他一个副县长怎能负了这个责任。他对省行的这种做法不能表态，就直奔县委了。

林县县委第一书记杨贵这时出差在外，由第二书记李贵在家主持县委工作。李贵听了王才书的禀报，感到十分突然，他对路明顺一向印象极好，不自觉地说：

"路明顺可是个好同志啊，这些年为咱县解决了多少难题，特别是对红旗渠建设做了多少实事，他是立大功的人啊，怎么说有问题就有问题了，说不让干就叫停职啦？"

王才书望着李贵，却无言以对。

场面静默下来，办公室一时静悄悄的。安静许久之后，还是李贵说话了：

"看来人家是有备而来，不知道为整这事花多长时间了，咱们可连一点儿消息都不知道呀。既然是这样，咱也顶不住，停职就停职吧，反正这也不是什么正式处分，你赶紧把路明顺找来，叫他说说到底是怎么回事，咱好心中有数。"

还没待李贵与王才书去向省调查组沟通，那里就来了电话，催办路行长停职一事。县委表态，同意调查组的意见，马上宣布路明顺停职检查……

路明顺被唤到县委会议室，李贵和王才书与他开始一场心碰心的对话：

"你知道不知道私自动用国家退赔款是犯法的？"李贵问。

曲折的里程　　　　摄影　李俊生

"我是行长,咋能不知道这个。"路明顺回答。

"你知道是犯法,还要去做,这是执法犯法呀,究竟为啥要动用退赔款?"

"我一人做事一人当,你就别问了,就是要我的命,我也认了。"

一边的王才书见路明顺依然守口如瓶,就旁敲侧击:

"你动用退赔款到底干啥呢,总得叫我们明白吧。"

"请你们都放心,我一不会贪污这钱,二不会奢侈享受花费这钱。我干的都是正事,你们不要再追究了,弄清楚了对你们没啥好处。"路明顺诚恳地说。

"明顺同志,你是有组织的人,又是行长,我们是代表组织跟你谈话的,对组织你还保什么密,把事情讲明白了,组织也好帮你呀!"李贵语重心长地说。

"说吧,明顺同志,既然你办的都是正事,组织知道这些事,只会为你说话,帮助你啊。"王才书也配合着李贵,期望路明顺讲出实情。

听着两位领导知心的话语,路明顺只是一个劲地吸烟,一支接着一支。他知道,话说到这份上,自己没有理由再守口如瓶,况且面前的领导都是自己信任的伙伴,对他们应该无话不谈。有些事不想让他们知道,是怕万一出了闪失,引发的"火星"会烧着他们。路明顺是条好汉,他一向是敢于负责任的干部,遇到要顶缸的"活",他从不畏畏缩缩,躲躲闪闪。他掐掉一个烟头,长出口气,说道:

"这事说起话长,好像刚立春的时候,我去红旗渠总指挥部,见到工地指挥长马有金,他拉着我进了青年洞,在那里转了一圈,看到民工干活那架势,真叫感人,一个个抡锤打钎,打眼放炮,不怕烟呛,不惧石硬。到吃饭时,老马让我与大家一块儿到大食堂去了,吃的都是糠菜团子,粮食很少,只好用这东西填肚子。干活的人不比咱们干部,也不比老百姓,他们要出大力,流大汗,他们一个个都在超负荷地干活,吃那东西哪能供得上消耗的体力?连青年洞食堂的炊事员都患了浮肿病，太叫人难受了。老马对我说，现在太缺钱了，总指挥部的账上现金只剩千儿八百元，维持不了几天。派人去县里要钱，县里也难，没钱。县里让拍卖了公产来解决，可那是远水不解近渴呀。老马说，'你路行长那儿要是能贷些款，待总指挥部一有钱就还你，中不？'我很清楚，这时根本没有贷款指标，可是，看着老马那副作难的样子，还有民工的伙食，他们都需要钱啊，我无法说出'不好办'三个字，就答应他回去想办法。回去那一夜我翻来覆去睡不着，明知贷款是一点门儿也没有的事，要是实话实说，就这样回绝马指挥长，我于心不忍。到天明时，我终于下了狠心，决定动用国家退赔款。动这款项，我明知是犯错误的事。可是，不动这款，又没别的款可动。我想开了，我是用这款项支持红旗渠的，就是受了处分，卷铺盖住监狱，也值。那么多人为修渠命都牺牲了，我为啥不能做出牺牲？就这样，我像吃了大秤砣——铁心了，就用这个国家退赔款！第二天一上班，我就跟银行管库员办了个提款通知，先取出三万元给了红旗渠总指挥部，之后又连续从金库提款两次，总计九万元。现在上级查这事，问题的确严重，按照常规，惩处也是很严厉的，这个我懂。不过，不管处分多重，你们谁也别管，这事是我一个人干的，没任何人指示我干，有天大的责任，都该我扛着。我不反悔，我觉得这样做心里舒展。如果因为这事株连了哪位领导或同志，那我真个是做了大孽，犯了大忌，良心真的坏了！我不跟你们说这事，也是不想让你们知道，是我一个人知道的事，当然是一人做事一人担了！"

听路明顺这么说，在一旁的李贵和王才书对路明顺是既佩服又担心，既心疼又爱怜。李贵不只是县委第二书记，还曾担任过县长职务，他对财务方面的政策与规矩是了解的，他晓得挪用九万元国家退赔款的利害。九万元，一个不得了的数字，政府的一般干部，一个月的工资也就三四十元，这笔款够三四千人发一个月工资了；

若在农村，一个劳动日仅几角钱。九万元的特大巨款，被路明顺擅自挪用，可以判断，罪责有多大呀！这时候，正直善良的李贵并没因此害怕退却，他亲切地拍拍路明顺的肩膀，说：

"小路啊，我理解你，你是为咱林县办好事，所有林县人都会感谢你，不会忘记你的。不过，从国家金融法规来讲，这种做法是破坏金融管理政策的，处理不会轻的，从省市组成的调查组的来头看，他们是想大整一番，咱们要有思想准备。"李贵边说边将目光移向王才书。

"明顺啊，事已至此，甭怕，天塌了有地顶着哩。我听明白了，你没把钱往自己兜里装一分一厘，都是为咱红旗渠才做的这事，我们敢给你撑腰。"王才书很为路明顺的行为感动，为了红旗渠，一个银行行长知法犯法，他的犯法完全不是为个人的私利，而是为林县人民的治水事业，他敢冒天大的风险，真是好干部呀！在王才书心中，路行长反而高大起来。

路明顺被省市调查组带走了，让他老老实实交代问题。路明顺爽快地交代了他三次动用国库现金九万元的事实。

身为调查组组长的骆杉同志不相信路明顺的交代，根据他的经验，应该不止这九万元，就板起面孔严厉地质问：

"不只是九万吧，想瞒是瞒不住的，还是来个竹筒倒豆子——全部倒出来吧，不要挤牙膏，挤一点就想停下，侥幸过关。告诉你吧，你的情况我们都已掌握了，现在是给你个机会，让你主动坦白。你也懂吧，坦白从宽，要是让我们说出你的罪过，那可要从严发落的，说吧，说吧。"

"没了！没了！"路明顺很是干脆地回答。

"怎么？还是要挤牙膏？年轻人呀，你就别想侥幸过关，叫你主动说，我们是爱护你呢，不要敬酒不吃吃罚酒！"骆杉的态度更加严厉了。

"骆领导,我说的都是真话,就这么些,都说了,咋的,这数字还小?"路明顺的态度很是生硬,字里行间都硬邦邦的,没有一点儿"弹性"。

双方陷入僵持态势,这是调查组最不想见到的场面。他们是带着任务来的,不想在这地方"白熬"。调查组人员的目光都集中到组长骆杉的身上,意思是对这号人"咋办"?骆杉的脑子在反复琢磨,他判断,也许这路明顺说的是实话,就九万元了。九万元,当然不是个小数字,至于还有没有更多的钱被挪用,就先不再追问,将问题转换到另一个角度,打他个冷不防。稍停片刻,骆衫从坐椅上站了起来,在屋子里轻松地踱着步子,走到路明顺身边,很是友好地微笑着说:

"路行长啊,我们对你还是信任的,你是守规矩的,咱们银行线上的干部,谁不懂法规呀,要不是外界有人干扰,向你施压,我们相信,路行长决不会去动这笔款项,是吧?"骆杉很亲切地将头向路明顺的头贴近着,似乎等他回答。路明顺不语。骆杉又挪回身子,轻迈步子,放缓声调说:"我们是理解你的,小路同志,年轻单纯,规规矩矩,上级委任你做一行之长,能不信任你吗?你会自己去动用国家退赔款吗?肯定不会。你说说,是谁叫你动这笔款的?之前与谁商量过这事?"

路明顺还是不语,只是抽烟。

场面静默下来,进入沉闷的"休战"状态。

时间一秒一分地过去,待路明顺吸至第三支烟时,调查组的同志说话了:

"路明顺同志,现在是领导给你机会啊,全是为你好啊,你说说是谁叫你动这笔款的,有什么不能说的?大家都分析了,都认为你不会主动动这笔款的嘛,你说一说谁指示你的,对你只有好处没有坏处的呀!"是的,这话是实话,路明顺只要把县里的领导撂出来一两个，调查组就高兴了。项庄舞剑，意在沛公。调查组实则是冲着县委来的，企图通过挪用国家赔偿款这种严重违犯金融法规的罪过，惩处县委的人。然而，路明顺却让他们失望了。他明白，照调查组的诱导去说出"实情"，对他是有好处，但是，那样做对红旗渠没有好处，对林县人民没有好处，对自己的良心没有益只有害啊！所以，他这样回答：

"动用国家赔偿款，没人指示我干，也没人跟我商量，如果说与人商量的话，是我与我自己商量了，而且商量了好多次，才这样干了。"

听到这话，调查组的同志很是失望。这时骆杉又站起来，来到路明顺身前，语重心长地说：

"年轻人啊，许多事还闹不懂啊，可是咱总要为自己的前程想想，是不是？千万别在错误道上充好汉，一条道走到黑，碰着南墙还不回头啊！"骆杉边说边踱着小步，他停住话语，是让听话的人慢慢消化一下这话的意思，待场面静够时间，他方接着说："你在政界也干了不少年了，你也见过不少这样的事例吧，自己受处分，别人升官，这事不少呀！这事有一个规律，受处分的都是年轻气盛、血气方刚的年轻干部，升官的则是老谋深算、口蜜腹剑的练达人物呀。唉！年轻人啊，三思而后行吧！"

路明顺十分明白调查组的苦心诱导，他们是要他说出林县的领导人，目的不是拿他这个银行行长了事，他们是冲着红旗渠来的。路明顺有自己的规矩，更有自己做人的规则。听完骆杉的话，他有一种不满的情绪，并在他的回话里表达：

"我这人就是这样子，光明磊落，有一说一，有二说二，到啥时候，也不会捏造事实，血口喷人，栽赃害人！"

路明顺一番直率坦言，激怒了骆杉一行，骆杉带气地说：

"给你台阶你不下，给你出路你不走，好啊，你赌往自己身上揽吧，有好果子叫你吃的……"

这一回合碰撞之后，接下来又是持续反复的较量，整整经历了15个日夜的博弈，面对死硬如一的路明顺，调查组实在是没法子了。在结束对路明顺的调查之时，调查组的结论只能是：

路明顺动用了国家赔偿款九万元，事情由路明顺一人做主操办，上与县委、县政府领导，下与其他人员没有关系。

由于林县县委、县政府的再三说情，决定对路明顺从轻处理，给他开除党籍、开除公职的处分。

随后，林县县委组织部、林县县政府人事科联名向省行和市行的党组写了公函，公函说路明顺私自动用国家赔偿款，错误是严重的，应该严肃处理。但看在路明顺平时工作积极，为党和群众做了许多有益的实事，动用的钱又没有贪污和挥霍，期盼上级本着惩前毖后、治病救人的原则，给予撤销职务处分，保留公职，给他一碗饭吃……

在林县县委、县政府的关心、斡旋、说合之下，省行最终同意了林县县委的意见，仅给予路明顺撤销职务、调离银行系统的处分。

不难看出，如此坚强自信，如此同心同德，如此忠诚于治水事业，如此顾全大局，宁愿牺牲自我也要保护一大片的高尚情操，是红旗渠之所以成功的不可或缺的另一要素。

倘若路明顺是《红岩》中甫志高式的人物，调查组一提问，他就道出马有金副县长要求贷款的事，由此追下去，动用九万元国家赔偿款能与马有金没关系吗？而马有金的后边能没有人受牵连吗？

精诚团结，无私奉献，忠实诚信，在修建红旗渠的过程中得到了充分的诠释。其实，无论任何事业，这些都是成功的重要因素。

慧眼丹心豹子胆

敢于负责,关键时候能挺身而出;敢于担当,要命时刻能挡住枪眼。

红旗渠的上马,可谓既无"天时",也无"地利",最重要的"人和"有吗?修建红旗渠,犹如唐僧西天取经,路遇九九八十一难,哪一难过不去,红旗渠的夭折就势在必然。

红旗渠能闯过一个又一个难关险隘,靠的是林县人一双敏锐的慧眼,一颗赤诚的丹心和一个敢于挑战权力和担当风险的豹子胆。

如今,人们在参观游览红旗渠时,不可遗漏的地方是青年洞,青年洞是红旗渠标志性的景观之一。让我们看看修建青年洞时的真实场景吧。在那个极端困难的年代,国家不仅遭遇着自然灾害的侵扰,更有人为的"灾祸"降临神州。在那个年代,政策明文规定,不许个人干任何"私活"或想门路挣钱,只准为公家和集体做事,做公家和集体的活是社会主义,干个人的事则为资本主义。有一句流行的标语是:"堵不住资本主义的路,就迈不开社会主义的步。"为了落实堵资本主义的路，林县各公社大队都有上级派来的驻队干部，他们进村子，就开始堵资本主义的路了。

有个叫邓保兴的驻队干部，他被派到桑园村，任这里的驻队基点组长。他先是组织村里的农民学习，让大家明白啥叫资本主义，他有一段话是这样讲的：

"大家想一想，人就是那么点儿气力，要是都去干私活，都在自家的房前屋后和院子里种扁豆、种丝瓜、种南瓜、种葱种蒜，还不把劲都耗光了，哪还有气力再干公家的活呢？你们要弄清楚，干私活就是搞资本主义，干公家的活就是走社会主义，懂不懂？危险啊！资本主义要想复辟啊，要叫我们受二遍苦、遭二茬罪啊！"

接下来，邓保兴也不管大家弄懂啥叫资本主义没有，就领一班年轻后生，像鬼子进村搞"三光"政策一样，把每户农家的庭前屋后、院内院外种的东西一概清理干净，村里开始流传这样一首民谣：

"邓保兴，真能干，薅了葱，拔了蒜，大家都成穷光蛋。"

……

距桑园村不远，有个更临近县城的村子，这个村子的人大多有做凉粉的手艺，在忙完农活之余，村里人还想挣点钱贴补生活，就去卖凉粉了。有个叫王化林的干部，进驻了这个村，一见这情况，马上采取措施，严格要求农民不许出去卖凉粉。为了贯彻落实，他还带领一帮年轻人轮班站岗监视，一发现有卖凉粉的，就立即没收……村子里就有这样的民谣传开了：

"王化林，快出村，我们还要卖凉粉。"

……

这样的做法，人们有气力也无处使，有空闲也得歇着，老百姓无所事事，只能怨声载道，无可奈何。可是干部们呢，他们的日子好过吗？对干部，有一首民谣这样说道：

"春天是红人，夏天是忙人，秋天是病人，冬天是罪人。"

工地一瞥　　　　　供图　《红旗渠》杂志编辑部

何以有如此说法？原来是这样的：春天是定目标的季节，上级领导好大喜功，压得下边有些干部把目标定得越来越高，领导看到高目标，就夸奖这些干部能干、有出息、该提拔，接下来就将这些人推介出去，一时间这些人就红起来了。为实现至高的目标，到了夏天，不忙能行吗？那是个根本就实现不了的高指标，就是蹦着跳着也够不着，拼命去弄吧。到了秋天，就真的累成病人了。冬天来了，总结工作，离完成春天定的目标还差得甚远，这时，有人会在私下说目标定得就不合实际，太高了，咋能完成。而在大庭广众之下，主流结论是这人没操作好，措施不当，工作无方，才导致任务目标泡汤，制定目标的红人岂不成了罪人？其实，到了冬季，不仅不能做私活，公家的活大多也停下了，四方一派沉静寂然，毫无生气。

在这种背景下，红旗渠工地却是另一番景象。在一个险峻的山腰崖壁，一个团队正在拼命地忙碌着。号子声、砸石声、抡锤打钎声，在山间跌宕起伏，回旋传响。然而，有一处小景物却没人注意，但这个小景物对正在山崖拼命干活的人非常重要。与干活的人相对的山峰上，立着一棵枝叶枯萎的小树。在树下蹲着一个人，像是在挖野菜，却又不那么专心，时不时抬起头，圆瞪着双眼，扫视山下的公路。他由远及近又由近至远地认真寻觅，像是想发现什么可疑的蛛丝马迹。他只要发现有小汽车的踪迹，就立即将那棵小树弄倒。显然，这棵小树已没了生命，它是人们埋在土里的一棵假树。小树倒下，对面山崖拼命干活的人立即马放南山，刀枪入库，且一个个销声匿迹了。民工们称这棵树是"消息树"，只待消息树又挺立起来，干活的人方从各个角落回到"战场"。何以会出现消息树？民工们为何要听从消息树的指挥？问题很简单，这期间由于"大跃进"和自然灾害带来的灾难，国民经济步履艰难，甚至饿死人的事不断发生，针对这种情况，上级连续下发"停建基建工程"和"保人保畜"的文件，要农民休养生息。无疑，文件的及时出台是正确的。但是，对于地盘庞大、情况复杂的中国国情，很难有一个放之四海而皆准的统一标准。这时候，林县红旗渠工程却进展顺利，第一期工程已起效果，漳河水已通过总干渠流入林县。全国不少地方有饿死人的现状，而林县则不然。由于林县人平日省吃俭用，精打细算，干部又没虚报产量，不用打肿脸充胖子，去交冤枉粮，所以尚有存粮，虽然不宽裕，但还能维持生活。在这种情况下，林县怎能混同那些饿死人的县乡，也要全部回家休养生息呢？特别是红旗渠工程，在林县人心中，它是一切，是比生命还重要的事业，何以要放下不干，依然苦熬缺水的日子！鉴于这种情况，林县领导决定，集中优势兵力，继续施工，攻克六百多米长的隧洞，以打通整个渠线的咽喉。但是，按照政界的规矩套路，这样干是要呈报上级批准的。倘若按照正常程序，由林县县委、县政府逐级打报告请示，要求施工，结果会是什么，林县的干部十分明白。频繁的政治运动，加之宁"左"勿右的思维定势，无论遇到什么问题，干部的习惯多是向"左"靠。只要上级有文件说现在是休养生息的时间，原则上不宜做大的工程，你林县还想做工程？报告递上去，即使心中认可，没有哪个领导能站出来，堂堂正正地批示同意。在这种态势下，林县领导和林县人民保持了高度一致，他们以自己的赤诚丹心，立下为修红旗渠不怕罢官、不怕开除公职的志向；他们是吃了豹子胆的人，为真理、为事业连死都置之度外了，还有什么顾虑和包袱呢！他们没有向上级请示和报告，就擅自干起修渠钻洞的工程。也就是说，无论省里还是市里的领导，都没有批准林县人继续施工，劈石钻洞。但是，省、市两级领导都或多或少地听到林县人还在顶风修渠的信息。对下边的违纪行为，领导自有办法，他们常常出其不意、防其不备，派出"停建基建项目"巡检组，突袭而至，检查有没有不听上级指示继续在做工程的违纪行为。

为了应对巡检组的偷袭，林县人就在山峰上设了瞭望哨，立了消息树，一旦发现巡检组的身影，立马放倒消息树报信。此法还真屡试不爽，巡检组多次到来，均没发现林县人还在工地上施工。

但领导队伍中自有高人，一次没有按常规出牌的做法，让林县人露了馅。这次巡检组的组长是省委书记处书记史向生，他是一位经历丰富、实践经验颇多的人物。过去多次派巡检组深入林县，明明有人反映，亲眼看见一班人在开山凿洞，可是巡检组到了工地，看到的却是工具入库、没有人迹的停工状态。这次史书记带的工作组一到林县，一不让官方接待，二不乘汽车出门。他们下村子全是徒步，至于往哪里走，也不告诉林县政府的人，当然也不让林县人陪同当向导或介绍情况。巡检组对林县官方讲：

"我们只是随便走走看看，没有事先定好的行走路线，也没有定去啥目的地。至于在林县停留多长时日，也不确定。"不过，与省巡检组对话的林县干部心里清楚，心想，甭觉得你们怪能，不跟我们说行走路线，不乘汽车，就想抓我们的"现行"，没那么简单，恐怕你们这班省里的领导做梦都梦不到我们的消息树。消息树是从不歇息的，你们这班人，穿戴与气质跟我们林县人都不一样，就是徒步走至施工工地，也躲不过消息树的眼睛。可是，这回林县干部真判断错了，这个巡检组采取的是散兵游勇式的行动方式，特别是在关键地点，他们的先头部队单枪匹马地上来，走的又是隐蔽的小路，以此躲过了消息树的视野。当承担先锋任务的"精兵"走进隧洞，听见洞中传出叮叮当当的锤击声，他们并不声张，而是躲在隐蔽处等待后面上来的强将。当史向生书记迈步过来时，洞口附近已云集了好几个精兵，他们轻捷地踏入隧洞，突然出现在凿洞民工的面前。全神贯注只顾干活的壮士们惊呆了，抡起的铁锤停在了半空，扬起的铁锹无力收回，欲弯腰抬筐的腰直不起来……像是电影画面，将一个个干活的姿势定格在那里。几百双惊慌的眼睛直瞪着从天而降的不速之客。凿洞子的壮士个个都在纳闷，这班人是咋个入洞子的？以往灵通的消息树干什么吃了，这么多人进洞子，竟然毫无察觉。俗话说，"捉贼见赃，捉奸见双"。这回真的让人家抓"现行"了。以往有领导总是质问林县领导，说有人反映你们还在红旗渠工地施工打洞，怎么，上级的指示对你们就不起作用？红头文件对你们就是废纸一张？……凡遇这种场合，林县领导总敢拍着胸脯说，谁反映的？叫他来跟我对质，只要他抓住了"现行"，我马上认罪……林县领导心知肚明，对手根本抓不住"现行"，也是自己的消息树灵验可靠啊。这回好了，你还敢拍胸脯说大话吗？还不承认正在施工的事实吗？

这时，只见一个头戴柳条帽、衣衫破烂不整的黑大汉落落大方地走至史书记面前，他用右手背抹拉一下面孔的汗水和石头粉末，不卑不亢地对巡检组众人讲：

"我叫马有金，是分管水利建设的副县长。是我瞒着县委，自作主张，擅自带人进洞子干的。不听上级指示、擅自施工的责任由我承担，县委书记、县长都不知道这事……"

马有金在洞子里抡锤　　供图　《红旗渠》杂志编辑部

令众人出乎意料的是，史向生书记没有当场批评马有金，反而主动伸出右手，示意与老马握手。当两只手紧紧相握时，史书记被感动了，他把马有金的右掌拉至眼前，细细地看，噢！怪不得握着这只手有一种硬邦邦的感觉，特别的手掌，全是厚厚的茧皮啊，手掌已看不清纹路，一个个裂口还在渗血……

史向生的眼睛湿润了，他又紧紧地拉着马有金的右手，说："来来来，咱们大家在这儿留张影。"

跟随史书记的摄影人员马上打开照相机，摄下了珍贵的"省委

青年洞　　　　　　　　摄影　李俊生

书记处书记史向生与青年洞凿洞青年壮士合影"照片。

　　史向生书记带领的巡检组，的确抓了马有金一帮人的"现行"，可是他们在洞子里从始至终没有说什么，也就是说，对林县人擅自施工、违抗上级"停建基建工程"、"保人保畜"文件指示的行为没有态度，既没批评，当然也不会肯定。巡检组像谜一样从工地离去了。林县人却忐忑不安了，毕竟让人家逮了个"现行"。这时，县委书记杨贵指示，让专人陪同史书记到县里三级（县、公社及大队）粮仓看一看，这很重要。史书记听说去看粮仓，当然欣然同意，他知道，时下无论哪个县，粮仓多是空空如也。当看过林县的三级粮仓之后，他没想到，在如此大荒年景，林县人这样会过日子，每级粮仓或多或少尚有存粮，这样的山地小县，至少不用担心会饿死人的。

史书记回省里后是如何向省委汇报林县擅自施工错误的，林县人不得而知；省委对林县人违抗上级的"停建基建工程"行为又是如何作出处理结论的，也不见动静。

既然上级没再批评林县什么，或者说上级以"沉默"对这次巡检组的调查结果作了结论，对林县人讲，沉默就是认可，上级都认可了，从此林县人修渠凿洞的劲头更足了。

林县人有句名言："宁肯苦干，不要苦熬。"苦干是主动的，苦熬却是被动的。倘若林县将自己看准的事情——修建红旗渠，按照常规去报告上级，等待有了官方批示方才动工，恐要待到猴年马月，甚而报告石沉大海，杳无音信……

在至关重要的决策面前，林县人没有按常规出牌，他们以自己的一双慧眼，看清了遥远的胜利光辉；他们以自己的赤诚丹心，奉献出人生的所有；他们吃了豹子胆，敢以挑战权力和威势。为什么？因为他们看得准，因为他们自信，因为他们知道要干的事业是益于人民百姓的，无论千秋万代，它都是光荣正确的。

决定命运的决策

狮子率领的绵羊队伍何以能打败绵羊率领的狮子队伍？因为狮子是决策者，决策决定命运。红旗渠是狮子率领的狮子队伍。

在红旗渠一路过关斩将、所向披靡地向目的地延伸时，我们不能不回顾决定红旗渠命运的一个关键时刻——在林县任村公社盘阳村召开的一次会议，即"盘阳会议"，林县人称之为红旗渠建设中的"遵义会议"，它是红旗渠建设过程中的一个重要转折点。

"引漳入林"工程上马不久，遇到了始料不及的困惑和麻烦。是啊，一个偏僻的深山县城，承担如此规模又如此艰巨的工程，怎能不困惑？工程没有经过正规的专家团队论证，更没有正规的工程技术单位的规划和设计，它只是林县的"土著"在操作。这些没见过世面、没干过大工程的人，怎会预料到可能遇见的麻烦呢？

"引漳入林"开工前夕提出的口号是：

"大干八十天，引来漳河水。"

这是林县人的计划。林县人计划组织7万民工进入修渠工地，

盘阳村红旗渠总指挥部遗址　　供图　《红旗渠》杂志编辑部

每人包干完成长 1 米、宽 8 米、高 4.3 米的渠道，经过 80 天苦干，从渠首山西平顺石城乡到林县任村镇的分水岭总长 70 多公里的总干渠，当然应该能完成。每个人就这么点工程，用这么长时间，怎么可能完成不了呢？！

不难看出，这种计划和想法是天真幼稚的，它只是一厢情愿的镜花水月。且不说施工中会遭遇的险恶难关，仅是那绝壁悬崖上狭小而又恶劣的施工地盘，就不可能施展人海战术，7 万人拥入工地，连立足之地都没有，咋个干活？

施工将近一个月时，山上只是留下一片坑坑窝窝，渠线哪里能见雏形，根本不是原先想象的那样，能按照计划前行。这时许多人的信心不足了,而对"引漳入林"持有异议的舆论又传了起来,说"引漳河水进林县是白日做梦"，是"林县人背着干粮送远屎，屙了也不肥林县的田"，"引漳入林是秦始皇修长城，隋炀帝挖运河"。

更使林县领导困惑的是，沿渠的山西平顺县的村民怨声此起彼伏，只要县委、县政府的领导一走进村，农民就拉着他们诉苦骂娘：

"不行啊，白天夜里都是崩炮，崩得石头满天飞，把俺鸡窝里的鸡都崩飞了，猪圈的猪都吓跑了！"

"崩炮飞起的石头，把俺房上的瓦砸啦，屋顶要漏水哩，屋子的墙也叫震裂了，您看看，就这样弄下去，俺咋过日子？"

……

无论是林县人的指责，还是山西农民的抱怨，林县的领导都能理解。无论是县委书记、县长，还是修渠总指挥部的指挥长们，对来自各方的指责和抱怨，只能耐心做工作，再三解释，以期达到对方谅解。林县领导知道，老百姓中有些不同声音，特别是遇到如此之多的困难，有人动摇，有人退却，也属正常。他们大多是怕这渠最终弄不成，劳民又伤财，才打退堂鼓的！至于沿线山西村民的房屋遭受损坏，人畜遭受惊吓，不能安居乐业，人家能不责备能没怨言吗？能怨人家吗？能不反省自己吗？是的，要怪就怪咱自己没经验，压根就没干过这么大的活，咋能知道会出啥乱子。如今弄得人家鸡犬不宁，林县领导的心中自然有一种愧疚和焦虑。开始修渠时，人家山西从政府到农户，都表现得那么厚道，那么理解，那么支持，如今却弄成这样子，唉——不过，冷静下来，领导们还是有信心扭转局面的。他们想了很多办法，采取了很多措施，特别是庶民百姓的工作，他们有信心做好。难办的是来自上面的压力，的确不好应对。

上面的人不像百姓民工那般直来直去，有啥说啥。他们往往把平常的事物裹上不平常的外衣，使简单的事情复杂化。与上面的博弈，绝非是推心置腹、耐心解释、以理服人、以情感人所能够奏效的。不能否认在反对修红旗渠的领导人物中，有相当一部分应该属于认识问题。他们的出发点是好的，他们是真的担心林县人这种孤注一掷的"赌注"，最终会落得个"鸡飞蛋打"的后果；因为他们判断这条渠真弄不成。要弄成了，太阳就从西边出来了！最难对付的并不是他们，而是那些专门捣鼓是非的人物，他们知道什么是对的，也知道什么是错的，是与非在他们头脑中很是清晰；他们还知道，他们为啥要把是说成非，又把非说成是。实际上，颠倒是非只是他们的一种手段，也属权宜之计。他们追求的是在政界击败对手，无论采取什么手段，只要结果是胜利。

"引漳入林"工程可谓刚刚起步就面临异常严峻的考验，是继续上马干下去，还是立即下马了事，以免酿成最终惨败不可收拾的局面。何去何从，工程等待人的选择，双方的斗争到达了一个小高峰。

对于"引漳入林"，新乡地委的主要领导一再强调说：

"你们林县应该知道，目前国家正处在困难时期，地区没钱支持你们，一切由你们林县做主。林县有钱就动工，没钱就不要动工。"

这话其实很明白，就是让"引漳入林"工程下马。因为林县的那点钱根本不够，与预算的财政支出差得甚远。作为林县的顶头上司——新乡地委，又一毛不拔，难道巧媳妇能做无米之炊吗？如果领导的态度仅是至此停步，也算在情理之中，而实际情况并非只是釜底抽薪，他们要主动进攻，进而采用"砸锅"的手段了。一时间，告林县领导的匿名信，告林县县委黑状的行动，诬陷诋毁的言辞接踵而至，说林县主要领导不顾人民死活，要上马"引漳入林"工程，是为捞取政治资本。新乡地委的一位主要领导，就是力推"引漳入林"工程下马的人物之一，弄得河南省委一时间也难辨是非曲直。

面对工程艰难的现状及各种压力，林县县委于1960年3月6日至7日，在任村公社盘阳村召开了中共林县"引漳入林"委员会全体（扩大）会议，县委书记杨贵向大会作报告时说："面对目前的形势和任务，我建议把'引漳入林'工程命名为'红旗渠'。这里包含有一层意义，就是要高举红旗奋勇前进！"

红旗渠总干渠泄洪闸　　供图　《红旗渠》杂志编辑部

与会人员一致同意这个建议,并提交"引漳入林"民工大会通过。

3月10日,林县县委又在盘阳村召开了"引漳入林"工程全线民工代表大会,经过热烈讨论,代表们一致同意将"引漳入林"工程正式命名为"红旗渠"。

在3月10日的民工代表大会上,总指挥部组织大家学习、交流经验,充分发扬民主,走群众路线,最终代表们一致通过了13项决议。其中至关重要的一项决议是对工程施工的方法进行了战略性的调整,变原来的"遍地开花"为集中优势兵力打"局部战争",将拉长的战线缩至最短,将有限的财力物力集中使用。最终确定,红旗渠总干渠分四期进行施工,这四期工程,施工环境艰险恶劣,又在异地山西,必须集中精锐力量,实施个个击破的策略。

正是有了这种科学合理的调整与规划，方保证了红旗渠沿着正确的轨道一路前行。倘若依然照早先的施工方法，效果充其量只能是事倍功半，甚至更糟糕。

1982年，已调离河南出任国务院"三西"贫困地区建设领导小组办公室副主任的杨贵到甘肃省定西考察，见到了已停工多年的"陇中引洮河"大渠。这条渠与红旗渠是同一年开工的，采用的是全面开花战术，由于战线拉得过长，摊子铺得过大，结果是人力、物力、财力都无法保证，施工不久被迫全线下马，只留下了几百里长的坑坑洼洼的残破工地，弄得民间怨声载道，干部愧疚地抬不起头。杨贵考察了这条渠后，建议用修红旗渠的套路，从上到下分段施工，修一段，成一段，成一段就引水进来，润泽一段。就这样，"陇中引洮河"大渠在80年代后期修成了！

现在回想起来，当年的"引漳入林"倘若不及时做出战略调整，毋庸置疑，红旗渠会成为有头无尾的半拉子工程。

在盘阳会议上，更为至关重要的决议是将"引漳入林"工程命名为"红旗渠"。

红旗是什么？红旗在中国人心中象征着前进与胜利。从历史看，中国人民正是高举着红旗战胜了敌人，也是高举着红旗摧毁了阻碍中国人民前进的旧势力。红旗引领的路当然是正确的、光辉的、灿烂的。

"引漳入林"工程更名为"红旗渠"，为其注入莫大的政治能量，日后它所生发的价值与深远影响，是任何数学公式都计算不出来的！

在"引漳入林"工程上马与下马的博弈中，林县的领导可谓将智慧发挥到极致，将一项水利工程冠名为"红旗渠"，这个名字迸发的光彩与能量，无时不在潜移默化地威震对手，击溃对手……

李俊生

精 英 斗 士

这里融化了斗士的血骨

这里闪烁着精英的神韵

虎胆英雄王磨妞

谁敢在老虎嘴里动土？他竟然带着一班修渠人住进了老虎嘴！

王磨妞被称为"虎胆英雄"，并不是哪级政府授予的，也不是哪个领导封的，而是来自民间，是与他朝夕相处、一道干活的伙伴们叫出来的。也可以说，王磨妞被称为"虎胆英雄"，完全是他自己用行动写出来的。

王磨妞是林县泽下公社马兰大队大队长，上修渠工地时，马兰大队与本公社的碾上大队、沟窑头大队编为一个营，王磨妞被指任为营长。

指挥部分派修渠任务时，王磨妞提出，哪段工程凶险难做，他就要哪一段。是他的主动请缨，也是指挥部对他的信任，"老虎嘴"分配给了王磨妞营。

老虎嘴确实凶险，上边40多米高的半截山体伸向漳河上空，下半截山体是50米刀削般的悬崖陡壁，中间山崤仅有0.7米宽，人在上边穿行，只能一步一步扒着石缝小心攀缘。王磨妞与碾上大队和

老虎嘴　　供图　《红旗渠》杂志编辑部

沟窑头大队的两个技术员,像壁虎般一步一步攀爬上了老虎嘴,仨人找块稍平点儿的地方坐下来,商量怎么分工。这时王磨妞瞅了瞅日头,已挂到正头顶,光爬上老虎嘴,就整整花了半天时间。也是经过亲身攀爬,仨人弄清了老虎嘴这段渠线的深浅要害,知晓了它的难处有多大了。别说在这地方干活修渠,就是站一站、立一立,看一看,都站不住,立不稳,那悬崖之下的滔滔漳河,两眼一瞅就发晕。

没等同行的二位开口,王磨妞就定盘了:

"这样吧,老虎嘴这地方的103米,我马兰大队包了,剩下300米,你们俩大队分吧。"

其实,仨人心里都很清楚,王磨妞主动承担的那103米渠线,是老虎嘴最凶险的地方,在那地方干活,脚难蹬,手难攀,稍有闪失,掉下去不摔成肉泥,也是尸骨难寻!

听王磨妞主动把危险揽给自己,俩人心里挺感动的,更有一种佩服感,其中一个说:

"磨妞啊，这中吗？把险活都给你马兰大队！"

另一个说："唉，也是。要不，咱仨大队，一个队分一块，这才公平。"说实话，他俩都觉得危险活都叫人家王磨妞的大队干，有些不公平。

"都甭说了，就这样分了。赶紧准备好人和家伙，上阵吧！"王磨妞说。他是从干活的效率想的，把103米险活划三个段不是不行，那样弄工效肯定受影响。再说，自己从来到工地那一天起就说过，哪儿的活计危险，哪一段工程难弄，自己就去哪一个地方干，咋能光讲公平不顾大局呢！王磨妞这人心里啥都清楚，就是嘴上说不出来，也不会说好听话和客气话，遇到事，他只是想自己多干些多做些，绝不让搁伙计的一方"吃亏"。

面对王磨妞的分工，俩人还想再说点儿什么，王磨妞把话截住了：

"都别再说啥了，我是营长，你俩就听我营长的，赶紧下去准备，带队上阵施工。"

王磨妞揽下了凶险的老虎嘴中最凶险的活计，红旗渠要从老虎嘴里通过，先得在老虎嘴里开挖8米宽、9米高的一条通道，然后才能在上边修渠。那可全是石头呀，是硬得出奇的花岗岩顽石。谁要不知晓啥叫硬，那就来太行山吧！来看看太行山里的花岗岩，特别是老虎嘴的花岗岩。上苍怎么把这里的石质铸炼得如此硬，钢钎打断一根又一根，那硬得出奇的石头才显出一个核桃大的小坑。要这样的打法，这般整治下去，可不是王磨妞的初衷，也不是总指挥部的要求。其实，王磨妞不仅是个勇猛的虎胆英雄，还是个爱动脑子的细心人。他想，就是这样打下去，也要打出合乎要求的装炸药的洞子，他不信自己率领的营队斗不过老虎嘴。但是王磨妞不甘心与老虎嘴打持久战，他想寻觅到更好的办法。王磨妞就带着技术员宋景山和王元锁，从老虎嘴的"鼻梁"爬上去，爬到上边一方地盘。他们在老虎嘴里慢慢地勘察，细细地寻觅，不相信老虎嘴里全是清

虎口崖　　　　供图　《红旗渠》杂志编辑部

一色的一模一样一种硬度的石质。果然，他们寻觅到了一层稍软些的岩层。王磨妞大喜，当即挑选了30名身强力壮的年轻人，指令他们背上行李、带足干粮上老虎嘴的高处。干什么？他们要在老虎嘴施工现场吃住下来，不把老虎嘴降服，谁也不许下山！

王磨妞带着30名汉子，压根就没想速战速决，他们知道老虎嘴的厉害，绝不是"狂轰滥炸"一番就能立即收兵的。要不，他们怎么会在这鬼地方安营扎寨？王磨妞设计了5个大炮眼，就在老虎嘴里，就在这硬得出奇的花岗岩石板上。他要求30个弟兄打出5个深5～7米、直径1米多的炮眼。5～7米呀，四人多深的洞子！这么恶劣的施工环境，想喝口水都难，更别说洗脸洗手了。至于吃什么，就更不讲究了，只要胡乱填一下肚子，饿不死，这些汉子就能提起精神，拼上全身气力抡锤，打钎，除渣，放小炮……

打呀打，抡呀抡，他们送走了太阳，迎来了月亮，忍耐着干渴，忘记了饥饿，经受着风雨，抵抗着寒气，经历了15个昼夜的苦干，5个大炮眼按照要求终于打成了。他们将每个炮眼安放了500公斤

渠水穿山过　　供图 《红旗渠》杂志编辑部

炸药，加起来那是 2500 公斤啊！炮点燃了，只听"轰隆"一声巨响，山摇地动，老虎嘴被炸裂了。随着震耳欲聋的欢呼声，早已渴望施工的队伍蜂拥而来。可是，当人们走近老虎嘴时，方见一块块被炸裂的石头随着呼啸的山风飘飘洒洒地往下落。谁敢在这种环境下干活？哪一块石头砸下来都能要命的。面对这场景，王磨妞来气了，自言道：

"好啊，老虎嘴，算你有种，脑袋都叫崩裂了，嘴巴骨还不服气哩，今儿个我王磨妞跟你拼了！"边说边用绳子捆绑身子，下崭除险，把那些活络的石块清除下来，以防砸伤修渠的弟兄们。

看着王磨妞的举动，宋景山、王元锁与好几个年轻人站了出来，拉住那根下崭的绳，都说自己年轻有力气，要下崭除险。看到这场景，王磨妞发脾气了：

"都给我停住，你们谁也不能下。在这儿，谁的官最大？是不是我？我是营长，你们承认不？你们谁敢不听营长的？"没人回话，场面一时沉静下来。王磨妞接着说："你们知道不，这下崭可不是闹着玩的，一闪失是要死人的啊！你们都这么年轻，不能死啊，我年纪大了，又比你们有经验，这活就该我干，谁也别争，跟我争，你们也争不过我。"

说话间，王磨妞已将绳子在腰里系结好。只见他双脚猛蹬一下峭壁，那身躯就一悠一荡"飘飘然"了。王磨妞挥动双臂，用撬杠撬掉老虎嘴上的一块又一块晃动的石头，石头扑楞楞地滚下山体，坠入滔滔漳河中。只见那漳河水，随着石块的砸入，时时溅起高高的水柱。

险石终于除光了，施工现场可以进人了。王磨妞带领他的营队，又夜以继日地投入砌渠垒岸的活计。经历几个月的苦干，老虎嘴终于服软了。红旗渠贴着太行山紫红色岩石的悬崖陡壁通过老虎嘴，向目的地延伸过去。

除险英雄任羊成

能将生死置之度外的人，方能从必然王国步入自由王国，从而演绎出精妙绝伦和出神入化的传奇华章。

提起红旗渠，人们自然想起任羊成；说到任羊成，人们又自然想到红旗渠。是啊，任羊成的命运早已与红旗渠融为一体，与红旗渠同欢乐，共患难，与红旗渠携手度过一道又一道险隘难关。在渠线最凶险的梨树崖、老虎嘴、鸻鹉崖、小鬼脸等悬崖峭壁，都有任羊成凌空除险的身影。长年累月飞来荡去于陡峭险峻的山崖间，成为了他的家常便饭。旧社会民间常说："在深深地下挖煤窑的矿工是已经埋葬了的人，但还没死；凌空飞舞玩杂技者则是已经死了的人，尚未埋葬。"是啊，每日每时玩那走钢丝，玩那空中飞人，玩的都是一招失足就要命的活计，久而久之，岂有不失足之理。其实，任羊成干的除险活计，比那空中飞人的危险大多了！杂技虽然危险，还是有套路、有预防措施的。而除险，是一个山峰一个样子，无套路可循，自然风险多多，也难怪工地有这样的顺口溜："除险英雄任羊

任羊成　　供图　《红旗渠》杂志编辑部

成，阎王殿里报了名。"

任羊成，1927年生于林县任村镇古城村，由于母亲体弱多病，缺少奶水，小羊成自幼吃羊奶成人，故起名"羊成"。艰苦的生存环境磨练得任羊成从小就不怕吃苦，且敢闯敢干，越是有危险的活，他越愿意做。早在修红旗渠之前的1958年，已担任家乡初级合作社副社长的任羊成，就带领全村90多名社员奔赴南谷洞水库工地，干起治水的事业。工地最危险的活儿是打炮眼放炮，任羊成就主动当了炮手，整天在山腰石壁上打眼放炮。任羊成的下崭除险"手艺"，就是在修建南谷洞水库时学的。教他这门手艺的是石板岩公社的王天生。

最初，任羊成放炮崩山，之后由王天生除险。由于炮崩以后造成的险石太多，除险的活儿总是跟不上。险石除不完，施工队伍就不敢进场干活，任羊成看到这种情况，就与王天生商量：

"天生，你教我下崭吧，我学会了，也好帮帮你。现在就你一个人会干这活儿，哪能忙得过来呀。"

凌空除险　供图　《红旗渠》杂志编辑部

"不中，不中，这活儿你学不会。"王天生的头摇得像拨浪鼓，他知道自己这手艺是靠多年在深山采药练出来的，药材长的地方多是悬崖峭壁，没下崭的"绝活"，是采不到好药材的。

"咋能不中哩，我又不是那笨人。"显然任羊成不能认同他的说法。

"你不懂，羊成，这下崭可不是闹着玩的，弄不好就送了性命！"王天生的态度严肃起来，话音也分外凝重。

"俺不怕，天生，你就教教俺吧，俺保准能学会。"任羊成有点儿央求对方了，他是真想去下崭除险。

"你不怕死？"王天生厉声地问。

"怕死俺敢当炮手？连叫炮崩死都不怕，俺能怕下崭摔死？"

"好！你这个徒弟我收了！走，现在就去下一绳。"王天生不是不想教任羊成，他早想培养个徒弟，也好帮帮自己。要不然，整个工地就他一个人会除险，真是应接不暇呀，活也太重太累。他只是担心任羊成学下崭出了闪失，那可真的要命啊。

当任羊成捆绑好绳子后，王天生飞起一脚，把任羊成踢下悬崖，从没练过这活计的任羊成，一离开地身子就缩成一团，在崖壁上碰来碰去，待下到崖底，已是一身冷汗。头一回下崭，能不怕吗？任羊成自知是胆怯了，一种羞耻感涌上心头，觉得对不住王天生的信任，更怕人家见他这熊样不想再教他。于是，他就大步流星地蹿到崖头，拍着王天生的肩膀说：

"刚才那一次不算，咱再下一绳，准中！"

王天生见他说得恳切，就依了他。这次系好绳子后，还没等王天生用脚蹬，任羊成就猛地一下跳向了悬崖半空，且伸出双手，在空中悠荡舞动……从此，任羊成开始了他的除险生涯。不过，在南谷洞水库，任羊成只下崭过两次。可以说，他的下崭除险手艺还处于初级水平，远远没有练成。但是，来到红旗渠工地不久，在渠首的梨树崖处，却遇上了必须马上下崭除险的活计。

那天任羊成在梨树崖放了几个"老炮"，削去几个山头，惊心动魄的险情来了，随着崖头被炸飞，崖壁被震开一道道黑洞洞的山缝。许许多多摇摇欲坠的石头悬在崖顶，随时有脱落砸下来的可能。石头的形状与大小很不规则，炮放过三天了，山缝还在嘎嘎作响，裂得愈来愈大，石块和着细沙不时哗哗往下流动，看着就挺吓人的，谁敢在这种现场干活？

看到这景象，任羊成心急如焚，饭吃不进，觉睡不香，躺在床上还在暗暗地想，渠首的战役才刚刚打响，沿渠线还有几百个险峰等着通过，倘若闯不过眼前的梨树崖，后边的险峰就甭想了！想来思去，辗转反侧，整整一夜都睡不着。天一亮，他就到仓库找了一盘麻绳，对炮手刘虎成说：

"走，咱俩去除掉那些活石头，我来下崭，你看好绳。"

"谁叫你去的？那可是玩命的活呀！"刘虎成知道，下崭除险不是一般的事，一定是哪个领导指示任羊成干的。

"这活还用领导指示吗？看看工地那样子，多少人急得直跺脚，就是不能进场子干活，不都是这险石捣的蛋，咱不去除它，等谁哩！"

"我不去，没头头发话，俺不敢。"刘虎成说。

"你能看着那么多人在窝工，干着急不能修渠。要是有人进了施工现场，叫那不长眼的石头砸死了，你后悔不？你还敢说不敢说不跟我去下崭？走吧，这事不能等，也不敢等。"任羊成生就的急性子，只要他眼里看到的活，非干不行。刘虎成觉得羊成的话在理，这除险的事恐怕领导也还在作难，他们能下指令叫谁去冒这险？只能是自愿冒险往前上了。想到这里，刘虎成说：

"中，这回我听你的。"

俩人来到梨树崖头，一起揳上三根钢钎。任羊成拴上绳头，套好绳盘，另一头绳子系在腰间和腿上，手攥一把铁镐，在刘虎成使劲地推动与他的双脚蹬力下，飘飘悠悠地在半空荡起来。这是任羊成在红旗渠工地第一次下崭，也是整个工地的第一次。自然，那动作和效率都还不到"火候"。

正当任羊成在笨手笨脚地除险石时，崖下传来厉声的呵斥：

"那是哪个不要命的，快给我下来！下来！"

崖下站的是红旗渠总指挥部的两个副总指挥王才书和尹丁山。听到呼声，任羊成只好下来，一落地，王才书方知是那个小个子炮手。尹丁山不由分说地训斥道：

"你还要命不要？"

"嘿嘿，不要命咋干活哩。"

"知道不知道，你爬恁高，摔下来是啥结果？"

"摔不下来，俺的绳子结实，捆得也结实，绳子断不了，又开不了，就摔不下来，嘿嘿。"任羊成像没事的人，打哈哈说。

听着任羊成打哈哈，尹丁山也笑了，问他：

"为啥不向指挥部报告？这么大又险的事。"

"怕指挥部不批准。再说，报告您也太耽误事，俺俩炮手，一合计就干上了，多省事，又快，嘿嘿。"任羊成解释道。

"你上那么高，就不知道害怕？"王才书问他。

"害怕？害怕俺就不当炮手。光害怕有毬用，要是害怕能把漳河引到咱林县，大家脿都害怕啦。"

"好！好！好！"尹丁山连说三个"好"。"我们正是要找你这样的，好样的！"尹丁山边说边拍着任羊成的肩膀，"我批准你下崭除险，好不好，以后就甭偷偷摸摸的了。"

"那——好——真好！"任羊成笑了。

尹丁山看了一下王才书，王才书说：

"羊成啊，你跟咱指挥部想到一起了，咱们正想成立个除险队，正为没这样的人才犯愁呢，今天批准你，你就是咱除险队第一个队员。好不好？不过，一定得注意安全啊！"

任羊成高兴地大笑起来。从这一天起，任羊成天天系绳子下崭，腾空除险，除险技术也日益娴熟老练起来。他又同老铁匠一道，特地制作了抓钩、掏勺等十多种除险工具，独自担负了5个公社的除险重任。不久之后，工地正式成立了除险队，这是红旗渠工地特有的工种，任羊成成为除险队队长。

任羊成这个除险队长，并不是只指挥别人去除险，凡是最危险的除险活计，他都要亲自去做。在虎口崖施工时，他所在的方位是最要命的地方，很多碎石哗哗地从上面落下来，他边除险石边左躲右闪，躲过一次又一次石块的"袭击"。可是，有一次他还是被石头偷袭了，那是一块拳头大的石头，不偏不倚正砸在他的嘴上，任羊成没防住，他也没想到那石头砸得恁准，只感觉脑袋猛然"嗡"的

除险队长任羊成　　供图　《红旗渠》杂志编辑部

一声，整个脑袋脖颈都麻木了，像是失去了知觉，随后他在空中旋转荡悠起来。当被清风吹得清醒过来后，才知道是被石头砸破了嘴砸掉了牙。任羊成心想："只要砸不死，我还得抓紧除险石，下边那么多民工都在等我除险哩！"想到这里，他就仰起头想向崖上喊话，可是嘴已张不开了，好像有东西压在舌头上，发不出声音。他伸手一摸，一排门牙被石头砸倒了，舌头也砸破了，弄得一手是血。也是一时没了办法，他从腰间抽出一把手钳，往嘴里一插，钳住了被砸倒的门牙，用力往外一拔，一下子拔掉两颗，剩余的一颗还碍事，他再用手钳拔下了那颗。鲜血随着手钳的拔出流满了整个口腔，染红了衣衫。一想到崖下的民工正等待除险后上工，他的劲头又来了，又连续干了6个钟头，直到下工时方才下了悬崖。这时他的嘴巴肿得像个葫芦，连野菜和窝头都不能吃了，只能喝点野菜汤。任羊成忍着疼痛匆匆回到住地，为的是怕人们见他受伤那样子影响"军心"。在除险工地多、队员少的情况下，任羊成每次受伤，无论伤势轻重，从不下"火线"。这次受伤的第二天，任羊成戴个大口罩，依然照时按点踏上除险岗位。

有一次，在通天沟工地排除险石，通天沟上伸出一道四五十米长、三四米宽的青石崖，石崖两旁长满带刺的葛棒。任羊成把老绳搭在青石上，当他脚蹬崖壁用力使劲荡起之时，老绳却从青石上滑落，任羊成一下子被抛进了荆棘圪针窝里，半寸长尖利的圪针扎遍了全身。刹那间钻心刺肺的疼痛将他的肉体撕成无数碎片，任羊成倒在荆棘圪针窝中，动弹不得。只要轻轻挪动一下身子，立马就会引起肌肤肉体的剧烈疼痛。然而，没人知道他正遭受如此伤痛，因为任羊成没有喊叫让人救助，他只是咬着牙忍着痛，待疼痛到一定程度，就会产生麻木，这是任羊成的经验，待麻木了他慢慢地站立起来，默默地清除着先前没清除利索的险石。

傍晚回到住地，任羊成让房东大娘为他挑扎进身子的圪针。当任羊成脱去布衫，大娘看见他的上身扎满了圪针，吓得打了个愣怔，颤声说："孩儿哟，咋叫圪针扎成这样，能受得住哟！"大娘用个大针，一边挑着圪针，一边心疼得直咂嘴。那挑圪针的手时不时地颤抖着，大娘的心也像扎进了圪针，那叫真个地"心疼"呀！不一会儿，大娘就挑了一手窝圪针。任羊成看着已经挑了半晌的房东大娘说："大娘你歇歇，叫你儿子过来吧。"其实，大娘并不觉得累，任羊成也知道，大娘虽然岁数大了，但精力还是有的，挑半晌圪针算啥。他叫大娘儿子来，是要解决下半身的圪针，下半身比上半身的圪针更多。

大娘的儿子接替大娘挑圪针，任羊成索性把裤子全脱了，小伙子一见满腰满屁股扎了那么多圪针,连大腿都是密密麻麻。血虽然早已凝固,但那殷红的血迹却异常刺眼。见这状态,小伙子大吃一惊,倒吸了一口冷气说:"扎成这样子,赶紧上医院啊,叫医生处理才保险,咱这啥消毒消炎药都没有,弄不好要是化了脓,就不好治了。"

小伙子不是打退堂鼓不想为任羊成挑圪针,而是怕他满身的圪针伤口感染化脓,那就太危险了。况且,工地就有医院,虽然条件不太好,但比在家用这土法要强得多,也安全得多。

听说去医院找医生,任羊成立马来气了:

"要去医院,找医生,我还来这干啥?我不知道工地有医院?我就烦一点儿小毛小病动不动就去看医生,我这事到了医院,说不准又叫我歇着,不叫再上工地,那行吗?赶紧给我挑,甭废话。"

……

别说扎了满身圪针,就是老天爷发威,不管是电闪雷鸣、暴雨倾盆,还是风雪寒霜、冰天雪地,都拦不住一心只顾修渠、连性命都置之度外的任羊成!那真的叫雷打不动、风雨无阻啊!

一个大雪纷飞的寒冬,巍巍太行,银装素裹。为了安全,工地指挥部通知各个施工场地暂停施工。已经两天了,这雪不仅没有小,反而越下越大。任羊成看着丝毫没有意思停下的风雪,心发急了:这样下去,怎么能行?他实在忍耐不住了,与三个贴心的伙计一商量,就带上家伙悄悄奔至四眉崭,弄了些柴火燃起一堆篝火,他系上绳索,叫伙计们看好绳,就扑腾一下飘荡到山崖半空。他知道,四眉崭这里险石多,工期又急,搁不住这样耽误下去,得赶紧除险,好待天一放晴,人就能进场。也许老天看到这个不怕死的家伙就故意作对,只见雪下得越来越大,犹如片片鹅毛,漫天飞舞,气温也急剧下降。这任羊成毫不示弱,生生顶着大雪寒风,从一大早干到正晌午。刺骨的寒风刮在脸上,像刀割一样,雪花落在身上,立刻就冻成了冰。远远望去,任羊成就像是个雪球,在半空中飘荡。待他除罢危石下到崖底，简直冻成了一根大冰棒，全身上下僵硬着，连手指都不会动弹了。伙伴们早已从崖顶下来，急忙帮他解下老绳，背扶着他进入附近一个山洞，用木棍敲打掉他浑身上下裹着的结结实实的冰坨子，又生起一堆火，慢慢地烘烤着，好大一阵子，任羊成才被暖过身来，四肢慢慢地能活动了。

在一旁生火的一个年纪最小的伙伴说：

"羊成哥，刚才俺看着你冻得跟大冰棒似的，直愣愣地躺在那儿啥话也不说，真吓死俺啦！羊成哥，以后咱别干这吓死人的活儿了，中不？"

这小伙是真心对任羊成好，他怕出个三长两短，就是要不了命也会把人弄残的。当然，他不是不让任羊成下崭除险，他也是除险队的队员，他是劝任羊成别在这么坏的天气冒险干活。

"大兄弟，你说这话，俺就得抬杠了。咱干的啥活？咱冒这险干的是为引漳河水进咱林县，真是死了也值啊！你想想，咱林县那么多乡里乡亲，因为缺水，因为旱灾，死的人多啦，那种死法，不值呀！"

……

子承父业张买江

（张买江口述）

夺取父命的惨烈场景还历历在目，十二岁的他执意继承父业，义无反顾地踏上修渠路。

我父亲叫张运仁，在俺桂林镇南山村，他属于有文化的人。1960年农历正月十六，他就上山修红旗渠了。领导信任他，让他担任了三个村子的领头人，又任俺大队的连长。没有想到，刚上渠两个月，父亲就牺牲了！

1960年4月29日，父亲牺牲那天，也许是有一种感应吧，才11岁的我翻来覆去地睡不着，只听到院子里的鸡子在叫，就问俺娘，"咱家的鸡咋一直乱叫？"

天还不明，俺舅突然来了，还带着几个村干部。俺舅是大队支书，他一进门就叫我："买江，快把俩弟弟叫醒，有事！"我一轱辘爬起来，连晃带喊地把9岁和6岁的俩小弟弟叫醒了，这时俺娘早已起来，她看这阵势知道一定是出事了！

俺舅指挥两个干部，让他们带俺弟兄仨往四里地远的坟地去，

张买江　　　　　　摄影　李俊生

他要单独跟俺娘说事。

我们深一脚浅一脚地奔到坟地，天才蒙蒙亮。这时我看到一个大棺材，盖已钉严实了，棺材旁已挖好深深的坑。我的心一下炸了，莫非俺爹已进棺材里了？要不，大队叫俺弟兄仨来干啥？一种大灾难的阴云压在我的心头。见俺弟兄仨来了，几个在场的人瞅了瞅俺弟兄仨说："他家来人了。"有人说赶紧下葬。只见几个人将棺材卸下坑，开始埋土，才11岁的我和俩小弟弟哪里遇见过这事，原来好好的爹爹，咋说死就死了，说埋就埋了！我和弟弟们只知道哭，也只会哭，别的啥也不会说。

这时舅舅领着俺娘来了，舅舅肯定已将俺爹咋死的事告诉了娘，只见俺娘号啕大哭跌跌撞撞地扑向了坟坑，声嘶力竭地喊："人都走了，为啥不叫俺看他一眼……"除了反复地说这句话，再没有别的啥了。俺娘就是想再看俺爹一眼。

俺舅两眼一直流泪，却啥也不说，几个干部轮番劝俺娘说："人都死了，不会复活的，埋吧……"舅舅和另外一个人架着俺娘往坟坑一边拉着，生怕她往下跳，这时就有人飞快地埋土。

舅舅说，俺爹是在放炮崩山时让炮炸死的。当时俺爹只顾喊让在现场的几个人快躲开，他距炮位最近，却没能及时离开，也许因为他是连长吧，就该冲在最前边。

就这样，从那天起，我和俩弟弟及两个妹妹就没有爹了，而且我们和母亲都没有见到父亲临终是啥样子！30年后，大约在1990年，因为乡里规划土地，父亲的墓地要迁出去，我在起坟时方见到父亲的模样，他已没了颅骨，可以说，父亲去世时炸药已将他的头炸没了，怪不得村干部不让我们全家看俺爹的遗体，那是怕俺娘和我们见到那惨状再出意外啊！

俺爹在村子里是很有威望的，只要是干正事，他特积极，特别是去修红旗渠，俺爹更是全力以赴，不顾一切，一定要第一批冲上去。也是与俺这地方太缺水有关，俺爹给我起的名字叫"买江"，那意思是，你要是有了钱，啥都可以不买，只买江就中。江是啥？江是取之不尽、用之不竭的水啊！不缺水的地方的人，哪里知道缺水人的苦和难啊！俺桂林镇南山村没有一个能取水的地方，只能去本乡的康街村取水，康街村有个池塘，池塘里的水是从弓上水库引来的。

爹走了，弟兄们我排行老大，在家就要扛大梁，每天要去康街挑水，十一岁的我担一副空桶可以，回来时担两桶水，真顶不住，只好走一小段路将桶放下歇歇，然后再挑起来走，挑一担水，也记不清得歇几次脚才能到家。

到了1960年冬天，康街村的池塘也没水了，只能到十多里远的万泉湖取水，俺娘心疼我年岁小，身体又瘦弱，她就去挑水。有一次她挑着水从万泉湖返回，那时正是十冬腊月，天寒地冻，俺娘走在池塘边的硬冰上，一不小心滑倒了，一担水没了事儿小，俺娘掉进了池塘，浑身棉衣湿漉漉的，见俺娘时，奶奶也哭了，俺弟兄仨都哭了。

大队知道了这事，以后就派人每天为俺家担水，不叫俺娘再冒这风险了。到了1961年早春农历正月十五，也是俺爹上山修渠一周年的日子，俺娘跟我商量，要我到红旗渠工地干活，继承父业。我找到大队干部，说了俺的愿望，大队干部说："不中，才十二岁的毛孩子，自己还顾不住自己，上渠，就甭想。"说话间俺娘也跟来了，还没等我与干部辩驳，俺娘就放话了："俺买江咋个不能修渠，都十二啦，虚岁十三啦，谁规定的孩子不能修渠？"队干部看着俺娘咄咄逼人的样子，只是沉默不语。他们清楚，你个女人家声音再大，口气再重，我不让他去，你啥法儿没有。他哪里想到，俺娘竟然亮出杀手锏，俺娘说："你要是叫俺买江修渠就罢了，不然俺马上回家，把他俩兄弟、俩妹妹都抱到大队，叫你们养，饿死了我也不管。反正这回你得叫买江去修渠！"

在俺娘和我俩人的强逼下，大队干部被逼得没办法才不得已同意我上红旗渠工地干活，我能不好好干吗？至少我得对得起俺娘和俺爹吧！说起俺娘用那法子逼干部就范，不怨俺娘不讲理，是俺娘和俺对水太有情了，太想早一天把水引进村子，太想早一天将红旗渠修成了。想一想，真是的，本来俺家门口也有个池塘，可是这池塘一直旱着，只有下雨了才有点儿水。要是池塘有水，俺爹还会死吗？俺娘还会因挑水掉进池塘吗？俺娘太想把水引进村子了。她让自己的孩子也去修渠，是她唯一能为引水用的办法啊！

当我背上行李奔往修渠工地时，娘撂给我一句刻骨铭心的话：

"买江，这回你要是不把水带回村，你就甭回家！"

俺娘就是这样的刚强，13年后，1974年乡里征兵去西藏，有人嫌那地方太远太偏，俺娘却带着俺三弟去报名，坚决让他到祖国的西南边陲去保卫边疆。三弟到西藏服役八个年头，为捍卫神圣的疆土站岗放哨。

我刚上工地，在别人眼中的确是个乳臭未干的毛娃子，管分派活计的人总是将轻些的活儿派给我做，让我将打秃磨毛的钢钎从工地背到炉匠铺，让匠人修整锋利后再背回来。一次背四五个钢钎，同时还背打石头的钢钻。这种活计太简单，每天只是来回运输，我想干更大的事，就要求当炮手，点炮炸石头。老炮手对我说："你爹就是叫炮崩死的，不能叫你再干这事。"

我这人，自己想干的事，就要做成。炮手师傅不同意我干，也不理我，我就主动接触炮手。那年月，人都吃不饱，我把分给自己的馍让给炮手师傅吃。开始人家不吃，我就一次次送给他。师傅见我心诚，慢慢地也就接受了。可是师傅吃了馍还是不教我技术。他不教我，我就偷学，只要有空，就到师傅身后，看他咋点炮，咋放药……跟了几天后，师傅被我感动了，就不再对我保守了。我对师傅说："你只要叫俺试一试，看俺放炮放得中不中，要是真不中，俺以后就不想这事了。"师傅真的叫我试了试，一试还真中，做得有模有样，这也是我多日的观察、用心学习的结果啊！师傅同意我做炮手，并去请示领导。结果是领导不同意，领导认为，俺爹是叫炮炸死的，不能再让他儿子冒这个险。我知道领导是好心，可是我不接受这种好心。我有事没事就去找领导，黏着当家的人哼哼："我要当炮手，我已经练成了这套技术，不信你去问问老炮手师傅，况且当下炮手真的缺人啊……"领导见我这么执着铁心，最终还是同意了。

有一次，我将炮点燃了，鞋底却被山林的圪针扎透了，又尖又利的圪针，扎进脚底板，鲜血直流。但此时此刻，哪里顾得这事，只能飞奔快跑，火速离开点炮现场，才能保证安全，否则是要命的啊。我咬着牙，忍着剧痛，坚持跑到安全地带，立即伸手把棉袄撕个口子，从里面掏出一团棉花铺在地上，用火柴点燃棉花，用流血的脚猛踩到"火棉"上，血马上就止住了。这是工地上止血的土办法。血是止住了，谁知因为疼得厉害，竟然让我休克了，停了老大一会儿，方才慢慢苏醒过来。从这以后，我为防止脚板被尖利的东西刺伤，

崇山峻岭任我行 摄影 彭新生

精英斗士

就弄了块架子车轮胎，割成鞋底状，打几个眼用绳子穿好，裹着鞋底，系到鞋上。这样一摆弄，果然，再有什么锋利的东西很难扎透鞋底了。

在工地上当炮手，也不是整天都要放炮，遇有空闲时，我就帮人抡锤，锻石头，或者运石料。工地上忙得很，只要眼中有活，是一会儿也闲不住的。

在采访张买江之前，笔者听说他有个绰号叫"小老虎"，就请他讲讲这绰号的由来。

"噢！你问我'小老虎'这个绰号咋来的？我跟你说吧，这是穆青老人家给我起的。没想到，他这一叫，在工地还真叫响了。"

那还是做炮手之前的事儿了，领导分给我的任务是背水，半天要背十多趟水。那天我已完成了任务，可是一位领导指示我再去背一趟。当时我实在累得够呛，不想去了，就说："我已经完成任务了，背够了，为啥还叫我再背？"那个领导说："你不背，好！今中午不叫你吃肉。"那天伙上改善生活，有肉吃，这是一个月也遇不上的好事啊！他以不让我吃肉相要挟，想让我再去背趟水，也许是逗我吧。我却不领情，撅着嘴顶撞他说："不叫吃肉就不吃肉。"嘴里说着硬话，可还是去背水了，只是两眼流着泪去的，觉得委屈啊！好不容易吃顿肉，口水都要下来了，我哪能舍弃啊！恰在这时，新华社的记者穆青在场，听到了我与领导的对话，他慈祥地笑着说："你这个小鬼！"我当时正没好气，也不认识这人是谁，就抢白穆青说："你是老鬼！"穆青听到"老鬼"二字，哈哈地爽朗大笑，跟着我一道奔往背水的地方。

当时与我一道背水的还有另外四个人，两个男的，两个女的，我们五人到目的地取了水背回来，穆青一直跟着，背回的水要过称称重量。穆青一看我背的水重129斤，就问："你多大了？"我报出了年龄，穆青惊讶地说："你真是个小老虎！"就从这开始，小老虎这个绰号就叫开了……

功勋炮手李存生

敢于跟老天拼命的人，还有什么恶劣环境能阻挡他们前进的步伐！

要引漳河水进入林县，必须穿过石子山。石子山从红旗渠首崔家拐村西梨树崖起，到王家庄村东的小旦河，全长12公里。指挥部决定要放炮开山，先将上下工的道路炸开，以保证下步施工顺利进行，可以说，这是红旗渠最艰巨的工程之一。

石子山的工程之所以艰巨，是因为这里的地质结构与特殊的地势，地质恶劣又山势险要，无论山坡山崖，全是由黏结度差、石质松散的鹅卵石和流沙堆积而成，不仅是连草都不长的不毛之地，而且整座山体都无可手攀脚踩之处，若不慎滑落下去，会摔得粉身碎骨，尸骨难寻。怪不得当地会流行这样的歌谣：

> 石子山，鬼门关，腰系白云峰触天；
> 禽鸟飞过不敢落，猴子远离不敢攀；
> 大风呼呼绕山转，飞沙走石往下翻；
> 风沙弥漫漳河岸，尘烟滚滚把路拦；
> 吼声震得山谷响，登山更比上天难。

在这地方炸山放炮，任务之艰巨，规模之宏大，对正在修红旗渠的众多壮士来说的确是空前的挑战。之前，每每放炮炸山，多是装上十斤、三十斤、或数十斤炸药就能炸通的工程，眼前要炸石子山，经过行家测算，需用上千斤炸药，是以往的上百倍，因此人们称这样的炮为"大老炮"。

谁有把握完成这项任务？有些事，倘若没有做过，就觉得怕，觉得没有把握。然而，炸开石子山是硬任务，一是必须炸开炸好，二是绝不能出工伤事故。这时，指挥部想到了弓上水库的爆破队长、被誉为爆破英雄的李存生。李存生先后担任过英雄渠和弓上水库爆破队长，曾组织过13个爆破组，分别在多个工程开山放炮，最大的一炮装炸药4000公斤。"何不请他来石子山指导放炮。"此话一出，指挥部全体人员一致赞成。

李存生可谓林县方圆一带人人皆知的英雄炮手，6个月之前，就是1960年4月23日，他以"英雄爆破手"的身份赴京出席了全国民兵代表大会，受到了国家最高领导人的接见，国防部以国家最高领导人的名义赠送给李存生半自动步枪1支，子弹100发。

李存生到了红旗渠总干渠的石子山，经过认真观察、考证，制订了严谨的方案及安全措施，终于使开凿石子山的大老炮安全如期炸响，石子山被炸开了，上下工的路通畅了。在工程现场的修渠壮士们，无不向英雄炮手李存生表示由衷的敬意。

李存生可说是林县水利工程的先行者，在没修红旗渠的1956年，

炮声隆隆　　　　供图　《红旗渠》杂志编辑部

28岁的李存生就从老家合涧公社辛安大队到了刚上马的英雄渠工地。

到了1957年冬天，水利建设进入高潮，工地多是岩石，开山放炮炸石头成了最重要的活计。在工地能上阵放炮的炮手往往不够，这当然也与当炮手太危险有关，工地上能干的活计很多，谁愿意去做充满风险的炮手呢！李存生看到这情况，就觉得自己应该带头做炮手。特别是当一些炮手不断发生事故时，即使已做炮手的人，也有想打退堂鼓的。在这种背景下，李存生写了决心书，向指挥部请求当炮手，而且他保证，无论前面有多少艰难险阻，也要完成一个炮手的任务，否则，就永远不回家。

自李存生如愿当上了炮手，就全身心地投入工作中，刻苦钻研技术，革新放炮方法，想方设法提高爆破效果。经他研究发明的就有葫芦炮、火鞭炮、连环炮、梯台炮、直眼炮、斜眼炮、拐弯炮等15种能提高效率的爆破方法。

弓上水库　　　　供图　《红旗渠》杂志编辑部

在修英雄渠三支渠时，李存生接受了炸老虎山的任务。他和几个炮手趁黑夜上山，为的是赶早完成炸山任务。当几个炮手装好炸药，插上雷管，准备点炮时，突然刮来一阵狂风，5盏照明的汽马灯全被刮灭，接着是震耳欲聋的雷声，浓重的乌云和着黑暗的夜幕，顿然使人有一种天要塌下来的沉重感，暴风雨就要来了！

此刻的李存生，没有想到人被雷击的危险，更没有躲进安全地带的意识，他想的是已经装好的炸药和雷管都将随着大雨的到来而全部报废，这炸药和雷管可都是林县人民用血汗钱买的呀！这一报废，能不延误工期吗？不行，决不能听天由命。李存生一声令下："弟兄们，咱们跟老天拼啦！趁大雨还没下来，就是摸黑也得把刚装好的50多眼炮全都放了！听清楚了吗？"

"听清楚了！存生队长，我们拼啦！"

山谷里一片呼应声，震动着寂静的夜空。接下来，一个个炮手冲向各自的岗位，在没有月光、没有马灯照亮的黑夜中，摸到一个个炮位，点响了50多眼炮，圆满地完成了这次的爆破任务。

弓上水库开工后，李存生又担任了爆破队长，他带的队伍承担着供应垒砌大坝用的料石的任务。大约40多万立方米的料石，都要从大坝两侧的山体开采，任务异常艰巨，若用传统的爆破方法，肯定不行。指挥部指令李存生带领100多名炮手去完成这项任务。开始，李存生真有些害怕和担心。以往修渠，一炮才装数十斤炸药，这回要装数百斤，甚至上千斤炸药，炮手们能不怕吗？能不担心吗？能不压力沉重吗？作为爆破队长，李存生彻夜难眠，他反复琢磨，推敲爆破方案，经历过几次失败之后，他和他的爆破队伍终于掌握了大型炮的爆破技术，又经过多次技术改进，李存生和他的爆破队还掌握了爆破的规律，多少炸药能崩出多少石料，炸飞的石头往何方飞落，以及它能飞多高多远，都计算得准确无误。正是这样，这支爆破队在一个又一个艰巨工程面前，成为攻无不克、战无不胜的常胜之师。

平时，炮手身上总是带着雷管、导火线之类的爆炸物品，以应急需。这样的情况，如稍不小心，就可能发生事故。作为一队之长的李存生，怕出事故，就主动兼管雷管的保管和运送。可是意外的事情还是发生了，那天李存生拿着20多个雷管往水库南山去送给那里的炮手。快到炮位时，李存生突然被脚下一块石头绊倒了，他摔倒的地方，两旁正堆放着准备装炮的炸药，情况万分严峻，在场的十几个人都吓得惊慌失措。在这千钧一发的时刻，李存生却冷静异常，只见他用两手紧抱雷管，竭尽全力不让雷管着地，就势将身子放倒一滚，翻到了一侧的深沟下。由于李存生动作敏捷轻巧，方使雷管没有爆炸，避免了一场恶性事故。当大家赶过去看他时，李存生的双颊已多处创伤，殷红的鲜血染红了衣衫，他却像没事人一样，故作轻松地对大家说："我是怕万一雷管爆炸才这样做的。没事了，大家都各回各岗位干活吧，解放军轻伤从不下火线，我这点擦伤算啥……"

李存生和他的队员常常夜以继日地连轴转，加班加点地赶工程进度。他们来回奔跑，鞋底都磨破了，脚被碎石锐物扎得血肉模糊，手因装炮捧炸药太多而脱皮，疼痒难忍。不过，这一切对李存生他们来说算不了啥。他们照样满山旷野地跑，照样装炸药放炮。

有一次，指挥部向爆破队下达一项指示，要想尽一切办法加大开采料石力度，必须确保充足的石料供应。因为时值防洪的雷雨季节，大坝加高必须要赶在洪水上涨的前面，当然，垒砌大坝所用的石料必须跟上。

李存生和他的爆破队大忙特忙起来，他们准备好了17个大炮，待修渠民工下工后就点炮炸石。谁知天公不作美，就在此刻，乌云从西北方山巅翻滚过来，一场倾盆大雨即将来临，如果不马上将炮点燃，所有的炮捻被雨水打湿后，已装好的大炮就要全部报废。

怎么办？一个个爆破队员，急得像热锅上的蚂蚁团团转着。

万分紧急之时，李存生一眼瞥见有人头上戴着的草帽，他灵机一动，突地来了办法，马上摘下自己戴的那顶草帽，用它严实地盖住了炮捻，随后又脱下自己的上衣和鞋子，去盖另一个炮捻。李存生的行动感动了在场的众多炮手，已跑开去躲雨的炮手也回来了，他们纷纷摘下自己的草帽，脱去自己的衣衫，盖住了所有的炮捻。在李存生的指挥下，炮手们开始点燃炮捻，当点燃完第17个大炮时，猛烈的暴雨夹杂着炸山的轰鸣，哗啦啦轰隆隆地袭来了……

李存生是林州水利史上当然的功臣，是为红旗渠工程立过大功的英雄。

老兵新传辛山林

从不居功自傲，更不摆谱炫耀，他只是想再拿一块家乡修渠的勋章。

辛山林的名字没有多少人知晓。他曾立过战功、当过英雄的经历更少为人知。其实，辛山林是一位了不起的英雄，他做人低调，从不炫耀，他觉得做一个无名英雄才舒适安逸。

出生于林县采桑乡的辛山林，早年参加过解放战争，之后又当志愿军到了朝鲜，在前线受过伤，立过功。战争结束，辛山林从部队退伍回家乡当了农民。

大家不了解辛山林，也许不少人看过电影《英雄儿女》，银幕上那个用一条扁担俘虏两个美国兵的炊事员，原型就是辛山林。当时作家巴金从上海奔赴朝鲜战场，曾面对面地采访辛山林，并将其英勇事迹加工成文学作品，写进他创作的《英雄儿女》一书。

当红旗渠工程上马之际，已年过半百的辛山林积极报名，要上工地修渠。采桑公社的领导和大队干部都不准他上工地，以爱护的

大山胸怀

口气劝他在家安心务农，修渠的活是身强力壮的年轻人的事。这时的辛山林不仅年龄没了优势，身体也不如先前了。

辛山林说，自己年纪大是事实，但他老当益壮，不服老。辛山林带上他在解放战争和抗美援朝时期荣获的数十枚勋章，直奔县委找书记了。人们见到这位手持几十枚闪闪发光的勋章的老人肃然起敬，又听他说要找县委书记有要紧事，就立马带他去书记的办公室。

老英雄见了书记，先是摊开数十枚勋章，挨个道出每枚勋章的来历，然后话锋一转说："眼下咱县修红旗渠，俺觉得这同当年打仗

摄影 李俊生

一样,也是一个大战役,趁俺手脚还利索,俺想再拿一块家乡修渠的勋章,可俺公社、大队的人不叫俺去,俺实在没办法了,才来找您的呀!俺从部队回来这么多年了,从没有找过领导的麻烦,这回是为修渠啊。您是书记,您千万得成全俺,只要您批准了,公社大队就不敢不叫俺去。"辛山林边说边拉开架势,一连做了几个劈刺动作,紧接着又端端正正地敬了个军礼。

县委书记被感动了。是的,红旗渠工程也是战争,也是个大战役,要干成事就得有这位退伍战士的战斗精神。书记果断地特批,让辛山林加入建渠队伍，并跟采桑公社组成的采桑营修渠队打招呼，不准老英雄干重活，一定得保证他的安全。

就这样，辛山林被编在采桑营第五连队，任炊事员。让辛山林当炊事员，也是因为他早年在志愿军就干过这行。另外，相比较而言，炊事员的活比在工地开山劈石还是轻一些，更重要的原因是对辛山林的信任。在那个缺粮少吃的饥饿年代，一个团队的食堂特别需要一个廉洁公正的人当炊事员，中国有句古话叫"千年饿不死做灶人"，意思是再困难再缺吃的年代，做饭的人也不会挨饿。守着锅台的人想多吃多占，谁能管得住，谁又能看得严？

可是，辛山林这个灶人不然。自上任以来，他常想，修渠是出大气力的活，如今粮食少，让干活的人肚子受委屈，这怎么行？得想方设法让他们吃饱一点儿。有了这个念头，平时他总是起五更上山采挖野菜，即使中午，无论天气多热，日头多毒，他都会趁午饭后一段空闲时间再上山挖野菜。白天若弄的野菜少了，夜里就提着马灯上山，再去采挖。他把弄来的野菜精细加工，做成可口的菜肴，这样，与其他兄弟连队的食堂相比，五连的饭菜不仅量大，且味道好，一时间，辛山林的厨艺在红旗渠就出名了。

那是中秋节前的一天，大队干部来工地慰问，带来些萝卜干、蔓菁、柿糠，还有一小袋面粉。辛山林知道，这是家里人从牙缝里硬抠出来的，太金贵了。他想，中秋节就要来了，怎么能改善改善，让大家吃顿香喷喷的过节饭。他就把一直不舍得吃的那点儿白面拿出来，抖抖面袋子，将大队干部送来的一小袋面粉合到一块，看看差不多够60余人吃顿白面条，他高兴坏了。他能想象到同志们吃面条时那种欢悦得意的神采，他多么想让修渠的人天天有面条吃啊！可是在粮食短缺的年代，怎么可能呢？眼下这30来斤白面，一定得让大家吃顿好面条、香面条。为这事，辛山林一连几天反复上山，天不明去，晌午过后去，夜里还去，干啥？他是想多采些像榆树叶、灰灰菜、猪耳叶、山韭菜、山蒜之类口感好的野菜。中秋节来了，辛山林一早向大家宣布，中午一人一碗面条，菜卤敞开吃，不限量，因为他已采挖了充足的多种野菜。

　　一个月难见一次白面的民工，一日三餐以粗糠稀汤充饥，听说中午有面条吃，一个个心里美滋滋的，口水不由自主地都流出来了。整个上午，大家边干活边以白面条为话题过着嘴瘾，有讲面条故事的，有以面条为内容编顺口溜快板的，有人高声朗读着：

同志们，加油干，
晌午一人一碗面，
野菜卤，百草味，
不加调料味也鲜，
大海碗，牙捣蒜，
嘶溜一声肚里咽，
哎呦呦……
香得嘴里冒出汗……

　　工地一片欢声笑语，人们越干越有劲儿。

　　中午收工回来，辛山林不失时机地将面条下锅了，锅灶旁摆放着一方天然大石板，石板上已摆好几十个大海碗。

　　当面条煮熟，辛山林用笊篱和筷子将面条均匀地捞进一个个碗里，大声吆喝道："快端面，一人一大碗，卤菜自己盛，尽管吃。"

　　人们"轰"一下子行动了，此刻，平时少言寡语的侯秉正突然发话："大家等一等，请端起碗的把碗放回去。"

　　有人愕然，有人不知所措。

　　"请大家数一数，一共有几碗面？"

　　有人说："不用数，62碗。"

侯秉正说："请认真数一数。"

人们这才认真地数起来，之后异口同声地说："怎么只有61碗？"

"咋个少一碗，分明62个人嘛……"

"辛叔咋这么粗心，唉！"

侯秉正纠正这话说："辛叔一点儿也不粗心，这是他故意的，恐怕大家还不知道，端午节时，咱一人分了一个白馒头，只有辛叔背着大家吃了个野菜团子，当时幸好我发现了。辛叔苦苦求我为这事保密，我答应了，但我对他说以后不准再委屈自己。今个我压根儿就留心着，真怕辛叔还是委屈自己，谁知他压根儿就没为自己留一碗面条……"

顿时，大家的目光像聚光灯，一起聚到辛山林身上。这位年近花甲的汉子像个做错事的半大孩子，涨红了脸，木讷得语无伦次了："是我粗心，我粗心……"

这时，连长辛月西端起自己那碗面条，双手捧到辛山林面前，诚恳地说：

"大哥，今天你一定吃下这碗面，要不然，大家都不吃啦！"

辛山林不假思索地对答："不中，不中，你们在工地，活重，出力大，我这活轻……"

"你的活不轻啊，大哥，别的连队都是俩炊事员，咱这儿就你一个，还干得比他们好。我是连长，今天我吃菜团子，你一定得吃这碗面！"辛月西以央求的口气说。

这时年轻的常义法捧着碗过来了，说："论年龄，我才二十，吃啥都能消化。我这碗面得叫辛叔吃，要不我今儿中午就绝食了。"

连长辛月西瞪了小伙一眼："回去，别打岔，你还嫩，这事轮不到你。"

"咋个轮不到俺，俺年轻力壮……"

小伙的话似乎引导了大伙儿，整个饭场热火起来，只听到：

"俺是排长,辛叔,应该吃俺这碗……"

"俺是班长,俺这碗给辛叔……"

61个人几乎都端起了碗,都有理由让出自己的一碗面。

辛山林哭了,看着大家捧着碗,真心实意地要自己吃面。在战火中都不曾流泪的钢铁汉子,这时却流泪了,他被同甘共苦的弟兄们感动了,用颤抖的声音真诚地劝让大家:

"饭凉了,趁热吃吧,一会儿面条要垛起来哩。"

可是,饭场上没人听辛山林的劝让。

还是最早发现问题的侯秉正有主意,他说:"都别再推让了,这样让着,辛叔不会吃的,请大家每人从自己碗里夹出一根面条匀到另一个碗里,这不就解决问题了!"

侯秉正的话立刻得到了响应,很快,第六十二碗面条满满地端到辛山林面前。

老英雄以颤抖的双手,激动地接过一碗情谊满溢的面条,饱含深情的泪水滴进了碗里。

此刻,那个爱编快板的小伙子即兴高声道:

同志们,听我讲,
一碗面条意义广;
你也让,我也让,
意识品德真高尚;
啥叫苦,啥算累,
比比辛叔心有愧;
大家都学辛山林,
修渠大业一定成。

供图 《红旗渠》杂志编辑部

干部风采

　　林县干部以睿智的眼光发现了局外人不得而知的林县优势,即优越的软实力和良好的软环境。其实,这就是红旗渠之所以成功的秘诀。

对得起林县百姓

权为民所用，情为民所系，利为民所谋。是真心为百姓，还是为自己，态度决定作为。

要修建长达1500公里的引漳入林水渠，沿途需削平一千多个山头，凿通二百多个隧洞，如此浩大的工程，对"县令"杨贵能没有压力吗？其实，压力远不只是造物主部署的险隘难关，还有特殊的时代背景的困扰。1960年正是国际形势严峻、国内遭受严重自然灾害、国民经济十分困难、国家三令五申要求大型工程下马之际，说实话，林县的财力物力是支撑不起"引漳入林"工程的。林县财政这时仅有300多万元，即使林县人不吃不喝不花一分钱，这300多万元也仅是工程投资量的二十分之一。至于技术力量，无论是人员还是设备，都与如此规模的工程不相匹配。全县工程技术队伍中没有一个工程师，学历最高的是个中专生，仅有两台水平仪和一台经纬仪。如此

杨贵（前排左一）在工地　　供图　《红旗渠》杂志编辑部

人马装备，做如此之大的工程，行吗？了解些实情的领导能不为"县令"担心吗？在红旗渠"战役"刚刚拉开序幕、数万名修渠壮士涌进修渠工地之时，河南省委书记处书记杨蔚屏来工地视察时就曾郑重地问杨贵：

"你们测量得怎么样？水究竟能不能从渠首流进林县？水要是流不过来，到那时候，你怎么办？"

"能流过来。我们先后测量了4次，坡比是8000∶1，应该没问题。"杨贵很是干脆地回答，因为这个问题，技术员吴祖太曾说敢用自己的脑袋担保，杨贵对吴祖太是信任的，吴祖太是林县水利工程的权威。

"你知道不知道，漳河本身泥沙量大，很容易造成渠道淤积，要是淤积起来堵塞了渠道，你怎么办？"杨书记的话锋很是锐利，他没等杨贵回答这个问题，实际是杨贵还没想好怎么回答的时候，就

干部在群众中（前排右一李贵，右二杨贵）　　供图　《红旗渠》杂志编辑部

接着问道："你们计算过吗，渠道最大的引水量有多大？渠墙的承受力又有多大？一旦渠墙无法承受水的压力，坍塌了怎么办？"

杨贵敏感地觉察到，杨书记显然是听到不少担忧或反对"引漳入林"工程的声音才开门见山地提出如此尖锐而又专业的问题的。本来，对于技术性的问题，特别是较为专业的问题，杨贵都是依靠吴祖太解决的，吴祖太也曾保证过，眼下设计的渠道是能经受住各种考验的，可惜这时候，吴祖太已牺牲多日了。杨贵只好找来县水利局局长，向他转说了省委杨书记的这番话，要求他组织力量再次测量一番。与他分手时，天已至午夜，杨贵握着他的手深沉地说："如果咱测量的不准，哪一个环节出了问题，待渠修成了却引不过来水，到那时咱俩只有从太行山巅跳下去，向全县百姓谢罪了。"

这时的杨贵，已将自己置于极其险恶的境地。他很清楚，工程只许成功，不能失败。倘若失败了，他无脸面对林县的父老乡亲，对不起信任他的庶民百姓，那样只能是一死了之，别无选择。

这一夜，杨贵辗转反侧，不能入睡，他想得很多，其中有好心人这样劝他：

"现在上级领导没有指示，也没有哪个人物要求我们非做'引漳入林'工程不可。杨书记啊，您完全可以按部就班地做个县委书记，又太平又平安，过几年要求调个好的地市，继续做官，多好啊，何必逼自己走这条道……"

已在政界打拼多年的杨贵明白，好心人说的为官之道，确实安全太平无风险，但是杨贵对那类占着茅厕不拉屎的官、那些当官不作为的官、那些碌碌无为混日子的官是很反感的。他知道劝他做太平官的人是好心，他知道当一个县官，也就是两三届光景就离任了，或是调走或是升迁。可是，林县的老百姓呢，他们能离开吗？他们依然过着缺水的困顿日子吗？杨贵刚调进林县任职时，对他刺激最大的就是"这地方太缺水，这地方的老百姓因为缺水，生活得太苦太累太难"。何止现在，不知多少年多少代了，林县一直被水困扰啊，一次他在林县姚村公社寨底村见到一通碑石，记载了清光绪元年到四年（1875～1878年）林县大旱、民不聊生的景象，碑文曰："光绪元年岁次乙亥夏，颇有麦，自夏以后至戊寅夏月，三年间，无麦无禾。大米一斗大钱一千六百文，黄豆一斗一千文，黑豆一斗九百文。人苦无钱买粮食，众所食者，树叶野菜，更有非人所食之物，亦皆和榆皮为末食之。光绪丁丑十月赈一次，戊寅四月一次，七月一次。每一次，极贫次贫，大口八合，小口四合，额外赈生员各一斗，蠲免粮银，惟戊寅上恤而已。人物失散，畜类凋零，当困苦之时，而能自植其生者，盖亦鲜矣。有饥而死者，有病而死者，起初用薄木小棺，后用芦席，嗣后芦席亦不能用矣。死于道路者，人且割其肉而食之，甚有已经掩埋犹有刨其尸剥其肉而食之者。十分之中死者六七。"

后来，杨贵又在河顺公社塔子驼村塔珠山看见一石碑，记述旱灾惨景："光绪三年，春雨连天。浸地三尺，苗长齐全。以后大旱，秋景可怜。谷不见籽，豆苗旱干。麦子未种，抢劫多端。四年春夏，粮长价钱。小米一斗，价长千二。小麦一斗，价长一千。豆子一斗，长到九百。荞麦一斗，七百多钱。庄产田地，并无买主。柿叶甘土，具当饭餐。幼女出卖，一两串钱。人吃人肉，遍地不安。皇上放赈，人死万千。荒年如此，刻石流传。"

到了民国时期，旱情更为严重，有文字记载民国三十一年至三十二年（1942～1943年），林县连年大旱，加之蝗虫灾害和伪军的疯狂扫荡，林县百姓陷于水深火热之中。人受饥，外逃荒，卖儿女，饿殍遍野，十室九空，惨不忍睹。据统计，当时全县逃荒外出达10800户，占总户数的14%，饿死1650人，占总人数的4.3%。赵老庵村41户，就有31户背井离乡逃荒外出。马鞍山村500口人，饿死280口。土门村王秋保一家6口人饿死5口。在这穷乡僻壤，流传着这样的民谣：

住在山里不提气，种着使死龙王地。
弯腰弓脊干一年，临底逃荒上山西。
饿死爹，饿死娘，卖了妻子和儿郎。
丢下自己去讨饭，终究填到狗肚肠。

林县人是顽强的，他们从来没有向大自然低头，他们在用一切办法，以适应缺水的环境。他们在自己的院子里、地边旁打旱井挖旱池，积存雨水、雪水，兴修小型渠道，引山泉，拦河水。可是，一遇旱灾，别说灌溉农田，就连人畜吃水也维持不了。为了生存，人们不得不翻山越岭，寻水取水。新中国建立后，全县550个行政村，其中307个村庄有吃水困难，要跑二三公里以上取水吃的有181个村；跑5公里以上取水吃的有94个村；跑10公里以上取水吃的有32个村。

塔子驼村石碑　　供图　《红旗渠》杂志编辑部

至于缺水为林县人带来的困难、痛苦、悲惨,甚至绝望,更是无法以笔墨表达。可以说,无论你怎么想象它的恶果都不过分!

有句话叫"站着说话不腰疼"。无缺水生活体验的人,是很难深刻地体谅缺水人的生活苦衷的。林县人何以对修渠那么热衷?何以对"引漳入林"那般狂热?因为他们年年岁岁、日日夜夜在受缺水日子的煎熬,他们昼思夜想要改变缺水的现状!

多么淳朴的太行山人,多么实在的林县百姓,作为林县"县令"的杨贵,与他们已有深厚感情。是啊,"引漳入林"工程有千难万难,能因为难而退却吗?能因为难而不做吗?如果不想做这项工程,不想冒这种风险,只要随手拈来,就能找到不容置疑的充足理由,让"引漳入林"蓝图刀枪入库,马放南山。最堂而皇之的说法是条件暂时不具备,等待日后条件成熟再说……而且,倘若做出如此决定,不仅不会受到上级的指责或批评，甚或正中某些领导的下怀。

可是，这样做对得起林县人民吗？战国时代的西门豹尚能为百姓庶民建成"引漳十二渠"，富饶安定一方百姓，明代谢思聪尚能为林县人民修建谢公渠，润泽滋养一方土地，新中国的"县令"何以不能为官一任、造福一方？

可是，"引漳入林"工程规模之浩大，前路之艰险，不是仅凭愿望和热情就能建成的，那得动真刀真枪地干啊！俗话说"没有金刚钻，怎敢揽瓷器活"。金刚钻是什么？其实它是一种"绝活"，也可谓一种独有的"技艺"。

最终，敢于上马"引漳入林"工程，是杨贵和他的班子同仁发现了林县人的"绝活"。这种"绝活"即一种精神，精神的力量是无法用技术评估的，也非任何仪器能测量的。然而，它又是确实存在的，且蕴含着超越常规的爆发力。准确地说，是"引漳入林"工程具有良好的软环境与优越的软实力！

县长李贵速写

在那个物资极为缺乏的年代，作为后勤指挥长的李贵靠什么运筹来红旗渠所需的物资呢？

红旗渠修建的岁月，林县县委书记是杨贵，县长名叫李贵。巧合的是，党政两个一把手同以"贵"为名；二人又都认为，"引漳入林"是解决林县吃水问题的必由之路。正是县委书记和县长的志同道合与精诚团结，方有上马"引漳入林"的果敢决策，以及十年的不平凡的修渠岁月。"二贵战太行"的佳话就是这样在林县风靡一时的。当时有人认为"贵"字与"鬼"字谐音，担心将"二贵"误会为"二鬼"，由此则没能让"二贵战太行"叫响。其实，李贵和杨贵同为与红旗渠齐名的英雄。在红旗渠修建过程中，李贵同样是一个举足轻重的人物。

（一）

1913年，李贵出生于林县茶店乡万家沟村，那是个非常偏僻的深山小村，仅几户人家。在这地方的孩童是没有学上的，即使有学校也是上不起的，李贵自然也就没上过学。他的文化全是自学的，直到担任了县长。有一年县里开办文化补习班，一次下课了，教师邓崇德突然发现后排坐着县长李贵，赶紧过去打招呼。李贵却不无歉意地解释道：

"邓老师，我没向您报告就进了教室，您可别在意啊。"

"您说哪了，李县长，我的眼睛近视，没看到您，您多包涵啊。"邓崇德也解释道。

"别叫我县长，在这地方，我是您的学生，以后只要有空，我就过来听课，行不？"

"欢迎，欢迎！您啥时间来我都欢迎。"邓崇德高兴地说。

李贵这人没一点儿虚荣心，由于他的勤奋好学又不耻下问，文化水平飞跃般提高，特别是实践经验，更是丰富超群。

（二）

因李贵也出生于偏僻干旱的山村，备尝缺水的苦头，当他上任林县县长之时，就把治水的事放在了首位。1958年起，他就与县委书记杨贵一道先后带领群众建成要街、弓上、南谷洞三个水库，之后又干起"引漳入林"这件大事。

"引漳入林"工程开工前夕，李贵主动请缨到工地前线，与众多修渠群众同甘共苦。县委经过研究，让县长李贵主持全县日常工作，并兼任红旗渠后勤指挥部指挥长，县委书记杨贵到工地前线指导修渠。

李贵虽然没能到艰苦的修渠前线，其实他负责的后勤工作与前线同等重要，可以说，后勤工作跟不上，前线的工程就要停工待料，无法施工。那是计划经济年代，红旗渠又非国家计划上马的项目，

县长李贵（中）　　供图　《红旗渠》杂志编辑部

诸多事宜必须自力更生，想方设法自行解决，个中困难自然多多，决非靠常规的工作方法能解决的。

当时，几万人到了工地，在野外搭工棚打地铺，都要用席子，席子一时成为紧缺的东西。李贵立即把自己床上的席子捐到工地，给民工用。他这么一做，全县的干部纷纷捐出席子。即使这样，依然是杯水车薪，工地是数万人啊，哪里够用。李贵找到盛产芦席的泽下公社，告诉他们，红旗渠工地需要大量芦席，不仅数万人睡觉用，还要用芦席搭帐篷、放粮食，要求这种席子铺地上能隔潮，搭帐篷不漏雨，装粮食不漏面、还透气……同时，工地还急需抬石料用的筐子，这种筐子编制起来很麻烦，又卖不上价，利润极小，擅长编箩头的泽下公社阳和大队的社员，都不愿意做这种掏力不赚钱的活计。不过，李贵先前在泽下公社当过党委书记，很受社员爱戴，他又亲临村里与社员交谈这事，社员们就接了这活。李贵是个体贴百姓的县官，尽管农民没提出什么要求，他还是专门到县供销社做工作，在收购这些为红旗渠工地编制的筐子时，一定让老百姓有利可赚，决不能亏待社员。

李贵虽然分工负责工地的后勤工作，但是他经常深入工地现场，亲身体察民工疾苦。1960年冬季的一天，他冒着凛冽的寒风又来到工地，与泽下公社中石阵大队的民工一起抬石、垒砌，从清晨干到傍晚，整整干了两个半天。在这里，他发现民工的鞋大多破损严重，不是鞋帮烂了，就是鞋底穿了，有的人脚还被圪针石渣扎破了。也难怪这地方特别费鞋，因为民工抬石运料一日要走上百里路程。那是啥路啊，都是乱石粉渣铺就的坑坑洼洼的路面，一双鞋在这地方最多只有20天的寿命。李贵看着奔跑运料的民工，很是心疼。他就召开一个特别的、专门捐鞋的大会，他当场脱掉脚上穿的一双新鞋，捐了出去。在他的带动下，人人都捐了鞋子。散会时，办公室的人方发现李贵县长光着双脚，只好去找了双旧鞋，因不合脚，县长只能趿拉着走回了家。

（三）

　　红旗渠工程需要许许多多极为重要的修渠物资，如崩山用的炸药、建渠用的钢材、水泥，烧窑烧火用的煤炭，还有修渠人要吃的用的等不可或缺的东西，可以说，没了这些材料，红旗渠就无法修建。这些物资多是经李贵在"帷幄之中"运筹、得到四面八方的支援而解决的。

　　在那个物资极为缺乏的年代，李贵靠什么运筹来红旗渠所需的物资呢？若讲权力，他只是个县官，县官的权力范围仅在林县境内；若用以物换物的手段，林县没什么东西可以送给人家，李贵手中也没有调拨什么有含金量的东西的权力。他是用什么办法筹措来了并非国家计划供给的物资呢？

　　林县是革命老区，解放战争时期，这里的许多干部都北上南下，支持解放事业。待全国解放，许多林县人在当地成了领导干部。例

李贵（前一）在劳动　　供图　《红旗渠》杂志编辑部

如福建省省长马兴元，福建东山县县委书记谷文昌，湖南省省委常委、郴州地委书记万达，五机部驻甘肃白银县的李奎成，等等，他们与李贵都是革命战友。李贵从县里各个部门抽调了100多个善于外交的"人才"，组成一支专为红旗渠工地采购物资的队伍。他派这些采购员拿着一封县委介绍信和一封他写给老战友的信，去找当上领导的老战友，两封信写的是同一种内容，都是向老战友、老乡亲说明林县人正在做的"引漳入林"工程，是为彻底改变故乡缺水干旱的贫穷面貌，眼下工程急需什么材料和物资，期盼老战友给予支持……

　　担任要职的林县人，看着老家县委的求助信函，还有老战友的肺腑挚语，能不感动、能不支持吗？有一次，一个采购员到福建买制造炸药用的稻糠找到了马兴元、谷文昌等老乡，他们看到一直怀念的老战友李贵的亲笔信后十分动情地说："老家修渠引水，是造福家乡人民的大好事，李贵专门派人求助，我们责无旁贷。"他们立即安排人照李贵的要求办理，不仅如数弄来了稻糠，还吩咐下边的人在稻糠里多搀进些碎大米，为的是让修渠的乡亲从中能多吃一点粮食。

时任湖南省委常委、郴州地委书记的万达，不仅是李贵老乡，还是亲戚。当采购员千里迢迢来到湖南递上老战友的亲笔信时，万达手持信函，激动不已，浮想联翩。特别是万达曾任过林县县委的第一任书记，深厚的家乡情意尤为真挚，他按照李贵的要求，解决了红旗渠工地需用的木料和数万斤木薯干，还有稻糠等物资。

在李贵的影响下，县里不少同仁与在外任职的老乡亲戚联系沟通，寻求支援。寻觅战友乡亲的外交活动，为红旗渠的物资供应注入了强劲的活力。李贵激动地说："我们已将纯洁高尚的亲情关系化为修建红旗渠的生产力，我们的修渠大业一定会获得成功！"

（四）

林县的领导似乎有个共性，即不仅能做运筹帷幄的指挥员，又能当冲锋陷阵的战斗员。这方面，李贵亦然。

一个寒冷的冬天，县供销社一个干部带一辆卡车，满载工地急用的物资从山西返回，路过平顺县城，汽车坏了，一时又修不好，急坏了带车的干部，他匆忙赶回林县向李贵禀报。这时李贵刚刚放下晚饭的饭碗，听了这事，急得不得了。县委县政府仅有的一辆汽车这时又不在家，与平顺那里的电话也不畅通，况且县机关的人已经下班了，怎么办？李贵立即叫来三个同志，拿上手电筒，骑上自行车，往平顺县赶去。当时林县至平顺的公路尚未硬化，坑坑洼洼很不平坦，又是夜间赶路，待到平顺时已是凌晨了。一路顶风冒寒，每个人都冻得瑟瑟发抖，上牙打下牙嘎嘎直响。有经验的李贵硬起头皮，敲开一户农民的大门，告诉人家实情，还掏出1块2毛钱，求他帮着做一锅热汤。大家喝了热汤，冻僵的身体才慢慢暖和起来。

待天亮后，李贵一行骑车找到平顺县县委，请人家协调了一辆汽车，将出故障的汽车上的物资运回红旗渠工地。

1961年的仲夏，林县通过省里的领导要来了500吨炸药和200万个雷管，这批货物存在固县的一个仓库里，要将它从固县运到上百公里外的洛阳火车站，然后再运往安阳。工地迫在眉睫要用这批炸药。时间不能等，去哪里找这么多辆汽车来运输啊？李贵果断决定，自力更生，率数百人的小推车运输队，硬是夜以继日、加班加点地将500吨炸药和200万个雷管一车车、一箱箱运到了洛阳火车站。

诸如此类的事例不胜枚举，不是一则速写能够承载的。李贵有句经典的话是这样说的："修红旗渠就是打仗，拼的是人力、物力和财力。"

是的，人力、物力和财力缺一不可，实际拼的是综合实力。可以说，红旗渠工程的后勤工作与前线的战斗同等重要。正是有了李贵这样优秀的后勤指挥部指挥长，才保证了红旗渠工程一步一步向前，走向胜利。

跟副县长申钖让抗旱

一个人的可贵，是默默无闻的付出，做了好事且不声张。

1959年，林县大旱，栗仓伏与副县长申钖让编为一个抗旱小组，一道去石板岩、河顺、东岗、任村4个公社帮助群众抗旱。栗仓伏是电影队的，并不是申副县长身边的同志，由于县政府人手紧张，就把他临时抽调过来。因为是第一次同县长一道工作，年轻的栗仓伏显得有些紧张拘谨，担心自己服务不到位。申副县长却十分和蔼地宽慰栗仓伏说："你跟我一道抗旱，咱俩这个抗旱工作组，我是组长，你就是副组长。别有啥顾虑，放开手脚，扎扎实实地做好抗旱的事。要注意的是，当着社员群众，千万别喊我申县长，一定叫我老申，记住了吧？要明白咱俩是来服务群众抗旱的，不是来显示官样的。"

申县长的几句话，一下子把俩人的心拉近了，栗仓伏先前的紧张和拘谨顿然消失。特别是走进群众中，见到社员纷纷在挑水抗旱下种，申县长二话不说，捡起一副担子，挑起水桶就涌入抗旱队伍中，边干活边与大家聊得火热，从中了解老百姓的困惑和希冀，栗仓伏更加觉得申县长亲切、自然。

栗仓伏发现，申县长不仅没一点儿架子，能像一个普通农民一样，十分随和地融入群众之中，更为可贵的是他对抗旱的指导能力和丰富的实践知识。他引导着抗旱队伍在设计的路线奔走，至关键的地方他就会让大家停下来，指着面前的地势地形对大家说：

"看，这地方可谓'两山夹一嘴，必定有活水'。看，这地方是'青山压沙山，必定有清泉'。"又到一处，他说："这地方'山头碰山头，必有大水流'，这方圆一带，应该能打出活水井的。"果然，这一带的村民都先后打成了机井。申县长的预言使栗仓伏佩服得五体投地。

申县长的实践"学问"可不是靠臆断和聪明获得的，而是他脚踏实地深入考察积累出来的。栗仓伏要不是亲身跟着申县长去抗旱，真不知道申县长是这么的实在扎实。为摸准自然规律，弄准穷山恶水的个性，申县长翻山越岭，察看地形，寻觅水源。他的特点是大路不走走小路，小路不走走山路。他们俩从卢寨村翻过南山，走过北木井、南木井到达东冶大队，路上申县长指着一条特殊的河流对栗仓伏说："看见了吗？这条河流与众不同啊，别的河都是由西向东流，它却由东向西流。一旦到盛夏雨季，这条河特别危险，它发起威来会把任村、桑耳庄全都淹没掉，必须在雨季之前加以预防啊……"

申县长工作起来似乎不知道什么是疲劳，他不顾途经石板岩、河顺和东岗的一路劳累，又带栗仓伏直奔前峪、古城大队。为什么到这里？因为这两个大队已经将山西的漳河水引过来了，由于水源丰富，空气清新，润泽舒适，玉茭绿油油的，而且栽了稻秧，俨然一幅江南水乡景象，与之前走过的干旱村庄相比可谓天壤之别。申县长指着淙淙流淌过来的漳河水，对栗仓伏说："要彻底解决咱县缺水顽症，引漳河水是最好方案啊！"

当夜，申县长一行二人又返回任村公社。晚上，栗仓伏激动得迟迟不能入睡，他连夜整理出跟申县长抗旱采集的资料和数据，五天来，徒步一百七十多公里，走访四个公社，调查了三十多个大队……

栗仓伏把材料整理好，交给申县长审阅，并提议将这次的抗旱调研报告交《林县报》发表。一听要报纸发表，申县长的表情立即严肃起来，他对栗仓伏说：

"仓伏呀，我们只是做了本应该做的事情，比比当下在英雄渠、弓上水库工地上的干部民工，人家干的活、吃的苦比我们多得多了。咱们一路见到那么多老百姓还在为吃水作难，我这个县官心中有愧呀！仓伏，你还年轻，以后多学习，多读书，要给报纸写稿，一定写那些在第一线的百姓民工，不要写领导干部，特别对我，更不能写啊！"

申县长的话使栗仓伏回忆起两年前的事，那时林县的英雄渠、弓上水库刚开工建设，栗仓伏到工地为民工们放映电影，见到与民工同吃同住同劳动的工程指挥部副主任申锡让。大家都讲，申主任是工程质量和安全的把关人，哪里工程艰苦，哪里易出危险，申锡让就出现在哪里。可是，媒体宣传过许多修英雄渠和弓上水库的模范人物，却从没有出现过申锡让的名字……现在，栗仓伏明白了，申县长这人无论花多少心血，做多少业绩，他都不让媒体宣传自己，申县长真是个无名英雄！

今天，我们在林州市的人民英雄纪念碑上看到：

"人民英雄渠是林州水利建设史上一项泽惠百姓的重点工程，她所显示的创业、创造、创新精神是红旗渠精神的组成部分，是全市人民值得永世珍惜并弘扬光大的宝贵精神财富。"

申锡让同志不仅为英雄渠、弓上水库呕心沥血，日夜劳作，奉献出自己的精力和智慧，而且对"引漳入林"的红旗渠工程，他也与工程技术人员一道进行实地勘察，参与拟定引水方案，可说是这项壮丽工程的奠基者之一。

马有金剪影

命运的激流无论将他冲到何方,他依然是农民的儿子,像千千万万太行山人一样,过着俭朴的山村生活。

马有金是地道的林县人,1921年出生于合涧乡西三羊村的一间土坯房里。50年代初,马有金在林县县政府任建设科科长,1958年晋升为林县副县长。在修红旗渠之前,马有金已在县里的多项水利工程建设中摸爬滚打了,从要街水库到弓上水库,又从弓上水库到南谷洞水库,此时的他已担任南谷洞水库总指挥部的指挥长。

红旗渠工地在谷堆寺段出现恶性事故,致使九名村民遇难,三名村民重伤,一时间施工进度缓慢,领导压力重重。在这困难时刻,县委决定调时任南谷洞水库总指挥长的马有金到红旗渠指挥部。马有金临危受命,挑上红旗渠工程的重担。一年后,被正式任命为红旗渠工地总指挥长,这顶指挥长的帽子使马有金与红旗渠之间有了不寻常的关系,更有了说不清道不完的传奇故事、趣闻轶事。

左右开弓抡大锤

马有金在工地不仅是指挥员，也是个出色的战斗员，工地上各种活计他都拿得下，特别是抡大锤，可是他的绝活。

一天，马有金到工地查看炮眼，走到姚村公社一个连队的工地，见三个人为一组正全神贯注地打炮眼，一个人两手牢牢扶住钢钎，另两个人抡起大锤，接连打在钢钎上，发出"丁冬——丁冬"的声响。

看着三人默契娴熟的配合，他很是舒心，特别是看到其中一位皮肤黝黑、赤着膀子、戴顶柳条安全帽的十七八岁的壮小伙，抡起大锤快如闪电、飞似疾风，大锤落下赛泰山压顶，马有金更是兴奋。他把上衣一脱，一把甩在地上，顺手掂起一柄12磅重的大锤，走至三人跟前，指着这个黑不溜秋的小伙对另一个抡锤的人李扶生说：

"你歇一歇，叫我和他练练。"说罢，往手心吐了口唾沫，两手一搓，就抡起大锤，嘴里下意识地发出"嘿嘿"的声音，手里的大锤重重砸下去，不偏不倚正落在钢钎顶上，小伙也跟着"嘿"了一声，大锤飞起落下，也正砸得不偏不歪，两柄大锤轮番飞上落下，只听见两股风声"呼——呼"在响。

两柄大锤抡得快，扶钢钎的人叫王金柱，他哪里敢有丝毫懈怠，两手紧紧握住钢钎，迅速转动，没多大会儿，坚硬的红砂石花岗岩炮眼就加深了0.3米。

扶钢钎的伙计见俩人都出汗了，便说："停一下吧，叫我掏一掏渣。"

其实这会儿不用停下掏渣，马有金知道，这是民工怕累着他，让他趁机歇歇。趁这会儿功夫，马县长问抡锤的小伙："咱俩都搁伙计抡锤了，还不知道你叫啥名字哩？"

"俺姓李，十八子那个李，叫世民，今年十八了。"

"哟，你是皇帝啊！了不起。"马有金开玩笑地说。

"啥皇帝呀？"李世民确实不懂县长的话的意思。

"唐朝的唐太宗李世民啊，他是皇帝嘛。"

"这是俺爹随便起的名，你是县长，俺平民百姓不知道这些。"

"我这副县长只算个副七品，同你李世民万岁皇帝差远了。"马有金笑哈哈地说。

几句玩笑话拉近了俩人的距离，接下来他们又紧锣密鼓地抡起铁锤打将起来，二人越抡越有劲，越抡越过瘾，连看都不用看下边的钢钎，锤锤都能准准地砸在钢钎正中。

小伙子兴致更高，他觉得对面的马副县长太平易近人了，太跟民工一个样了，竟大胆地说："咱俩来个对手赛吧，我看你的锤抡得老练得很呀，俺想跟你比试比试。"

其实，马有金抡锤的绝活还没亮出来，既然小伙主动挑战，就趁势教他两下子，日后对年轻人肯定有用。他就接着小伙子的话说道："好啊，比试比试。不过，咱得左右开弓，一气必须打120锤，谁先说打不下去了，谁就是输家。"

李世民对抡锤也不外行，他知道左右开弓的意思，就是抡锤打钎，必须从左边抡起打一锤，再从右边抡起打一锤，这种打法，倘若没有扎实的功底，不仅打不准位置，弄不好还会打在扶钎人的手上。幸亏自己在家学锄地时，有几位老人教过自己左右开弓，平时在红旗渠工地自己也用过这种打法。马县长提出用这种方法比试，小伙子欣然同意了。

比赛开始了，只听见锤钎丁冬，风声呼啸，回旋萦绕，跌宕起伏，每一锤都震得大山在颤动，工地上无论是抬渣的、打炮的还是起石料的人路过这里都被抡锤的场面惊呆了。看，那一老一少，哪里是在抡锤，分明是一种艺术演练。一锤飞起，一锤落下。那节奏，赛过部队的操练；那锤声，悦耳好似二重唱。特别是那动作，那个年长者的锤划出的弧线满满圆圆，自然舒展，其实，这是在利用力学的惯性，节省自身的气力，如此技法当然会有持久的耐力和连续作战的效果；那小伙的锤，虽没有马有金的圆通，但也够娴熟洗练。为使小伙子更好地掌握抡锤要领，马有金边抡边吟起他的秘诀："锻石头，戳直线，手要硬，钻要准，手一软，锤就蹦，招呼不好把手碰。抡高锤，把紧钻，不怕石头不好锻！"

无疑，姜还是老的辣，这一次赛锤使李世民学到了绝活，让马有金发现了一个可以培养的红旗渠"斗士"。

后来，中央新闻电影制片厂拍摄的《红旗渠》纪录片，就有马有金抡锤打钎的镜头，与马有金对手打钎的那个赤膊抡锤的小伙子就是李世民。

青年洞里除夕夜

时光到了1960年11月，红旗渠工地实施"百日休整"，当时国家正经历三年困难时期，许多建设项目都下马了，但是，对红旗渠的关键工程——青年洞，非但没有停工，且从全县民工中选调出300名青年壮士，担负起开凿山洞的重任。

到了这一年的农历十二月底，经过一百多个日日夜夜的拼搏苦战，东侧的洞口与五号旁洞眼看就要打通了。这一年腊月小，没有三十，这一天时值腊月二十九，其实就是农历除夕，指挥部决定，从除夕开始放假，让民工回家过个团圆年。一年365天，可以说，这是最美好的时光。队员都放假回家了，青年洞施工现场不能人走洞空，工地指挥部留下了以指挥长马有金为首的几个干部。

第二天是大年初一，这天下午，炮手任羊成正准备走出洞子回家过年，当他迈步往外走时，马有金叫住了他，说："值班的人中我看了，没有一个炮手，你就留下吧，甭回家过年了，咱们在洞子里一块值班吧。"说过这话，马有金以征询的目光看着任羊成。

"在哪过年都一样，不回家就不回。"任羊成爽快地答应了。

其实，马有金说的值班可不是常规地看看大门、坐坐凳子、巡视一下有无安全之类问题的值班，他心里早已制定了施工方案。他要趁值班的时间干活，将即将凿通的那个洞子打通。晚饭后，马有金把几个值班的人分了两班，要求大家在放假回家的人回来之前，将东洞口与五号旁洞打通。按照马有金的部署，马有金、任羊成与另一个人分为一班，其他仨人分为一班。分工后，大家就带着钢钎、炮锤等工具进了洞子，开始打钎，准备放炮。任羊成提着一盏马灯，绕道走到要去的方位，就听到对方有凿洞的响声，凭丰富的经验，他知道洞子很快就会打透的，只需放好炸药，点炮一崩，就大功告成。这时，他抚摸洞壁的双手已明显地感到了震动。一天中的24点，正是除夕夜的最佳时刻，马上就大年初一了，任羊成和另外一个人去背来了雷管和炸药，大家将炸药和雷管装好，就出去了，留下炮手任羊成。他反复检查了一番，就走到洞口推上电闸，炮"轰"的一声响起来，只见浓浓黑烟滚滚而来，任羊成凭经验判断洞子还没炸透。他们又一道进去查个究竟。其实，双方对打的洞子已经到位，且已超过了两米，只是因为缺少科学仪器，使洞子高低有了落差，也就是说，一方的洞子打在了上边，一方的洞子打在对方洞子的下边，尽管听见清晰的凿洞声音，却无法穿透。知道是这种缘故，他们很快把洞子上下戳透了。

当马有金以十分激动的声音将打通青年洞的喜讯报告县委时，正是大年初一的五更时分，在林县，勤劳的山里人已在家吃五更饺子了。

马有金说："今天是大年初一，咱们把东洞口与五号旁洞打通了，得庆贺庆贺，看看能不能包顿饺子吃。"就去问炊事员："你那都有啥面？"炊事员说："除春节供应的那点白面，还有玉米面和红薯面。"

"都有啥菜？"马有金又问。

"就一筐干萝卜条了。"

"这也中,就吃三合面饺子,干萝卜条泡泡当馅儿。"马有金说。

说着话,几个男人就亲自动手,为吃饺子忙开了。有和面的,有擀片的,有整萝卜条馅儿的,弄停当后,大家一齐动手包起来。人多,手艺又不同,有包的皮厚馅小,有包的个大馅多,各色各样,可谓各显其能。饺子煮到锅里,有的包得严实,还行,有的就煮烂了,菜和面成了一锅粥。当这种特殊的饺子盛进碗里时,大家都激动得用双手高高举起冒着热气的大碗,相互碰撞祝贺胜利。

然而,任务是艰巨的,眼前只是两个工作面打通了,尚有8个工作面等待他们继续凿下去。大年初一、初二这两天,在家过春节的年轻人就陆续赶回青年洞工地了,他们又在这个特殊的战场干了5个多月,经历了150多个不平常的日日夜夜,终于在1961年7月15日宣告青年洞全面畅通。

高空作业治恐高

马县长有恐高症,在红旗渠工地,凡接近他的人可以说无人不晓。然而,马有金对恐高症却一反常态,拒绝同志们的关照爱护,只要工作需要,再高的山头,再险的峰巅,他依然攀登。这是因为他对恐高症的态度与众不同,一般人认为,恐高是个人习性而致,甚而与遗传基因有关。马有金认为,自己的恐高是缺少高空作业的锻炼,所以造成一到高处时就眩晕,有几次竟晕倒在高山上,直至休克,就这样落下个"恐高症"的名声。马有金心想,倘若自己能坚持在高空作业,久而久之,这顶"恐高症"帽子肯定会摘掉。

一天,马有金从城关公社的红旗渠工地走上山,去找除险队长任羊成。在一处山崖绝壁上见到刚布置罢活计的任羊成,就迫不及待地说:

马有金现场指导　　　供图　《红旗渠》杂志编辑部

"我刚才在城关公社工地,那段山崖险石很多,险情太大,很多民工窝在那儿,不敢上工,我这是专跑来找你除险队长哩,快派人去吧!"

"唉,我的人都安排完了,现在已各就各位,正干得欢哩,这可咋办?"

"你不是人吗?你要干啥?"

"照常规,我得下去到各除险点瞧瞧,哪个点人手紧,活儿重,我就随时补上了。"

"那正好,这会儿城关公社那段工地正缺除险高手,一帮子人窝着工,多急人啊,你马上去那儿帮他们除险石吧。"马有金用右手指着要去的方向,火急火燎地说。

"我一个人去,没问题,可一个人咋除险,总得有个人给我看绳放绳呀。"任羊成摊开双手,一副为难状。

"羊成啊，咱俩可是多年老搭档了，从南谷洞到红旗渠，一直搁伙计。今个我这个总指挥长给你看绳，中不？你敢说不中！"马有金是真急了，恨不得拽着任羊成，一把将他拖到那地方。

"你是总指挥长，我哪敢说个'不'字呀！不过,可别忘了,马县长,你有恐高症,谁不知啊,我又不是没见过你犯病那'德行',吓死人了！再说，城关公社那段工地在鸽鹉崖的绝壁悬崖，叫你到那地方看大绳，俺哪敢啊，叫个患恐高症的，又是副县长，要是有个三长两短，你想想，俺个平头百姓咋个向全县人民交代啊！马县长，你饶了我吧，我这就去找别人。"任羊成哪里敢让马有金去，他扭头要去找别人看绳。

马有金知道，这阵子是难找到人了，除险队员全都挂在悬崖绝壁手疾眼快地正在干活，哪里会有一个闲着的人坐等队长派活。他理解任羊成的好心，就一把拽住欲迈步的除险队长，又上前两步挡住他的去路，说：

"刚才你说过，你的人都安排完了，正各就各位干得欢哩，你去还能找谁？羊成啊，你就别蒙我了，我算求你了，任大队长，你就带带我这个老兵吧，给我个机会，锻炼锻炼嘛！"马有金态度谦和，话语诚恳，弄得一向直率的任羊成没了对策，就心一横，也罢，这阵儿实在没人，要是去那地方除险，只能让马县长当帮手了。再说城关公社那段工地也是急活啊。想到这些，就勉强同意了马有金的请求，不过心里还是不无顾虑，只是抱着试试看的态度。

两人带着除险工具和下崖大绳，绕过难行的悬崖险道，来到要去的山顶，任羊成选择好下崖的地方，钉下三根木橛，用块大石头压在中间，将大绳缠绕在木橛上，再将大绳一端捆在自己的上身，又在胸前打个十字结。一切收拾停当，只见他双手紧握大绳，两脚用力一蹬山体的岩石，身躯往后一仰，"哧溜"一声，那身子已在空中游荡起来。

马有金双眼紧盯飞出去的任羊成，一边哧溜哧溜地双手放绳，一边不停地嘱咐着:"羊成慢一点儿,羊成小心点儿……"两只耳朵则全神聆听任羊成发出的"呜儿——呜儿——"的信号。"呜儿"声长就是将大绳放长些,"呜儿"声短,则是放短些。随着大绳的缓缓放出,任羊成像飞翔蓝天的雄鹰,在白云缭绕的山间飞荡,手中的除险钩钩一下崖壁的险石,立马就随飞荡的大绳轻轻飞出险区,躲过被除掉下来滚落的石块;然后又随飞荡的大绳,钩住瞅准的崖壁一道山缝,身子自然飞至那里,且稳稳贴在了崖壁上。一会左,一会右,左右开弓作业除险。就这样一鼓作气,用了一个多小时,一绳下来,从上至下已将20米宽的这段工地的险石处理得干干净净。其实,这时候才完成任务的一半。任羊成知道,靠东侧那个山头还有险石必须去除。照常规,他需下到崖下,再攀登山顶,但那样太费时间,干脆来个"手打倒绳",这种绝活是用两脚蹬着崖壁,双手把着大绳,手脚并用,交替往上攀登,如果手脚功夫不佳,或体力耐力不足,将会摔个粉身碎骨。当任羊成哧溜哧溜地攀至崖顶时,马有金迎着他着急地问:"你这阵子不发信号,我正急得上头了,怕你出事呀!"

"放心吧,阎王爷说了,不要我。不过,我还得到东边那个山头,那里险石不少哩,还得找个助手看绳,正好陈印子就在近处,我把他喊来。"任羊成边说边指了指他已选定的下崖位置,又面对马有金说:"你不要动,还在这看着这个绳头。"

说话间,任羊成已向东边走去。

马有金在对面山嘴上看得清楚,任羊成的下坠身轻如燕,后来随着大绳荡度力加大,眨眼之间,任羊成就飞远了,没了踪影。

马有金环视绵绵山野,怎么那个动作美妙、富有神韵的太行飞人说看不见就看不见了。就在这一瞬间他眼前一片漆黑,接下来就什么也不知道了。

任羊成完成除险任务后又攀至山顶,立即寻觅马有金,却不见踪迹，就问放绳的陈印子："咋不见马县长？刚才还在为我看绳哩，这会上哪儿了？"

"是不是在那个小山头上歇了，他太累了吧。"

"不会，你不知道他有恐高症，怕是休克了！快找，别叫他一翻身掉下山崖。"

陈印子先找到了马有金，果然是休克了。这时任羊成也赶了过来，两人将他抬到个较安全平坦的地方。

大约过了个把钟头，马有金苏醒了。

"你咋就休克了，吓死俺了！"任羊成说。

"只记得你在半空一闪就没影儿了，以后我就啥也不知道了。唉，看来还是缺少锻炼啊！"

"不是缺少锻炼，以后这事你还是别来，得注意保重自己呀！"任羊成诚恳地说。

"不——不——，以后这事不仅要来，还得多来，锻炼多了，就会适应的，就不会再恐高了，你信不？你信不信我不管，反正我信。"

从这次休克以后，马有金上山的次数更多了，不是跟除险队，就是跟测量队，也真让马有金说对了，由于常年上山，经常上山，渐渐习惯了在高处作业和生活，习惯成自然，以后他的恐高症再没有发生过，马县长的"恐高症"帽子真的摘掉了。

同吃同住同劳动的日子

"五同"，是林县干部另一大特征。所谓五同，即干部与群众同吃、同住、同劳动、同学习、同商量。五同的提法，实际是在修红旗渠之前林县人民兴建要街、弓上、南谷洞三座水库时就倡导的做法。从指挥部领导到各连队干部都要改进工作作风，密切联系群众，实行与民工"五同"。

按照一般人的观念，干部属于劳心者，民工则是劳力者，倘若在工地干活，肯定不是干部的强项，有些重活也难适应。所以在许多干部参加劳动的场合，工人们总是将轻活让干部去做，而把重活、累活、脏活留给自己。然而，在林县，实行"五同"却不是这种做法。

有一次工地搞突击，县直机关来了56名男女干部，一进工地，没等干部下手，民工们就将干重活累活的工具揽了过来。这事让在现场的指挥长看见了，马上说：

"大家知道不知道啥叫五同？"

"知道。"众人答道。

"五同中有一同是同劳动，是吧？今天我再重申一下，同劳动就是干部民工同样劳动，不分高低，不分轻重，今天每人的任务是一天运送一立方土石料，群众能在一天完成这个任务，干部们能不能？"

"能，一定能。"56名干部异口同声地答道。

"好，我们的五同是落实在实际中，不是挂在嘴上、贴到墙上的玩意儿。就这样，一人一立方土石料，两个半晌干不完，没关系，再加会班总能行吧，干吧……"

同劳动，是这样地落实了。在工地，无论是抡锤锻石、垒渠砌墙、开山放炮、烧石灰造炸药，都有干部在现场苦干。只要是民工能干的活，没有哪一种是干部不能干的。

其实，在五同中最重要的是同吃、同劳动。那是一个饥饿年代，缺少食物。吃，成为最重要的事，吃饱，成为人们最美好的希冀。

红旗渠工地总指挥部指挥长、副县长马有金一大早来到工地伙房吃饭。炊事员李留子见指挥长来了，笑眯眯地说："马县长你稍等一下，饭马上就好。"这时指挥部的同志陆续进了伙房，一人拿起一个玉米面馍，端一碗青菜汤，从伙房走出去。马有金看着这场面，不解地问李留子："大家都吃起来了，怎么饭还没好，快给我盛饭。"

李留子哪里敢怠慢，边说"好了，好了"边小跑着到灶台前，

马有金（中）在劳动　　供图　《红旗渠》杂志编辑部

从蒸笼里拿出一个白面与红薯面混杂的馍，又从小锅里盛出一碗小米稀饭，送到马有金面前。

马有金看着端至面前的早饭，惊奇地问：

"不是玉米面馍和青菜汤吗？怎么变成白面黑面混合面馍了，还有小米稀饭？"

"你是工地总指挥长，又是咱县的副县长，咋能吃大锅饭呢？开小灶是应该的。"李留子没加思考，信口回答着马有金。

"开小灶是谁跟你定的规矩？"马有金的面孔一时严肃起来。

"这还用定规矩呀！你当领导的，就应该吃小灶嘛。"李留子并不觉得自己做得不对。

"你知道不知道啥叫五同？五同里有一同就是同吃，既然同吃，为啥还要开小灶？"马有金带气地训斥着炊事员，对方只是低着头不说话。马有金看着面前的早饭说："把这份饭送给病号吃，给我盛大锅里的饭。"

"你吃了这一顿吧，马县长，以后俺不再做小灶了。"李留子的声音有点颤抖，他心里觉得好委屈。

"一顿也不能吃，吃一顿就是破坏五同规矩，听见了吗？"马有金发火了，火气还挺大。

当天晚上，为吃饭的事，马有金召开了总指挥部全体干部会议，让炊事员李留子与会旁听。他再次强调五同："告诉同志们，我们的五同，是扎扎实实的五同，无论什么理由，谁也不许违犯五同，任何人不许搞特殊，任何人也没资格吃小灶。我们总指挥部的人，不要把自己当老大，到人家分指挥部，不能叫人家搞特殊招待，民工吃啥，咱就吃啥。同劳动，同吃住，有啥高低贵贱之分？大家一律平等，我们都是为的修渠……"

想一想，红旗渠工地总指挥部指挥长都与民工同吃，谁还敢搞特殊？不仅是副县长马有金，县委书记也是这样。有一天，杨贵下工地劳动，中午回伙房吃饭，炊事员知道杨贵书记在工地，就偷偷煮了一碗小米干饭。当炊事员将小米干饭端至杨贵面前时，杨贵却发了脾气，训斥炊事员："怎么能为我开小灶？民工们干那么重的活都吃不上这小米干饭，凭啥叫我吃？听清楚了，以后我只要在工地吃饭，民工吃啥，我就吃啥，谁给我开小灶，谁自己吃去！"炊事员只好将为杨贵做的小米干饭倒进大锅里煮了，让三十多个人一块儿享用。

同吃同住同劳动，一个更大的好处是，由于领导与同志们就在一起，遇到突发事件或疑难问题，省略了向领导汇报的"程序"，更没有下级找不到领导的情况。往往有些事下边人做不了主，需要领导现场拍板。在红旗渠工地，无论遇上什么难题或突发性事件，领导就在现场，就在身旁，还用去汇报吗？领导身先士卒，冲锋陷阵，还用"老百姓"作难吗？

有一次暴雨突降，山洪暴发，洪水横冲直撞，咆哮着向红旗渠扑将而来。指挥长马有金带着几个同仁，迎洪流沿渠岸巡视检查，他要走在洪水可能造成的灾难前面，以便即早制定护渠措施。

这时只听一声巨响，偌大的一方岩石顺着洪水从山体猛落下来，砸到了红旗渠泄洪口。接着，又一方大石头在泄洪口被洪水卷走。

"不好！"马有金下意识地惊叫着，边率领着几个同仁冒着暴雨，蹚着激流，飞奔南谷洞水库。马有金知晓，眼下的暴雨正使南谷洞水库经受罕见的山洪袭击，如果南谷洞水库因山洪冲击出了故障，不仅林县陷入灭顶之灾，而且要殃及河北邯郸，祸及天津，株连京广铁路！

遇到这场面，上级领导有一句通用的"官话"，指示下级，大致的意思是：

"不惜一切代价，做好工作；采取一切措施，保证不出问题。"

这话作为领导，谁都会说，也会下如此"指令"。至于怎样做工作，采取什么样的措施，往往没有，也不会有，上级领导嘛，只是宏观指挥，至于下边的具体情况，诸多领导并不知晓。但是此时此刻，副县长马有金不会用这等话语指令手下的兵，他是在现场直接操作，自己在提醒自己，一定做到安全稳妥，使百姓生命财产不遭损失，保证不出问题。

由于暴雨连绵，山洪持续倾泻，南谷洞水库的山上山下，深沟浅壑，处处是惊涛骇浪。马有金和他的同仁几天几夜没离开过大坝，水库全体职工都在严防死守，两目凝视着水库一直上涨的水面。这时的马有金，俨然赛过侦探敌情的侦察兵，他瞪圆的两眼在来回扫描一切可疑的险点。突然，他发现坝基背下面旋起一个小漩涡，"不好，大坝出现管漏了！"与此同时，一道巡视的两个"哨兵"也高喊道："漏水啦！漏水啦！"两只手同时指着那个危险的漩涡。

人们行动起来，搬起一个又一个装满沙土的麻袋，"扑通——""扑通——"地接连投向小漩涡。转眼工夫，一包又一包的沙土袋子就被大水吞噬了。这时，几个人一起将十米见方的大帆布放进水面，试探漏斗的位置，疯狂的激流凶猛地将帆布卷跑了。见这场面，率队抗险的马有金心如火煎，他清楚，倘若抵挡不住这一险情，一旦大水冲开缺口，不只是位于水库下的林县村庄被大水一扫而光，就是安阳、邯郸、天津也要遭遇重创……后果不堪设想。马有金更明白，那句"不惜一切代价，做好工作；采取一切措施，保证不出问题"的誓言对他是什么含义，那不是挂在嘴上说说而已的口号，那是以行动、以结果来诠释意义的。不惜一切代价，这代价当然包括人的生命。马有金已经觉察，以这种手段与洪水展开格斗难见成效，结果难免被洪水击溃。洪水也像一条毒蛇，俗话说打蛇要打它的要害之处，方可一击毙命。现在只是往下扔沙袋，并没找准要害部位，岂不徒劳无功！这时，只见马有金自言自语道：

"他妈的，我要是不下龙宫会会这妖精，看来今天还真整不住它！"

随着老马的话声，只见他已将腰间系好大绳，"扑通"一声，跳进水里了。

众人的心紧绷起来，齐声在喊"老马！老马！"

倾盆大雨和着恶浪翻滚的激流，雷鸣电闪助威着咆哮的山洪，已经钻进水中的马有金哪里听得见人们的呼叫，他要沉进"龙宫"，去寻找真正的溃口。马有金知道，这时刻他的岗位就应该移至水底那个溃口处。他不会像一般干部，站在岸上去请示上级领导该怎么办。其实这时任何一个领导，倘若接到这种请示的电话，都难以拿出具体的办法和手段，指示下级去如何如何堵住溃口。他们只会讲也只能讲"不惜一切代价，堵住溃口！"在关键时刻，好干部是知道该干什么、该怎么干的！

马有金在水中专心致志、全神贯注地摸索、查看，寻找管涌所在。他忘记了一切，在水中紧张而又细心地搜寻着。坝上人们的心都提到嗓子眼儿了，紧张，害怕，担心……几分钟后，老马通过绳子发出了上拉的信号，人们缓缓地把他拉了上来，只见他浑身伤痕、血迹斑斑，体力已透支得快奄奄一息了。

"好险啊！"有人不自觉地说，凝视着渐渐苏醒过来的马有金。

"快叫老马去休息休息。"有人好心地说。

谁知马有金突地站了起来，说："休息个屁，这要命时候，谁敢休息，快，堵溃口，就这位置。"他边说边用手指着已经探明的溃口方位。

按照马有金手指的方位，人们搬起一包包沙袋向水中投去，只听见"扑通"一声"扑通"一声，一袋袋百十公斤重的沙袋终于堵住了溃口，水面开始平静下来，一场天大的凶险被治住了。马有金看着一个个变成水人泥人的伙伴，乐哈哈地提出个问题：

"为啥平时俩人才能抬动的百公斤重的沙袋，现在一个人就能搬得起、投得出呢？请大家回答。"

"逼出来的呗，这次要是决了口，成千上万的亲人都没命了，才逼出来这股劲头呢！"

"这是拼上命的劲，拼上了命，劲就特大！"

……

人们回答着老马的提问。

"是啊，这是啥劲，事先谁也不敢说一个人就能搬动这百十公斤的家伙，这是爆发力，是一种精神集聚起来的爆发力！爆发力真的来了，那是无艰不摧、无战不胜啊！前个月我看一场拔河比赛，红队都是瘦巴巴的，而且小个子多；蓝队个个人高马大，剽悍壮实，到场的观者中没有一个人相信蓝队会败给红队，结果红队胜了。事后我分析，是红队来了爆发力。有了爆发力，不仅有特大的力气，也有特大的胆略。刚才有人问我，为啥二话不说就一下子跳到水里了，一般人谁敢啊！告诉你们吧，那阵子我真的来了爆发力，这爆发力一来，哪里还有不敢做的事，哪里还有做不成的事！"

工地上响起一片掌声，大家为马有金的爆发力鼓掌。从此，有人编出了马有金"龙宫探险"的故事，说老马下到龙宫，拿到了"避水珠"，放在了溃口处，方镇住了水妖。

林县人早早地实施了"五同"，干部与民工同吃同住同劳动，才会有这样的事情发生，也是总指挥部指挥长与大家同劳动，领导与群众奋战在一起，才能心往一处想，劲往一处使，保住了大坝，保住了民生！这不仅仅是同劳动，实际是同担责任，同冒风险，同生共死啊！至于马有金这样的官，则是见危险就上，哪个位置最容易"死"，哪地方就是他站立的岗位。想一想，有这样的领导陪伴大家，群众的心能不踏实吗？能不跟领导心贴心地冲锋陷阵吗？

榜样的力量

那是一个初秋的清晨，马有金在工地与分指挥长郭增堂比赛打锤，正干得起劲时，指挥部办公室的王文全急匆匆地跑来了，对马有金说："老马啊，家里来人说有急事，叫你赶紧回家，他们都在等着你回去。"

"啥急事也得等我下工后再说。"马有金说话时没有停下抡锤，显出一种不在意的样子。王文全有点急了，接着说：

"你娘病重了，特别的重，叫你马上回。"

"啊，待我下工了就回。"马有金还是不停止工作，要等到下工以后再说。王文全无奈，只能实话实说了：

"你娘去世了啊！你还等到下工才回？"

马有金手中的大锤不由己地滑落下来，悲伤的情绪涌上心头，他自知对母亲有愧，母亲已经病了八年，他没能在床前侍候过老人家，看护老人、抚养儿女的事全是妻子一人包揽了。

马有金的家离工地不远,他用两个钟头就能赶回去。就这么一段距离,马有金却成年累月不着家。

马有金扑跪在母亲灵前,痛哭失声地说:

"娘,不孝儿子回来了,你咋不等我呢,就这样走了!都怪儿子不好,娘啊!"马有金用双手拍打着头,痛哭着……

大队干部和小队干部都来了,亲人们把跪在灵前不起的马有金拽了起来,要与大家商量如何操办后事。按照传统规矩,老人的丧事,灵柩至少放三天,多者五七天。毕竟老人辈分高、亲人多,要留下充足的时间,让亲人们赶来悼念。特别是远道的亲戚,走山路又难,不是当天就赶得到的,甚至连传口信都煞费时间。

大队干部理解马有金,红旗渠工地离不开他,就主动说:

"马县长,这样吧,咱娘(队干部称马的娘也是自己的娘)的事,就放三天吧。按最少时间,我知道要是放上五天、七天,你那里不好办,按三天办吧。"

马有金的回话却出人意外,他擦了擦湿润的眼睛,强忍住悲痛说:

"咱三天的丧事今个一天办了吧。"

"啥呀?!"小队干部程长贵惊讶地反问道。

"你说啥呀?!"大队干部路牛拴也很吃惊。

"红旗渠工地太忙了,弟兄们,你们理解我吧,我咋能在家为老娘办三天丧事啊!真不行啊!"马有金已是在祈求了。

家里一位长者发话了,他已忍气老大会儿了:

"咱合涧(镇)三羊(村)的规矩你不是不懂吧?停丧三天是最少的了,别说咱三羊(村),就是全林县,也是这个规矩。你娘才下世,多少亲戚还没来得及捎信哩,你就敢说要下葬,这回这事不能依你。"显然,以往经历不少的有争执的事,最终都依了马有金。

"对呀,娘劳累一辈子了,到临终连三天都停不起了。"家人们异口同声，都不同意当日下葬。

"我不是不知道，我对不住娘啊！我心里有愧啊，可你们都不知道，那工地忙啊，忙得你们谁也想不到那个忙的样子啊！大家就听我这一回吧……"马有金由刚才的祈求已变为乞求大家了。

这时，一位岁数更大的长者走了进来，这人是三羊村的前任党支部书记，属于德高望重的人物。在三羊村，遇到有啥争议的事、麻烦事，都爱请他做主拍板。刚才大家的对话，他都听到了，只见他狠狠地吸了口旱烟，清了清喉咙，说：

"有金大兄弟，大家都知道你忙，再忙还有咱老娘的丧事重要？人这一辈子，死，也就一回吧，这回，你就依了大家吧，在家待三天，有啥事我去找县委书记说，我去给你请三天假。咋的，那工地离了你，天能塌了？地能陷了？可老娘这丧事，咱要犯了规矩，是一辈子对不起娘啊……"

老支书的话有情有理，有板有眼，谁不服呀。一时间场面静得鸦雀无声，众人等待马有金的一句表态。大多数人想，马有金不会再说什么了，老支书的话说到这份上，就是块木头也该服呀。

停了足有半袋烟光景，马有金说话了：

"大家说的都在理，都合情，也都对啊！可——谁叫俺是红旗渠工地总指挥长哩！那可是成千上万，不，是好几万人的队伍啊，哪件事都得操心啊！一有事都是人命关天啊！做不好就要死人啊！红旗渠那地方，真的离不开俺老马啊！我马有金也是有心有肺的人，也明白该对俺娘尽孝，也知道俺娘的丧事办三天是最少的期限。我还是把话说明白吧，眼下是我要对得起俺娘，就对不起红旗渠，我要是对得起红旗渠，就对不起俺娘！甘蔗哪有两头甜啊，你们说吧，咋办？"

没有想到，马有金这番话掷地有声，震得一片寂静，大家伙都不再发表意见，而是陷入沉思。

工地一隅　　　　供图　《红旗渠》杂志编辑部

是的，在林县，红旗渠是什么，外人是难以估量更难以理解它的分量和价值的。俗话讲"人命关天"，在林县是"水比天大"。红旗渠就是水，它比天大，这时候马有金说出了心中的纠结。他要破坏几千年来的传统规矩，要在一日之内办妥七十多岁老母的丧事。他知道这种做法有损常规老矩，他知道这种做法要引来各种非议，甚至众叛亲离，但只有他自己知道如此做法，折磨得他的心头出血、万般无奈，唯一能使他释然和心理平衡的就是"红旗渠"。只有当他想到是为了对得起红旗渠，方能解脱层层重负，从莫大的压力下站立起来。这时候，在大家一致反对当日下葬老娘时，马有金说出这般话，能不引发人们的深思吗？林县人世世代代盼水，今天要修红旗渠，引漳河水入林县了，谁不为之欢欣鼓舞，谁不支持这个有益百姓的工程？

场面依然静默，也许是人们被红旗渠的最大利益震服了，在林县，红旗渠的利益是压倒一切的；也许是人们拿不出更好的主意，正在思索……不管什么，没人再劝马有金了。还是德高望重的老支书来收场了：

"有金兄弟说的也在理，自古忠孝难以两全，有金兄弟是要为红旗渠尽忠，才不能为娘尽孝。既然这样，咱大家照有金的计划办丧事，还得抓紧时间哩，家里的、坟上的许多事都得赶紧点。"老支书边说边瞅一眼一旁的凤菊，她是马有金的妻子，说："我知道你在马家威信最高，他们都听你的，有谁想不通的，就依仗你去说合说合了。好了，时间不等人，抓紧吧。"

大队干部、小队干部、邻里街坊、附近的亲朋好友，都来了，还有人到坟地去挖墓坑了，家中的琐事在众人齐动手下，很快弄停当了。午后3点，马有金的母亲被安葬好。这时，马有金跪在母亲的坟前，哭着说："请娘原谅不孝的儿子，红旗渠工地太忙了，我得赶紧回去，等红旗渠的水引过来了，我一定好好守着你，娘……"

就在当日下午5点多钟，马有金就返回了他正忙碌着的红旗渠白家庄段，走上了夜以继日抢工期的空心大坝。

领导的一举一动都影响着干部，熏陶着群众。在工地，被誉为虎胆英雄的王磨妞，当听到家里的小闺女患病的消息时，只是说，叫她娘带闺女去找医生看吧，他自己离不开岗位；当患病的闺女因病死亡的消息传来时，王磨妞只是说，叫她娘把闺女埋了吧，我实在没空儿回去。

工地有个叫崔天书的铁匠，已经59岁了，在工地从早到晚守着铁匠炉，不是锻钢钎，就是修锨头，从早到晚忙得不亦乐乎。一天早上，往工地送菜的乡亲告诉他："你老娘病了，该回去看看老人家。"崔天书的老娘80多岁了，是全村年纪最大的女人。天书是十里八庄有名的孝子，他原不想来修渠工地，怕老娘一个人在家没人照顾，可没想到，老娘比他想得开，硬拉着儿子天书到大队报了名，还当众吓唬儿子："你要是不把漳河水引过来，就别回家见我了！"天书自到了工地，虽然思念老娘，却从没说过回家的事。这会儿一听老娘有病了，心里七上八下地不安起来。他暗暗盘算，怎么才能既看看老娘又不耽误工地上的铁匠活。想好后，就行动起来。晚饭他胡乱填了一下肚子，就往家奔去。从工地到村子，全程65华里，来回130华里，他算了算，一个整夜应该能跑个来回。天书到家时，大概是午夜时分，村子静悄悄的，他进屋门，老娘听见动静就起身了，一看是儿子，就问：

"你咋回来了？半夜三更的。"

"俺听说你有病了，不放心啊。"

"不关紧，就是受了点儿风寒，晚上我做了一碗酸姜汤喝了，出了一身汗，现在好多了。儿子，你那渠上的活关紧，赶紧回去吧，别耽误了正事啊！"

"哎，娘，你真的不要紧？"

"娘还会哄你，快走吧，天明前还能赶到工地。"娘很是恳诚地劝儿子快走。

"那——好吧，娘，你多照顾好自己呀，俺走了！"

就这样的母子相见，前后也就十多分钟，崔天书又上路了。

天刚亮，上工号嘀嘀嗒嗒地吹响了，崔天书踩着小号的节奏，准时跨进上工队伍。同屋的伙伴瞅着大汗淋漓的天书，好奇地问：

"一夜都没见你身影，干啥去了？"

"回家看了看俺娘，没啥事，俺又跑回来了。"

"唉哟哟，从这里到你家，往返可是130里地呀，你这两头不见日头，黑灯瞎火的，是咋个走的啊……"

高风亮节让指标

红旗渠总干渠于1965年4月5日通水，由于它所产生的广泛影响，上级给了几个红旗渠劳模一个农转非的指标。经县委集体研究，一致同意把这个农转非指标给马有金的爱人。

当负责这事的干部老刘见到刚从红旗渠工地回机关的马副县长时，就乐哈哈地对他讲：

"马副县长，得请客啦，你有喜事啊！"

"啥喜事呀？"

"要给嫂子办农转非户口了，全县就嫂子一个。信我已写好，就差去盖章了，这算不算大喜？"老刘指了指办公桌上一封写好的信函。

"都给谁办了？李英武副县长的家属办了没？王才书副县长的家属办了没？李运宝副书记的家属办了没？这个指标我不能要，不经过我的同意，谁也不能去给我办。咱是农民，是种地的，没必要农转非嘛。"马有金得知全县只给他一个人办这好事，坚决不要。

这次农转非的事，由于马有金的态度坚决，就这样搁置下去了。

马有金不仅这次没让妻子办理农转非户口，就是后来有多次机会他都没给妻子办这事。直到1989年，时任林县县委副书记的马有金办了离休手续，妻子依然是农民。这时已届花甲之年的马有金，又回到生他养他的故里——合涧乡西三洋村的那座土坯房。像千千万万的太行山农民一样，依旧过着俭朴的山村生活，直到1991年1月29日不幸因煤气中毒去世。

康加兴的汗马功劳

红旗渠工程是伟大的奇迹。其实,这伟大的奇迹是由许许多多个不平凡的元素组成的。

开始,"引漳入林"的红旗渠工程并没有列入国家基本建设项目计划,在计划经济年代,这里所需用的材料只能靠四处求援,由有关部门和兄弟县市支援解决。为了能够争取各方的理解和支持,需抽调一名既了解渠道所处的地质环境又有协调能力的同志,作为专职外交人员长驻省会。

为确保修渠前线的物资供应,县里特成立一个后勤指挥部,由县长李贵、县委副书记秦太生任指挥长。秦副书记点名,抽调康加兴担当这一重任。康加兴是林县修建水利工程最早一批有文化又懂技术的人员,这时,他正在红旗渠工地指挥部技术指导股担任要职,听了领导的决定,就立即交代了技术股的工作,带上有关文件和资料,奔往省城郑州,住进了省水利厅招待所。

领导之所以选康加兴顶缸这个要岗,是因为这事确实难做,倘若没有一股冲劲和韧性，加上智慧与点子，肯定完不成任务。康加兴在领导的心中早就留下了良好的印象。

还是在修建红旗渠工程之前的1958年，盛夏的一场暴雨使河水暴涨，水流湍急，正在施工的要街水库水位迅速升高，通往河北岸的电线杆被冲倒，线路断了，两岸无法联系。这时由于水库水位骤满，水量压力增大，大坝基础出现漏洞，水像喷泉般向外喷射，大坝随时有被冲垮的危险，淇河下游两岸百姓生命财产受到严重威胁。这时，工地指挥长、副县长马有金骑着自行车，肩扛一捆电线，冒雨来到李家寨公社，指示公社党委书记闫怀德立马找一个会游泳的人过河抢修电路。可是，心急如焚的闫书记问了几个身边的干部，却都是不能下水的旱鸭子。这时，正在淇河渠道管理所值班的康加兴得悉这个信息，立即站了出来，说："我是在淅河边长大的，我会游泳，这事就交给我吧！"人们很快将电线拴在小康的腰部，与他一道选准位置，康加兴从一个离潭水面五米高的崖头跳了下去，在汹涌的洪水和大雨夹击中，扑腾搏击了半个多小时，才在被水冲到五十米远的对岸爬了上来，这时才发现全身的衣服和腰间缠绕的电线全冲没了，水太大了！

好在人上了岸，康加兴马上与岸畔的波兰掌大队支书宋成员联系上，有了人，就有了一切。宋成员马上为赤身裸体的康加兴找来衣裳，又调来了必需的物品和人力，很快将断了的线路接通了。工地总指挥长、副县长马有金随即通过电话下达了命令：令沿河各个村庄群众迅速转移，宣布淇河两岸随时有被大水淹没的危险……

果然，下午3时，大坝被冲垮，洪水奔涌呼啸而来。但由于电线及时接通，人民群众及时接到险情通知，都已经转移到了安全地带，避免了重大的生命和财产损失。

从那以后，康加兴在领导心中落下了"临危不惧，好样的！"印象。

还有一件事使康加兴在领导心中落下个"这人有股精神，不知疲劳，冲得上去"的印象。那是他和同仁一道开往红旗渠工地时，领导布置让他们必须在当夜12点前赶到任村。位于临淇的要街水库至任村有五十多公里，由于工作原因，他们出发时已是当日上午11点钟，而且是负重徒步，肩扛的、手提的、脊梁背的各种什物，走起来绝对不轻松，赶到姚村已是夜里11点钟，12个小时的"操练"，使每个人都疲倦不堪。这时有人发现前方有个平台，就不自觉地坐下，想稍稍休整一下。接下来人人都找地方，都想坐一坐歇一小会儿，有个同志没地方坐，就挤到平台边的地上，一转眼，他看清那平台原是一口棺材，就惊叫起来，霎时间赶走了每个人的疲惫和困意。这时天黑得伸手不见五指，冷风嗖嗖地刮过来，有人打趣地说："修建'引漳入林'工程，连亡灵都在催咱们赶路啊！"大家继续上路，一小会儿有人发现少了一个同志，怎么回事，莫非出了意外？人们立即停止前进，回头寻找。这时有人提示说，刚才大家休息时，有人说要去大便，是不是还在拉屎呢？人们急忙顺着原路寻找，果然发现路边躺着一个人，正打着鼾，他是在大便时疲困得睡着了。可想而知，赶路的人疲惫到什么程度。当他们赶到目的地时，县水利局局长段毓波正在那儿等候，没有让这班赶了几十里路的人喘口气，就当即划分小组给他们定下任务。康加兴为第五测量小组组长，他认真地做着笔记，记下具体任务。当7个测量小组的任务分派完毕，已经有许多人东倒西歪得支持不住了，而康加兴却还要留下他的第五测量组的成员，又细致地将每人分了工，交代着注意事项……这时，有人就说，这个康加兴真是有股精神，不知疲劳……

康加兴这次被委派到省城郑州，住的是招待所，与在红旗渠工地的住处可谓天壤之别；吃的是招待所的饭菜，比在工地的大食堂好多了。可是，那心里的滋味一点也不好受，更难轻松。为什么？压力啊！他清楚，来到郑州是让他要炸药的，炸药是啥？可不是一

白云生处　　　　　　　　　　　　摄影　彭新生

般的玩意儿，在那个物资极其缺乏的年代，啥东西都缺，炸药更缺！可是，林县要修红旗渠，就要用炸药崩石，且用量异常的大！炸药是各种材料中的重中之重，可以说，没有炸药，整个红旗渠工地就只能停工。

　　林县虽然有自己办的炸药厂，可它生产量小，距实际需要差得很远！康加兴住进省城，就是要凭借他的冲劲和智慧去寻觅各种关系和机会，一定要把炸药弄到手。他手中唯一的王牌就是"红旗渠"工程的有关文件，还有开山劈石需要的炸药数量。从仲夏六月一直跑到寒冬腊月，半年过去了，总算有了结果，领导答应为林县红旗渠工地调拨一批炸药。康加兴正准备把喜讯告知家里人，又怕半路有变卦风险。他想，等拿到正式调拨单再告知也不迟。谁知，就在12月31日，县水利局局长段毓波来了，还带着五斤榨过油的花生饼和三斤红糖、核桃仁、麦麸磨成的炒面，说是县长李贵、县委副书记秦太生让代表他们来看望的。

康加兴告诉段局长："炸药已是胜利在望了，领导答应很快就给咱。我想等拿到调拨单再告诉家里，给你们个惊喜，不想你会来。"

"李县长和秦书记对你特别信任，他们都说，叫康加兴干这事，赊放心了，他一天也不会闲着，我们相信，加兴能干成这事。要不是到元旦了，领导也不会派我来。"段局长说。

许多事情，当决定让谁去做时，实际是结果已经有了，领导信任康加兴，知道他能成事，至于在郑州半年中他作了多少难，碰了多少钉子，又有几多辛酸，他是不会跟领导说的，他给人的印象总是那么明朗阳光。

第二天是元旦佳节，段局长在街上买了三斤烤焦的红萝卜干，与康加兴在招待所就着花生饼，喝着开水冲的炒面糊糊，共同庆祝炸药有望的胜利。恰在这时，县长李贵将电话打到水利厅招待所，段局长告诉李县长，炸药不日后就可拿到，他准备明天就返回家。县长李贵听罢大喜，马上说："你先别回，陪加兴多住几天吧！"

元旦过后第五天，一张炸药调拨单被康加兴拿到了，调拨的是洛阳固县水库未用的 500 吨烈性炸药，固县水库是原苏联援助中国的工程项目之一，因苏联专家撤走，该工程停工了。除 500 吨炸药，又按比例配置了雷管和导火线。领导告诉康加兴："炸药的事我们解决了，运输的任务，你们自己想办法，这是危险品，路途又远，你们一定要做好安全措施。"

要来 500 吨炸药的特大喜讯像号外传至林县，红旗渠后勤指挥部立即决定，责令县交通局局长路永廷与水利局局长段毓波负责运输炸药。可是车少药多，即使调动林县的全部汽车，也还达不到运输要求。这时向郑州铁路局申请办理运输炸药的车皮重任又落在康加兴肩上。车皮是相当不好要到的，每日要车皮的人都排起长队，每个要车皮的人都有重要的理由。而且，即使要到车皮，也只是一个、两个。

康加兴的确是个不知疲倦、冲得上去的汉子,当许多人在要车皮长队中知难而退时,他却获悉一条重要信息,管车皮的计划处女处长有孕在身,她托人买小米和绿豆,至今还没买来呢。

康加兴真诚地对这位女处长说:"你要的小米和绿豆,我们林县就有,我家自己种的,这两天我就给您送来。"

女处长听后却委婉又客气地说,"不用,不用,这事不能麻烦你们。"

康加兴哪里会有小米和绿豆,在那个饥饿年代,都是在公社吃大锅饭。他把这信息传给县长李贵,李贵马上给直属粮库写条子要小米和绿豆,谁知库里的小米和绿豆全都调拨出去了。然而,什么事也难不倒临危不惧又冲得上去的康加兴,他想,就是踏破铁鞋也要弄到这些东西。他千方百计,四处托人,终于弄到了小米和绿豆。

当女处长接到八斤小米和三斤绿豆时,感激之情实在难以表达,她看着这位出生于太行山的男子汉,拿出钱充满谢意地说:

"谢谢你为我买来了小米和绿豆,这钱你一定要收下!我知道你们的工程急需炸药,因为是危险品,而且运量又大,这种炸药不能与普通货物混运,但是可以计划个车皮编组运输,这比一般货物运输要麻烦一些,你别心急,我尽量帮你调剂。"

就这样,康加兴又安心地在郑州住下了,前后共要车皮48个,分期分批从洛阳东首阳山火车站装车,发运到安阳西水冶火车站。同时,林县县委又向安阳驻军求援了20辆汽车,帮助将炸药运送到红旗渠工地。

红旗渠工程是伟大的奇迹。其实,在那个物资极其匮乏的计划经济的年代,康加兴能要来500吨烈性炸药,也可谓一种奇迹。

摄影 彭新生

圣 洁 情 操

八百里太行山蕴藏着纯良的基因
三千里红旗渠涌动着圣洁的心灵

红旗渠式爱情

对于婚姻和爱情的忠贞与专一,是全人类公认的美德。

淳朴的爱情

常鱼生,原本与父母在山西省太原市生活,父亲早年就在太原做了工人。因为上级号召职工家属回老家农村务农,不要在城市吃闲饭。1961年,17岁的常鱼生初中毕业随母亲返回了故乡——河南林县城关公社大河头村。这时红旗渠工程上马已经一年多了,时值金秋十月,17岁的小伙子,主动报名到红旗渠工地。第一天派给他的任务是往工地送菜,一个独轮木车,载着满满一车白菜,由一个老人带路,小伙子推车上路了。那是什么路啊,一会儿上坡,一会儿下坡,即使是平路,也是疙疙瘩瘩,坎坷不平的;那是啥车啊,车轮子粗壮笨拙,连润滑的轴承都没有,推起来"叽叽"乱叫,从清晨6时一直推到天黑透了,还没到工地,也怪天公不作美,半路上又下起雨来,本来不平的路又泥泞不堪,更难走了。这一天,让

太行红叶　　　　　　　　　　　摄影　彭新生

初中毕业生常鱼生尝到了什么叫苦，什么叫累。

转眼间到了冬季，工地分给常鱼生的活是"打水"。咋打？用水桶从水池子里打，水池子在石界村，距工地不算近，一桶水重三四十斤，打满两桶水，用扁担担起来，一步一步地量着路的长度，走一趟约半个多小时，常鱼生的任务是上午担十趟水，下午担十趟水，上午下午加起来要在送水路上行走 12 个小时。

到了春天，常鱼生领到了新的活计，水库清淤。俩人抬个大筐，将库底的淤泥挖出来装进筐里，抬起盛满淤泥的大筐往目的地送。年方 18 岁的孩子，肩膀肉嫩，四五天下来，殷红的鲜血已粘得布衫脱不下来。工地领导看他年少肩薄，改派他背筐运淤泥，小伙子一点儿不服输，每日都按要求完成背的筐数。

淤泥清完了，常鱼生又领到了新活——推土。一个人推个独轮车，车要装得满满的，有专门检查装车的人。任务是一天推 10 车，路程每趟 11 华里，一天下来要跑 110 华里，不跑不行，只有一路小跑，才完得成任务。11华里并不是平坦的阳光大道，那是弯弯曲曲又高高低低凸凸凹凹的盘山小路啊！

到了1963年，已经在红旗渠工地干了两个寒暑的常鱼生又干起了石匠活，这是一种不仅要体力还要技术的活计。常鱼生双手紧握铁锤把柄，不仅用手和臂，还要拼上全身的体力，将高高抡到半空的大锤狠狠砸向坚硬的石块，抡呀抡，大锤抡去春夏秋冬，转眼抡到了1964年，刚刚20岁的常鱼生结婚成家了，新婚不久，他又到工地继续抡起铁锤。在一个阴晦的天气，不幸的事故发生了！铁锤的铁屑脱落迸进了常鱼生的眼里。

20岁的年轻人进了红旗渠医院，工地医院哪里能整治这"事故"，就转入河北邢台的眼科医院，在这里做了3次手术，还是取不出那个罪恶的铁屑，只好把眼球摘了，真眼换了个假眼。

那天，换过假眼之后，常鱼生拿着自己的真眼，实在舍不得扔弃。他把这只眼交给一直陪伴自己的妻子，说："保存好它，留个纪念吧。"妻子用手绢包好丈夫被摘除的眼球，走出了邢台医院。到了邯郸，他们要转车去老家林县，妻子哭了，取出那只坏了的真眼，反复地看着，她终于下了决心，连眼睛带手绢扔到了一个深沟里，对丈夫说："对不住了，鱼生，我不敢看你那只眼，也不敢带在身上，我难受啊！鱼生，摸着那只眼，想起你原来好好的样子，我想哭。"说着，妻子号啕大哭起来。

是啊，一个年轻男人突然没了眼睛，谁最难受？是要陪伴他一生一世的女人啊！

回到老家没几天就有人吹风，劝鱼生的妻子跟他离婚，毕竟女人太年轻啊，又是新婚，还没孩子。结婚时男人五官俱全，身强力壮，如今突然成了残疾人。一个年轻女人，咋能伴随一个残疾人一生一世啊，那是几十个年头，上万个日日夜夜啊！大山里的林县人本来找媳妇就难，好些健壮英俊的小伙子因找不到媳妇在打光棍，自然，周边涌动起一种诱导女人离异的"空气"……

如果说,鱼生的妻子从没想过离婚的事也不是真话,在那种氛围中,又是那种充满希望梦想的年龄。然而,女人最终还是稳住了,特别是妻子的父母,当听到诱导女儿离异的话,就坚定地说:"人家的眼都叫崩瞎了,够难过了,以后困难多了,咱咋能再伤人家的心,只顾自己呢!"父母没等女儿说什么,就给闺女打了预防针,一定跟鱼生过一辈子,不能有二心……女儿也暗暗下了决心:就这样跟鱼生过吧,不管有人说啥,有啥诱惑,自己都不能变心啊!

这一陪伴,就是一生啊!当笔者走进常鱼生的寒舍,看到房屋虽简陋狭小,却洁净舒适;虽没有值钱的家什,却温馨和暖。看着女主人慈善的面庞、温和的微笑,真是为男主人感到高兴和欣慰。

失去的爱情

相比之下,同在红旗渠工地致残的郑年仔就不如常鱼生幸运了,他的眼睛突然失明,让正准备举办的婚礼成了泡影。

那是 1962 年农历正月十六,元宵佳节期间,几个人在工地点炮炸山,好大一会儿,点过的炮没有响,有人指示郑年仔去看一看。年轻人跑到炮眼跟前,炮却突然响了!年仔的双眼顿时模糊了,治疗几经周折,最终来到北京同仁医院。医生诊断之后说:"来得晚了,石粉进入瞳孔,治不好了。"

本来,宣判眼睛"死刑"的那天应该是他大喜的日子,迎娶新娘的喜事还有望吗?没等姑娘与他见面,郑年仔已暗自决定,这婚实在不能结了,谁让自己的眼睛瞎了,叫一个花季的大闺女跟个没有视力的男人生活一辈子,能忍心这么做吗?这公平吗?虽然姑娘与自己已经订婚,可是人家订的是个健全的郑年仔啊,是个五官端正、健健康康的丈夫啊!如今的郑年仔已今非昔比,咋能只为自己去拖

山高水长　　　　　　　　　　摄影　彭新生

累姑娘家。还有人家的爹和娘，做父母的，谁不想叫亲闺女嫁个壮实能干的汉子啊，无论锄地收麦，砌墙盖屋，赶牲口运粮，你郑年仔还能行吗？思来想去，退婚的决心就这样下定了。

郑年仔退婚了，他与未婚妻最后见面时两人有过一段对话：

"年仔哥，俺不嫌你眼瞎，谁叫咱俩已订婚了，婚都订了，俺不变心。"

"傻冬梅，婚订过不假，可那还是生米啊，没做成熟饭；要是咱俩办过婚礼，入洞房了，冬梅呀，到那一步，俺年仔就不说啥了，除非你提出这婚不算了！"

山里人心中有一种严格的规矩，对于婚姻，一旦二人走到一起，就该厮守一辈子。眼下年仔讲得有理，俩人尚未走到一块儿，冬梅还是保有童贞的黄花闺女。

"年仔哥，你不跟俺成家，以后日子你咋过呀？谁照顾你啊？年仔哥。"

"俺有爹有娘，还有比俺小的妹子，家里恁多人，谁能不管俺？"

"可他们能管一辈子吗？年仔哥，恁不想成家结婚啦？"

"俺咋不想成家哩，俺跟你不算了，是因为咱俩订婚时你订的不是现在这个年仔啊，是俺变样子啦，这婚不算不怨你啊，冬梅，以后再有人跟俺说媒，压根说的就是个瞎子年仔，那样才公平嘛。冬梅，俺求你了，俺不能拖累你，还有你爹你娘，你得替他们想想……"

未婚妻已哭成泪人儿，面对诚实、厚道的郑年仔，她不知道说什么好，她也说不出什么来，一个山里的纯洁的姑娘，带着留恋不舍又牵挂不已的绵绵情思离开了未婚夫。

也许郑年仔没有预料到，在以后漫长的岁月中，诸多好心人多次为他的婚事操心撮合，最终还是好事难成。当笔者走进林州市河顺镇东寨村的一幢院落，如今郑年仔的家，已是75岁的老人依旧孑然一身。

这是个凌乱错杂的家，偌大的院落，是爹娘留下的遗产，一溜四间瓦房，迎门有个旧木柜，柜里放着一布袋粮食，地上堆着几棵白菜，里间一侧有个土炕，砖砌的煤火紧贴着土炕，土炕上铺着旧的泛黄的褥子和被子，一只污垢满身的小收音机卧在枕边……

郑年仔的爹爹已下世十余年了，娘也在六年前奔了黄泉路。如今他只能靠好心的妹妹照料，妹妹已是当了奶奶的老人，只能隔三岔五地来看哥哥，做一锅饭，够年仔吃上两三天，堆的脏衣服多了，就洗一回。至于分给他的半亩责任田，都是亲戚帮忙打理的。

面前年逾古稀的老人，虽患了眩晕并高血压症，说起当年修红旗渠，还是那般开朗自豪，他没有为失去视力怨天尤人，更没有发牢骚怨工地缺少必要的安全措施，埋怨送他医治眼伤误了期限。老人只是说："只要政府别忘了俺们这些为修红旗渠出过大力、流过血汗的人，逢年过节能派人看看俺们，要是能提桶油，带袋大米，多少给一点儿经济补助，贴补俺吃药输液，就中啦！"

多么纯朴的话语，多么朴素的情感，多么实在的太行山人！这是红旗渠的另一种精神，无比厚重实在的红旗渠精神！

蜜月中的爱情

红旗渠刚开工，林县知名作家崔复生就被抽调到工地指挥部宣教股了。不久一日的晚上，他在漳河边偶遇好友、身为教师的吕桂生。吕桂生说自己是随公社组织的乡村教师队伍来的，一是来参加修渠，二是来劳动锻炼。谈话中，他告诉崔复生，春节时刚办了婚礼，至今新婚还未满月，媳妇是崔复生那个村的，叫牛便芹。一说牛便芹，崔复生十分熟悉，且有点惊讶地说："你媳妇也在工地啊，昨天晌午我还见她哩，正抬筐运沙呢。"

"什么？俺咋不知道，她也来工地了？"桂生有点儿愣了，他不知道她也在工地。

"看看，你们两口子，都不知道谁去哪儿了。"崔复生是好心，想成人之美，他知道在修渠工地上，就是两口子见个面也难。因此就说："我有个好主意，叫你俩见见，离这儿不远有个小山洞，我刚到工地那天就在那洞子里住了，现在洞子空着，准备做客房。这样，反正今个也没客人来，我去把便芹找来，抱床被子，你们今晚就在洞子里过一回新婚蜜月夜，中不中？"

"那——"桂生激动得说不出话来，在星光映照下，他的惊喜与感激已漫溢面庞。

不大会儿，新媳妇牛便芹随着一个妇女来了，那妇女一手夹着被褥，一手拽着便芹。

新媳妇有点儿不好意思，只是低着头，不说话。崔复生提着马灯领着他俩朝住地走。这时候，伴着工地的灯光闪闪，锤声叮当，一阵开山炮隆隆响起,新媳妇惊喜道:"这一定是我们妇女连装的炮响了……"

进了山洞,桂生还没等自己的媳妇坐稳,就问:"谁叫你也来工地的?"

牛便芹嗤地笑了,说:"咱爹呗。爹说,干部家属要带头,谁叫俺是你媳妇哩。"

"来几天啦?"丈夫问妻子。

"你刚走第二天,俺就来了。"

"晚上吃的啥饭?"

"吃的不赖,小米稀饭,还有红薯面粗糠疙瘩,俺能吃饱。"

"干的啥活,顶住顶不住?"

"从漳河岸边往渠上抬沙,定的标准是半天抬八筐。要说是真累,再累也得顶住呀,大家都能抬,都一样,俺能说顶不住?只是肩膀压肿了……"

话说到此,却没了下文,桂生一看媳妇,她已合上双眼,歪着头,发出了鼾声,靠在崖石上睡下了……男人知道,别说女人半天抬八筐沙往渠上送,就是男人也够呛,那叫真累啊,累得真困了呀!这就是吕桂生与牛便芹在工地的蜜月夜。

红旗渠式忠诚

他用生命诠释了对红旗渠的忠诚。

侯秉正是个人才。在红旗渠工地，他身边的人都这样说他。他能绘图计算，又善编写文字，字也写得漂亮。有一次，指挥部技术股的负责人吴祖太因公出差，这期间开凿山洞需要计算一个斜坡的长度，现场的技术人员都弄不成，因而不能施工。侯秉正看在眼里，急在心里，工程那么急，工期又那么紧，不该因为计算问题停工啊。他利用学过的几何知识，认真地去计算斜坡，只用了一袋烟的工夫，结果就出来了，经实践验证，数据十分精确。

工地技术负责人吴祖太对侯秉正赏识有加，建议将他抽调到指挥部技术股工作。可是，只因侯秉正有一顶隐形的"现行反革命"帽子，所以这种对人对工作都十分有益的事，却无人敢表态同意，因为这事涉及"政治"。

到红旗渠工地之前，侯秉正是林县第一高中的优等生，学习成绩一直保持着年级第一名。不仅学习好，大家公认他还是个德育、

忠　诚　　　　　　　　　　摄影　彭新生

体育、美育全面发展的好学生。但不幸的事情发生在侯秉正值日那天，下了晚自习，同学们回寝室了，侯秉正打扫过卫生，去擦黑板，见讲台上有半截粉笔，就顺手捡起来练练字。白天语文课，老师讲的是《大渡河》，课文中有这样的文字："蒋介石叫嚣，要让朱毛做第二个石达开。"侯秉正回忆着老师讲课的情景，就拟好词句，准备在黑板上写出：

"让朱毛做第二个石达开是蒋介石的痴心妄想！"

当侯秉正将拟好的句子写到"让朱毛做第二个石达开"时，教室突然停电了，四周一片漆黑，侯秉正摸索着关了电灯开关，回寝室休息了。

第二天，第一个进教室的是班长，平时，班长对小侯就有些嫉妒，知道内情的同学明白，是因为班长暗恋号称全校一枝花的李巧芬姑娘，而巧芬对这个班长总是冷眼相看，毫无感觉，无论他施用多少巧计，献上百般殷勤，巧芬都无动于衷。可是李巧芬对侯秉正却亲切异常，在饭堂里，有时还主动将自己的馍菜硬往小侯的碗里放。在那个饥饿的年代，这是十分难得的举止。这事可巧让班长看见了，班长暗暗恨起侯秉正。其实，专心学习的小侯从来没主动向李巧芬说过一句话，更没有向她示爱的举动。也许误会往往就这样产生。班长看到黑板上端正的楷体字，立即警觉起来：这内容不是反动标语吗！他很清楚，班里只有侯秉正方能写出这么漂亮的字。同学们陆续进了教室，班长边要大家保护好现场，边向校领导报告，同时向县里报警。校领导与警察同时走进教室调查这件事。

  侯秉正如实地讲述了写出这行字的经过，他说自己只是照课文原文写写，因为突然停电，没将拟好的下文写出来。

  这时有好心的同学为他作证，说昨晚那个时间确实停电了，要不是停电，侯秉正会接下去写的。

  班长却说："课文里那么多豪言壮语，你侯秉正为啥不写，单写蒋介石的话，这不是反动标语，是什么？还是一个人夜里偷偷地写，这是明摆着的阶级斗争嘛……"

  在那个宁"左"勿右的年代，谁会站出来与又是班长又是学生会主席的人辩论？就这样，侯秉正被开除了学籍，回生产队劳动改造。虽然没给他戴上现行反革命的帽子，但仅差三个月就高中毕业的侯秉正却失去了上大学的机会。其实，侯秉正应该是清华、北大或其他一流大学的高材生。就在那一年，仅次于侯秉正的同级同学，也是常获全年级第二名的优秀生，考入了清华大学，成为林县一中有史以来踏入清华园的第一人。而暗暗喜欢侯秉正的李巧芬则考进了省农学院。作为班长和学生会主席的那个同学，却什么大学也没考上。

  生活往往就是这样，有的人缺德少才，干不成大事，但却能坏了大事。

  是金子，放在哪里都会熠熠发光。侯秉正回到老家乡村，正赶上红旗渠上马,他主动要求上工地修渠。到工地以后,什么重活、险活他都是抢着干、争着上。从早到晚,从不闲着,别人都休息了,他却不休息,没有人不说他勤快、踏实、能干的。

连长辛月西是侯秉正家的邻居,他了解小侯,更理解小侯,他知悉小侯心里的苦衷和委屈,他同情小侯的妈妈——一个失去丈夫的母亲,她和秉正的姐姐是咬着牙供侯秉正上的高中。都知道这孩子自幼学习就好,能成材,将来能做大事的,谁能知道好好的孩子会被学校开除了,要是能再晚几个月,秉正就考上大学了啊!

然而,一切都成为往事,生活要从头开始。在工地,善良的辛月西总是以长辈的身份呵护年轻的秉正,派工时尽量给他安排轻活,平时需要填写报表编写文字材料之类时,就不叫小侯出工了。可是,要强又自觉的侯秉正即使接到填报表写材料的任务,也要照常出工,他用下班的时间熬夜去完成书写材料的任务。有一次,指挥部要一个加急的材料,侯秉正接到任务,熬了一个通宵,当他将写好的材料交给领导后,本该去补觉的,可是他却悄悄地溜进了工地。当连长辛月西发现他正在跟大家一样干得汗流浃背时,心疼地责备他:"你这孩子,咋这么不听话,我不是反复交代你,写好材料回去睡觉嘛。你那身子又不是铁打的,年轻人不知道利害啊,要是把身子骨累坏了,你对得起你娘吗?你娘没了你,咋过啊?秉正,到那时,连我这老脸都没法子向你娘交代啊!秉正啊,你不顾自己死活,也得顾你娘啊……"

连长一番动情的话语并没有说服年轻人,小侯只是小声嘟囔:"辛叔,俺不会有事的。"

在工地,有一种活比较危险,就是点炮。工地上不管是开渠道还是起料石,都得放炮炸山,具体装药点炮的人叫炮手。炮手这活儿并不重,但不安全,特别是遇到哑炮就更危险。因此,许多人不想干炮手这活计。小侯则不然,越是大家不想干的事,他偏要做,

永　恒　　　　　　　　　　摄影　彭新生

大家都想做的活计,他不去争。他找到连长,主动要求去当炮手。连长想:"这活不能叫小侯去做,他娘就他这么一个儿子,他又遇到那么多不平的事,够亏啦,我得保证不能让他再遭啥不幸。"尽管侯秉正反复要求要当炮手,辛月西总是一句话两个字:"不中!"小侯就问:"为啥不中?别人当炮手就中。"连长说:"不中就是不中,因为你是侯秉正,别人是别人。"

  侯秉正是个有主意的人,他想做的事必须做成,想当炮手,就要实现这个愿望。他没有因为连长的坚持拒绝知难而退,反而加强了攻势,隔三岔五,一有空闲,就找连长软磨硬泡,纠缠不休。啥事就怕遇见"缠磨头",不论清晨还是傍晚,吃饭时间还是要睡觉了,侯秉正要当炮手的要求,就像一段例行播放的段子,反复地持续地"播放",一直在连长耳际萦绕。终于,在一个热得透不过气的晌午,老连长一拍大腿说:"好好好,别再缠我了,从明个起你就去跟黑蛋当副手,这回中了吧?"

"中中中，"小侯一蹦三尺高地扭头就跑，一边喊道："我当炮手啦！我当炮手啦！"他知道，炮手的副手就是副炮手，副炮手当然也是炮手。

一般来说，当炮手不在岗位或者忙不过来的时候，副炮手就顶岗上阵，如炮手在岗，副炮手只能在一旁观看和做下手帮忙。以往，小侯不是副炮手时，常常忙里偷闲地跑到炮手跟前搭讪观看，为的是学到点炮技术。留心的他早把装药点炮的程序记得滚瓜烂熟，就差实践了。现在连长允许自己当副炮手，名正言顺了。他一上任就倍加积极，主动要求上岗点炮。黑蛋平日天天点炮，早没了新鲜感，见有副炮手小侯来了，也很乐意，他知道小侯是个又聪明又用心的人，啥事一点就透。有时候，工地有其他事情，黑蛋就放心地去做了，将点炮的事交给小侯。上岗不久，也是黑蛋的信任，小侯就完成了好多次点炮任务。

有一日，黑蛋一连点了三炮，只响了两炮，显然，有一炮哑了，得及时排除哑炮，以免影响下午施工。黑蛋起身向炮位走去，被小侯一把拽住了："黑蛋哥，你甭去了，叫我上吧，我还没有排过哑炮哩！"没等黑蛋反应过来，他就"嗖"地一下冲向了炮位。谁知那哑炮就像专等着小侯似的，小侯的双脚刚踏近，还没站稳，炮就"轰"的一声炸了！小侯应声倒下，不省人事了。当他醒来，已躺在医院的急救室里，看到老连长和许多工友都守在身边，他以担心的口气和微弱的声音说："你们别管我，都怨我不当心，别因为我耽搁施工呀，工地的活那么紧……"

黑蛋哭着说："秉正兄弟呀，你是替俺受的伤啊，俺咋恁混哩，咋没拉住你哩！"边说边用拳头捶自己的头。

"别，别这么说，黑蛋哥，你要上去了，可亏大啦！幸亏是俺……"小侯吃力地安慰着黑蛋。这时护士拿来一瓶液体准备为小侯输，只见小侯又是摇头又是晃动胳膊，吃力地说："别再为我用药了，没有用啦！医生，眼下药物紧缺，把这药留给更需要的病人吧……"

连长辛月西走近小侯，真情地说："大侄子，你别多想，医生打保票了，你的伤不久就会好的。"

听到老连长热心的话语，小侯更急了，甚至连呼吸都急促起来，护士为他垫高了枕头，安慰他平静平静。就这样停了一会儿，小侯方又吃力地说："辛叔啊，俺不担心这回炸的伤，就是这回俺没受伤，实话跟你说吧，我也活不过今年收秋了。俺知道，得了这病就是吃麦不吃秋啦！"

"好侄子，你胡说啥子哩？"辛连长不解地说。

"辛叔，俺不是胡说哩，俺脑子清亮得很，有件事我一直瞒着你们，去年冬天，俺吃不下饭，吃了就吐，俺一个人去医院做了检查，医生说患了胃癌，还是晚期，没治了……"

所有在场的人都愣住了，以为他是在说天书。

小侯却认真地一字一顿地说："用我快死的身子保全一个年轻健壮的生命，多值呀！这是对我临终前最好的安慰。可惜我不能再和大家一起上工地了。等我走后，你们一定把我埋在工地的山坡上，我就是死了，也要看着红旗渠通水……"

人们终于清醒过来，意识到小侯的话是发自肺腑之言。这时大家方回想起小侯以往的一些事，为什么小侯吃饭时总是躲着大家，为什么小侯只是盛汤却很少吃菜团子和硬食，为什么小侯一天天消瘦下去，为什么小侯干活越来越拼命……谜底今日方揭开啊！

从来没落过泪的老连长辛月西哭了，而且是痛哭失声，在场的所有人都哭了，哭声撼动了四方。

"好秉正啊，为啥明知有病还要拼命干呀？"

人们异口同声地问。

"不为啥，真的不为啥。"小侯的脸色已经煞白，声音微弱得已至极限，也是他拼尽气力迸出的最后几句话：

"我只是想用我的生命，对咱县老百姓，对红旗渠工程，写好两个字——忠诚！"

侯秉正说过这话，以感激的眼光瞥视一下这么多站在病床前关心自己的乡亲和领导，就平静地闭上双目，永远安详地睡着了。

侯秉正的追悼会是在红旗渠工地的山谷里召开的。那天，天气阴沉，山峦肃穆，漳河呜咽，浓重的雾霾携着深秋的山风，使四周有一种深沉的压抑和寒气。

参加追悼会的人无不失声痛哭，辛月西连长强压住悲痛的心情，断断续续地将悼词读了个开头，再也抑制不住涌动的泪水，放生痛哭，太行山谷顿然响彻一曲悼念"忠诚"于红旗渠的悲壮交响乐。

这首交响乐的名字是：

"红旗渠式忠诚！"

李金花的平凡日子

最平凡的生活往往散发出最不平凡的光彩。

李金花出生在林县河顺乡西里村，不到一周岁时，亲生父亲就患水鼓病（黑热病）离开了人世，母亲带着她改嫁了。由于家境困难，小金花没有上过学，年方十岁的她赶着牲口到山坡放牧，没有办法，妈妈是把她当男孩儿使唤的。是太行山的山风、山雨和雷电的洗礼，练就出小金花刚强的个性。

1959年9月，生产队长通知正在庄稼地收秋的李金花，马上去南谷洞水库工地干活。社员上工地都模仿部队编制，河顺公社为一个营，李金花所在的西里村属河顺大队，为一个连。

第二天，吃过早饭，河顺公社的营队就徒步往南谷洞水库工地赶去，走到鲁班壑下的石楼村时天已黑了，已过了吃晚饭时间，可是，十七岁的李金花和这支团队的民工连午饭都没顾得吃，他们只是一心想早一会儿赶到工地。这时间，饿得实在顶不住了，也走不动了，就胡乱吃些自带的干粮，填填肚子，找个地方打地铺睡了。第二天

工地上的半边天　　供图　《红旗渠》杂志编辑部

天刚明,为了赶路,民工们没吃早饭就爬上山来到鲁班壑,李金花这时肚子饿得咕噜噜乱叫,出门时带的窝头昨晚早已下肚。她发现有个老汉在卖柿饼,就买了半斤,一路上,靠这半斤柿饼充饥,一口气走到了修库工地——石板岩椹子沟,这时天已黑透,方吃到有汤水的晚饭。

李金花她们住在椹子沟村破旧的民房里,许是房子长期闲置,墙壁上的泥巴已脱落,夜风从土坯墙缝里吹进来,冻得姑娘们直打哆嗦。石板岩位于太行山腹地,地势高峻空旷,气温比林县其他地方低得多。姑娘们冻得睡不着,就想法子,纷纷起身到外边拔草来堵塞缝隙。

修水库人吃饭,是一个连队一个伙房。早晨军号一吹响,人们刹那间就起床了。早饭每人两碗用小米和玉米面做的稀稠饭,说是稀稠饭，是它比稀饭稍稠，又较稠饭稍稀，实际大多是水，粮食有限，根本吃不饱的。

午饭蒸红薯，每人一斤半。李金花有个大娘家的女婿也在一个连队干活，这个该叫姐夫的男人，人高马大，饭量也大，李金花总是省下自个的一块红薯让给姐夫吃。在那个饥饿的年代，谁肯让出自己的口粮给别人吃啊！李金花对有件事印象极深：一个民工去厕所，顺便从生产队的菜地摘了个小南瓜，就那么生啃着吃了；另一个民工去牲口饲养棚抓了把麸子，放到自己的碗里，用筷子搅了搅，稀稠饭和麸子就这样吃了。他们的行迹被人发现并揭发了，在工地这是严重违反纪律的事情，连队对这事展开大批判，直到两人痛哭流涕地承认了错误……这件事对年轻纯洁的李金花影响很大，她理解一个干重活的人很难忍受吃不饱的时光，这也许是她要省出自己的红薯给亲戚吃的原因吧。

李金花自幼就吃过大苦，干过重活，到工地更显得泼辣能干。她与男人一样拉石头，推小车，抡大铁锤，她能把大锤抡得又高又圆，准确地砸在钢钎上；特别是扶钎，她能用双手扶两根钎，一个人顶两个人用，工地上流传的"凤凰双展翅"，就是指她的扶钎技术。

一天快下工的时候，李金花双手扶两钎，两个抡锤的男人正打得起劲，这时，一块被炮崩活络的石头晃动起来，这是个有七八方大的四棱石头，翻着跟头朝李金花这方位滚来，山上的人见状大喊：

"石头滚坡了，快躲！"

两个抡锤的男人因为是站立姿势，身子利索，"嗖"的一声就蹿了出去。李金花是坐着扶钎，腿本来就有些僵硬麻木了，一时没能站起来，眼看险情来到，恰巧连长李天福过来了，只见他伸手拽住李金花，使尽全身力气，裹挟着她奔至远处，方避免了要命的事故。

工地的口号是："开门红，日日红，月月红。"无论风天、雨天、白天、黑天，人人都在拼着劲儿赶活儿。有一天飘着大雪，气温却

"凤凰双展翅"　　供图　《红旗渠》杂志编辑部

不很低,雪到地上就化了,雪水和着泥土,路就越发难走。李金花与同伴抬着石头,顶风冒雪,脚踏泥泞不堪的山路,弄得满身满脸脏兮兮的,干活的椹子沟又十分缺水,哪里有水洗洗脸呀!到吃晚饭时,姑娘小伙们谁也认不出谁,一个个的脸都被泥巴糊得花里胡哨的……

　　转眼已到大年三十,李金花她们起个大早,从椹子沟工地往家赶,准备回去过年。翻过鲁班壑回到河顺公社西里村时,已是大年初一的凌晨四时,总算没误了初一起五更,串亲走友,磕头拜年。她们拜了年就要赶回工地,根本没有时间在亲戚家吃饭。到大年初三,修水库的人都到生产队打谷场集合。李金花只在家住了两夜,就与村民一起开往水库工地了。

有这样一个奶娘

年轻的母亲，把母乳给了别人的婴儿，而放下自己嗷嗷待哺的儿子。

奶娘，乃受雇为别人奶孩子的妇女。可以说这是旧时代的称呼，如今"奶娘"这个称呼似乎已经很遥远了。这里说的奶娘，是红旗渠工地的真事。

范土芹是林县姚村镇西丰村人。1960年农历正月十五，24岁的她离开才8个月大的正在吃奶的儿子小相超，与一百多位本村的年轻人一起朝气勃勃地步入红旗渠渠首——山西省平顺县王家庄。她是第一批进入红旗渠工地的人。在渠首干了半个多月，就转战到平顺县白坡村。刚进村子的头一个晚上，因为林县人开去的太多，没找到借宿的地方，范土芹和许多民工就暂住在一个驴圈中，这里不仅没床，也不好打地铺，只好俩人一组背靠背地坐着过了一夜。第二天，在与当地乡民联系好后，浩浩荡荡的林县修渠队伍才各自找到了住处。

范土芹住的山西老乡家，房东大娘叫喜仙，家里有一个十五六岁的姑娘，叫黑妞，还有一个8个月的小男孩，叫毛毛。正巧，与范土芹的小儿子相超一般大，都是正吃奶的娃娃。

天不明，范土芹就起床往工地了，整个工地都喊着"大干一百天，

范土芹　　　　摄影　李俊生

把漳河水带回家"的响亮口号，直干到天黑透了方才收工。特别是妇女们，提的口号也特响亮，她们认为，凡是男人能干的活，女人也能干，从不让男人照顾她们，无论打钎、放炮、推车，啥都敢干。

范土芹每次夜间回到住处，总是听到房东家的毛毛"哇哇"的哭声，特别是夜半三更，劳累一天的范土芹从梦中醒来，仍能听到这娃娃时不时地在哭。范土芹想，自己也有个8个月的儿子相超，夜半三更很少哭的，小家伙只要吃饱了就睡得很香，房东家的毛毛是咋回事？

答案终于有了，经过女人间的了解，方晓得毛毛原来是房东大娘抱养来的，也是想要个男孩，自己没有生育，哪有奶水喂娃娃。想一想，正在哺乳期的婴儿没奶吃，贫穷的山村更没有奶粉之类，只能是喂稀汤了，营养跟得上吗？娃儿能吃饱吗？饿着肚子的小家伙不哭才怪呢。

一天傍晚，回到住地的范土芹听到毛毛的哭声，径直走过去，她抱起瘦得皮包骨头、细胳膊细腿、面色黄巴巴的哭成泪人的毛毛，像抱住了自己的儿子小相超，用嘴去亲他，用手去抚摸他，毛毛停止了哭闹，小手小脚乱扑挠，直往她的怀里钻。范土芹下意识地解开怀，将奶头塞到小家伙嘴中，毛毛像饥渴好久的"饿死鬼"，狠劲地吮吸起来……

房东大娘欣慰地笑了，高兴地说："俺毛毛遇上救星了，土芹啊，你真好呀！"

从这一天开始，毛毛再也不那么哭了。范土芹每天晚上收工，回到住地头等大事就是给毛毛喂奶。原先，毛毛总是哭得满脸鼻涕泪水，浑身也是脏兮兮的。自从有了范土芹这个奶娘，小毛毛也变得干净了，面色也渐渐地红润起来，细胳膊瘦腿有肉了，胖了，瓷实了，也精神多了。有时候，范土芹也思念自己的亲儿子，"他如今是个啥样子呢？8个月的娃娃就断了奶，能行吗？会不会也像小毛毛因没奶吃整夜地哭呢？唉，老家离工地太远，要是近点，真想每天夜里跑回家，给儿子喂足了奶再跑回来。"牵挂小儿子的范土芹，往往想着想着就流泪了。就是在工地干活，有时瞧见山坡上的羊群，小羊羔咩咩地叫着找老羊吃奶，就立马想起在家嗷嗷待哺的儿子……可是，又没办法，在那个没有现代通信设备的清贫年代，与儿子只能是天各一方。然而，范土芹还是想出了一种办法，能适当解脱深深的挂念和烦恼，就是给毛毛喂奶时将毛毛当成自己的亲生儿子，这样一来，心情还真舒展多了。到了晚上，索性与毛毛睡到一张床上，这是房东大娘巴不得的好事，宽宽的土坑，中间是毛毛，一边是范土芹，另一边是房东大娘。

有一天，毛毛患病发起高烧，范土芹将娃娃抱在被窝里，又是喂奶，又是喂水，又是用热毛巾擦拭。三天后，毛毛退烧了，又欢笑起来。毛毛娘逢人就说：

"林县人真好，要不是人家土芹，俺毛毛还不知道能成人不……"

为表达心意，房东大娘将自己舍不得吃的小米熬些粥，端给土芹补身子，还把家里晒的柿皮、柿块让土芹带到工地，给她的姐妹们吃。

忠孝两全的新女性

她是善良、温存、高尚的女性。

康加兴是林县水利工程最早的奠基人之一,是最早被安排在红旗渠工程技术指导股的人员。他的未婚妻叫徐生芹,被誉为淇南渠、要子街水库工地的精英。1958年至1966年,新乡市的《豫北导报》和《林县报》曾以"刚毅姑娘徐生芹"的题目报道过她的事迹。

康加兴与徐生芹原已计划在1960年3月举行婚礼,亲戚朋友都在等着这个大喜的日子。可是,当他们同时接到要去红旗渠工地参加修渠工程的通知时,俩人不约而同地决定推迟婚期,且下了"不修成红旗渠不结婚"的决心。

康加兴与徐生芹是在同一天到达任村工地的。徐生芹是林县泽下公社文裕大队干部,是一个颇有组织能力的女同志,她不仅自己有苦干、能干的奉献精神,还善于组织大家一块干活。所以徐生芹一到工地,就被任命为领导数百人的女营长。

新华社记者周元亲临现场,对徐生芹进行专访。问她:

巾帼风采　　　　供图　《红旗渠》杂志编辑部

"你这样在工地拼命地干，有什么想法？"

"我只是想早一天把工程修好，早一天把浊漳河水引到俺县里。"

"你为什么要推迟婚期？"

"还是想早一天把水引过来，一办婚礼，不是要耽误很多时间嘛。"

"你没有其他的啥想法？"

"没有，没有别的想法。"

是的，太行山里的女人，就像山体的石块那般，朴实天然，表里如一，实实在在。

徐生芹没明没夜、没节没假地在工地摸爬滚打了8个寒暑，3000多个日日夜夜，组织看她是块好"料"，无论是德行还是才干，都是出类拔萃的，就决定将她转为国家干部，准备委以重任。

当康加兴得悉这一消息时，也为爱人高兴。正当丈夫为妻子感到欣慰时，徐生芹却断然拒绝了组织的好意。她十分恳切地对找她谈话的领导说：

"谢谢领导对我的看重和关爱。可是，我不能去机关工作，因为我有个年迈多病的老公公啊！加兴身为国家干部，在政府机关一天到晚地忙，哪里有空闲照顾他爹？我要再去当干部，俺老公公可咋办？"

负责组织的领导更觉得徐生芹是个好的干部苗子，还是苦口婆心地劝说她，期望她能按照组织的安排，走上新的工作岗位。

徐生芹坚定地说："真的不能去。您想一想，俺走了，俺老公公一个人真不行啊。再说，家里还有田地，也得有人打理。俺在家，这一切都没事了。政府那里有的是人选，俺不当，政府能找别的人顶上，顶俺的人不会比俺差。"

当时当干部、吃皇粮是多少人的梦想，面对如此难得的机遇，徐生芹却安于做个农民，一边种田一边照顾老人，给丈夫营造了一个温馨的家……

摄影 彭新生

佳 话 轶 闻

这里有层出不穷的优美灵魂
这里有前仆后继的忠勇身躯
这里遍地是淳朴厚道的山民

第一个在工地开汽车的人

是忠实于红旗渠的力量,引发出他们的激情与敬业。

红旗渠工程开工的 1960 年,中国的汽车还少得可怜,倘若走进太行山里的红旗渠工地,汽车基本已经绝迹。准确地讲,偌大的工地还是有一部汽车的,一部载重 3 吨的波兰红星牌卡车。驾驶这辆汽车的人叫郭宏福。郭宏福与众多修渠人身份不同,他不是从乡村里出来的所谓的民工,而是在林县交通局拿工资的专职司机,为修红旗渠,领导连人带车把他借给了工地。

中国有句老话叫"物以稀为贵",因为汽车奇缺,而用车的人和事却很多,使郭宏福十分宝贵,一上工地就成了名人、红人、大忙人。工地上拉水泥、拉沙子、拉煤、拉各种生产资料及工具都需要这辆车;有时候也要拉人。能坐在这辆波兰红星卡车副驾驶位置上的人只有县长和工地指挥长,其他人乘车都得站在后面的大车斗中。除了公事之外,还有许多私事也是要办的:修渠的人需要从渠首捎些日用品来,有人买了东西想让汽车顺便捎回家,有人家中没劳力又

作者采访郭宏福　　　　　　　　　摄影　郝顺才

急需用煤，也需用汽车拉一些，诸如此类的事太多，只要乡亲们张口，郭宏福一概应允，决不推辞。出身于林州市陵阳镇水磨山村的驾车人，知道太行山里山民的难处，出门就是山，特别是道路崎岖，交通不畅，连自行车都没有，山民出门办事全靠双腿量路，能为乡亲们办点儿事、帮点儿忙，他觉得高兴，心情爽快。到了1962年，领导干脆把郭宏福连人带工资关系从交通局调到了红旗渠工地，还特地从安阳钢铁公司买了一辆苏联老嘎斯旧卡车，作为红旗渠工地的固定财产，这辆车专归郭宏福驾驶，从那以后，郭宏福就再也没有离开红旗渠工地。

有一天，新乡机务段的一辆解放牌大卡车载着一车人来红旗渠工地参观，同一时间，山西铁三局的大货车拉着一车水泥，从林县往山西省赶路。当时天下着雨，路又泥又滑，两车在山坡的一拐弯处猛烈相撞，大货车上的水泥洒落一地，大卡车上十多名受伤人员躺在地上血流不止，撕心裂肺的哭叫声响彻山野。郭宏福恰在此刻开车路过，见状二话不说，立即与在场的人将伤员抬到自己的车上，箭也似的直奔林县医院抢救。当伤员一个个被抬进病房，郭宏福的车已被鲜血染成紫红色，车斗里整整一层都是血。医生说，幸亏送来得及时，虽然一个个伤势不轻，但都救活了。当伤员出院后，纷纷送来感谢信和镜匾。

郭宏福就是这样一个助人为乐又见义勇为的人。他不仅开车技艺高，胆子还大，无论多么难走的路他都敢走，且能安全行驶；无论多么难做的事、难干的活，他都要干。只要是工地需要，他就责无旁贷地承揽下来。至于遇上恶劣天气，无论是狂风骤雨还是冰天雪地，他从来不会停止出车。有些货物不好捆绑，像钢筋、竹竿这种货物还很容易丢失，但对郭宏福来说，这不算什么，他乐于做这种难做的活计，从来不跟领导摆困难、讲价钱，总是能出色地完成任务。

有一次，领导交给他一件任务，让他拉着红旗渠水泥厂的采购员陆双林去开封市采购一种电机。红旗渠水泥厂是专为红旗渠工地供应水泥的，缺了这种电机，水泥厂就不能生产，而水泥是工地最重要的材料，没了水泥，哪里还能正常修渠。而这种型号的电机，当时只有开封电机厂有。

汽车飞快地驶进开封，他们顾不上休息就直奔开封电机厂，找到了业务科的科长。科长是个女的，长得端庄秀丽，穿戴整洁。她看着红旗渠工地来人递上的介绍信，稍稍停顿下，用亲切的语调不紧不慢地说："本来嘛，是红旗渠水泥厂要用的货，我们应该供给。可是……"女科长的"可是"二字一出，郭宏福和陆双林二人的心头像扎上一针，立马疼痛难忍，他们知道"可是"后边肯定不妙。果然，女科长接着讲："你们知道吧，这种型号的电机特别紧张，供不应求啊！需要的地方太多太多，与咱们生产的数量不成比例啊，没办法，实在对不住啦！"

没等女科长的话再往下讲，陆双林与郭宏福就你一句我一句强调红旗渠工地的重要性，这台电机对修渠的重大意义……

女科长用左手理一下齐整的刘海，微笑着看着二位不速之客，右手从桌子一角拿起一叠公文晃了晃，说，"不瞒你们说，这都是部长、司长，还有省领导批转过来的条子，都是要这种型号电机的，不行啊，咱想供给，可没货呀！唉，巧媳妇难做无米之炊嘛！"话音过后，又加了句"对不起了，你们再到别的电机厂看看，也许会有希望。"

说罢，女科长摆出送客的姿态。这下子可急坏了郭宏福和陆双林，这怎么行？大老远开车跑到开封，没完成任务，回去怎么交代？再说那水泥厂真是太需要电机了，一天没这东西，就要停工一天。这时郭宏福已觉得真没希望了，他瞅一眼陆双林，那意思是"咋办？"只见陆双林站了起来，动情地说：

"俺来时领导交代了，对俺讲你要买来电机就回来，要是弄不来，就甭回来，死到那里算啦！"

说过这话，陆双林放声大哭起来，越哭越痛，郭宏福想劝他，却劝不住，他哭得浑身竟然抽搐起来，泪水和鼻涕混成一团……女科长也开始劝他，依然无效。之后，只见女科长一拍桌子，果断地说："好了，别哭了，这次我做主，特批你们一台。"

电机就是这样要到手的，不容易啊！

回家路上，郭宏福问陆双林："当时你咋想起哭了？"双林说："我是那好哭的人吗？平时谁见我哭过？我也不知道自己会哭，只是觉得咱大老远跑来，完不成任务，没脸啊！还有咱那水泥厂，就等这台电机了，可咱弄不来电机，这不是要咱的命嘛！想到这儿我能不心痛吗？能不哭吗？"

电机从开封运回红旗渠工地，水泥厂有了电机，能正常运转了。陆双林受到领导的表彰。不幸的是，就在这年的除夕夜，富有智慧的顽强执着的陆双林去世了，那年他才37岁。卫生院的医生说他是患心肌梗死下世的。在郭宏福心里,这个好兄弟是累死的。得知陆双林的噩耗,大年初一一大早,郭宏福拉着红旗渠水泥厂的正副厂长奔往了陆双林家——茶店公社陆家庄,为这位忠心耿耿的红旗渠壮士送去了300元丧葬费和深深的哀思。

如今,1936年出生的郭宏福已到耄耋之年,他自豪地对笔者说:"我虽然退休多年,可是我的儿子郭爱林依然在为红旗渠效力。爱林17岁时,我就让他进了红旗渠管理处。那时渠是早修好了,他就干护渠的活,到如今孩子已45岁,已护渠28个年头了,只要没啥意外,我让孩子守一辈子红旗渠……"

走进工地的女教师

她是出身于知识分子家庭的女教师,是正在哺乳期的产妇,她怎样适应艰苦的修渠生活?

靳柳鲜可谓林县的资深教师,说其资深,是生于1929年的靳柳鲜在民国时期就读完了师范学校的课程,做了小学教师;早在新中国成立前的1948年,已是红色政权的林县人民政府第一次评选模范,靳柳鲜就被选上了,她所在的山村小学也是全县的模范小学。

靳柳鲜出身于书香门第,自幼受到良好的家庭教育,父母都是有文化的人,家中条件优裕,孩提时代的靳柳鲜自然没有像一般山民的子女那样,在风风雨雨的田间地头摸爬滚打。也许是太行山淳朴的气质使然,靳柳鲜自幼对劳苦农民就有一种天生的爱心,特别是对山里的孩童,她有一种慈母般的爱怜。正是这种原因,使靳柳鲜这位吃皇粮的公办教师长年坚守在大山深处的教师岗位。因为距家遥远,她只好吃住在校;山里的孩子上下学路途不安全,她就亲自接送;山村的人又不大注意孩子的卫生,她就为孩子洗澡、洗衣

作者采访靳柳鲜　　　　　摄影　郝顺才

服……也是这种原因,她的学生就越来越多。

当红旗渠工程上马之际,正在林县茶店西峪小学任教的靳柳鲜动心了,她想到工地第一线,为"引漳入林"出上自己的一把力气。

生于林县东岗乡东芦寨村的靳柳鲜,自幼就亲身经历缺水的痛苦。她知道,林县人的日子难过,林县人的命苦,都是因为缺水所致。如果把漳河的水引进林县,以后不再为水犯愁,那当然是积大德造大福的善举。作为林县的任何一个人,面对造福全县人民的好事能无动于衷吗?可是不巧,这时她刚刚生产过,儿子不满百日,身子还十分虚弱,她只是暗暗地盘算着,待身子恢复得差不多时,一定也去修渠。

就在这时,有一个消息从小道传入靳柳鲜的耳际:

"我们应该派靳柳鲜去修渠,她父亲是右派分子,作为右派分子的子女,就该到艰苦的环境中锻炼改造,以防受右派分子的坏影响!"有人这样建议。

"可是……她才生过孩子,身体能行吗?"有人为她担心。

"有啥不行，人家××村怀着孕的妇女都上渠了……"

靳柳鲜的父亲两年前被划为右派分子，当时正在林县茶店公社中学任校长的爸爸，因为说了几句与时任党委书记意见相左的话，不久后在反右斗争中就出事了。

靳柳鲜知道了这种小道消息后，善良、正直又自尊的女教师能沉默安然吗？她想，既然有人点名自己应该去修渠，去改造自己也好，锻炼自己也好，自己能佯装不知不晓吗？能无动于衷吗？能让领导为难吗？这时领导也正对这种说法不知如何应对呢，没有想到，靳柳鲜的一份端端正正的申请报告就递上来了，那是要求上红旗渠工地的真诚申请，是要为林县的吃水工程尽一把力的诚恳报告……

靳柳鲜恋恋不舍地与嗷嗷待哺的儿子分别了，她走进了红旗渠工地。其实，极左思潮的人并不明白，造桥铺路，修渠引水，诸如此类的公益事业，是所有正直的、善良的人，不，可以说是所有公民的共同追求和向往。它早已超越宗族和派系，甚而民族与国籍，它是人类共同的追求。既然这样，怎么只能是右派分子的子女需要去锻炼和改造呢！当然也不排除这是某些人的狭隘和偏颇所引出的一种谬误，非要让一个在产期中的弱女子去劳动改造。

不过，靳柳鲜的心地是宽阔的，明朗的，更是乐观的。为了纪念她上山修渠，特地将不足百日的儿子起名为"引漳"（引漳入林）。

在红旗渠工地，没有人因为靳柳鲜是右派分子的子女而歧视她、外待她。山里人是厚道的、朴实的。为了关照这位女教师，特地将她安排到附近老乡家，与女主人同睡一个土炕，而不是像众多修渠民工那样打地铺。山里人用水困难，修渠工地用水更是奇缺，这里的山民平日洗脸洗手都不舍得用水，更不用说洗澡了。这样的日子，没过20天，靳柳鲜浑身就生了虱子，奇痒难忍，至于炕上的臭虫乱爬，窑洞里蚊蝇乱飞，根本不算一回事了。因为靳柳鲜看到，与自己一样都是女人的当地女性，都能习惯这种生活，从来没有听到哪个女人发怨言。靳柳鲜也默默忍受着,终于挺过了这一关,由先前的不适应渐渐变得习以为常。

在工地,靳柳鲜烧石灰窑、铲土、装土、抬筐运料,还抽空暇上山挖野菜,供给伙房。因为她是女性,又是个刚生过孩子不久的女教师,大家心疼她,专门为她制作了个小铁锹,用来挖土、铲土;专门为她编制个小筐,用来盛土、抬土。大家都不愿让她去干重活,总是拣轻些的体力活分给她。

靳柳鲜对同志们的照顾十分感激,她是个自觉、自爱又自尊的女性,她很珍惜工友们的这种感情和友谊,总觉得自己这般接受众人的关照太不公平,同样都是四肢健全的人,为什么总让人家吃苦受累?她就想方设法找活干,来回报大家。她会趁适当的时候把男同志的衣物收集过来,拿到附近一条小河去洗涤;她也学着做些针线活儿,抽空帮人缝补一下磨烂的衣物,只要能做些帮助他人的活儿,她心里就觉得特别惬意。

在工地日复一日地干,靳柳鲜觉得,这种常年重复着一种模式的劳动太单调,就像一首歌曲一直持续反复歌唱,没了新的内容,久而久之就显得乏味。她觉得工地不能只是干活、干活、再干活,工地需要有精神生活的调节,何不用歌声来激活工地一成不变的沉闷状态,以使人们劳动起来更有活力、更有激情呢!靳柳鲜之所以能想到这些,是因为在学校她就常教孩子们唱歌。她天生就热爱音乐,每个学期,她总是将最有时代特点的歌曲教给学生们唱。她认为热火朝天的工地更需要音乐的滋润,更需要歌声的激励。

蓦地,靳柳鲜似乎悟到,教大家唱歌正是一个女教师在工地责无旁贷的事。她把这个想法告诉了工地的领导,立即获得了鼎力支持。

生活与学习往往是这样,有人教,就有人学,有人学,老师就教得带劲,学的人越多,教的人越兴奋。

很快,工地上就响起了热烈激昂的歌声:

劈开太行山
日月换新天
林县人民多壮志
誓把漳河引进来
……
男人要学董存瑞
女人要学刘胡兰
……
下定决心，不怕牺牲
排除万难，去争取胜利
……

艰巨的红旗渠工程，和着雄浑激昂的歌声，在前进，在突破……

走进红旗渠工地的女教师靳柳鲜，陶醉于众志成城、同心同德的战太行的音乐韵律中！

工地上的初中生

没有轻快的小船,没有凉爽的清风,在春寒料峭的工地上,一群花季少年,用他们稚嫩的双肩,抬沙运石,为红旗渠的建设贡献着自己的力量。

初中生,多是十三四岁的毛孩子,在家中大多还不能自理,从法律角度讲,属于尚无行为能力的人。然而,在浩浩荡荡的修建红旗渠的大军中,中学生们也是一支生机勃勃的队伍,仅林县二中,就有上千名同学开进工地,场面异常壮观。

秦文生就是林县二中的一个学生,他的父亲自幼参加八路军,做过侦察员,参加了解放新乡、攻克辉县的战斗。父亲是河南台前县马楼乡前秦村人,从部队复员就和林县姑娘结婚了,落户在合涧镇。所以秦文生是在姥姥家长大的。

1960年春节刚过,林县二中全体师生响应县委号召,由校长杨采金率领,到红旗渠工地参加建设。听说儿子要上红旗渠工地,当过兵的父亲十分支持,13岁的秦文生出发前,父亲将他的被褥打成

佳话轶闻

垒砌渠墙　　供图　《红旗渠》杂志编辑部

个有角有棱、瓷瓷实实的小背包，一看就是军人式的行装，又带上简单的生活用具，就进入近千名的二中学生队伍，向工地进发。

第一天，这些十三四岁的孩子们行走了50华里，毕竟还是孩子，不能像成人一天能行百十里地。晚上住在兄弟中学——位于姚村的林县四中的大饭厅里，第二天，到达任村北侧的赵所村，在这里修渠半个月，就又开往位于渠首的山西省平顺县石城公社豆口村。在工地，大家对中学生是很照顾的，由于房子紧张，许多民工只能住在牲口棚或屋檐下，他们将这里的好房子腾给学生们住，秦文生和同学们住在一座四合院的两层楼房里，男生们住在北楼，女生们住在南楼。至于干活，像开山凿石抡锤打钎的重活、险活，大人们是不让这些毛孩子做的。分给孩子们的活计是抬沙子，从峡谷中把沙子抬到半山腰的工地上，俩人一筐，根据自己的体力，能多装沙子就多装，不能多装就少装些。大人们都心疼这些嫩胳膊嫩肉的半大孩子，怕重活压垮了他们。

至于吃饭，学生们与民工是一个待遇，而且在一个锅里搅稀稠，凡参加修渠的人，每人都有一定的粮食补助，只是蔬菜太少，除改善生活会有一点萝卜白菜，油和其他副食就更少了。一日三餐几乎一个样，全是玉米和小米稠饭。这种吃法，显然学生们沾光了，他们干的活儿轻，吃的却与干重活的成人一样，而女生们则会把自己的一些饭菜让给民工们吃。

秦文生和小伙伴们睡在房子的土炕上，最闹心的事是内衣上生了虱子，弄得浑身瘙痒，劳累一天回到房间，总要费好长时间去捉虱子。本来学校规定，专门让女生每周休息半天，用这半天时间为同班男同学洗衣服。可是，男生们却不好意思让女生洗。秦文生知道，不是不想让女同学洗衣服，他和同伴大多是只有一件贴身布衫，外边就是棉袄，有的就是赤身穿着棉袄，根本没有布衫，至于下身，只有一个裤头，外加一条棉裤，怎么叫人家女生去洗啊。

这一些事对山里的孩子来说真不算啥，只是那咬人的虱子实在烦人，弄得大家辗转反侧，不好入睡。秦文生就想，靠相互去捉这小动物实在难以奏效，何不用开水烫死这害人虫。说干就下，孩子们白天找好了一口大铁锅和柴火，吃过晚饭回到屋里，就用碎砖块支起锅，劈好柴火烧起火，锅里的水滚动了，孩子们就把内衫、裤头扔进去，煮起来，别说，这法子真行，闹人的虱子经滚水一煮，都死了！

又一件事叫小文生烦恼起来，那一天他正干活儿，不知咋的棉裤裆的缝绷开了，里边白花花的棉絮露了出来，很不雅观。有同学就出他洋相，"看——快看，秦文生拉出雪花了……"

这天回到房间，小文生点上煤油灯，用事先从老乡家借来的针线，一针一针地吃力地将裂开的裤缝缝上。也许，他的技术不怎么样，第二天到了工地，还没抬三筐沙子，那缝又绷开了，咋弄？晚上回房间后再缝，就这样裤子缝了又绷，绷了又缝，一连三日的折腾还是解决不了"绷"的难题。小文生急了，他到工地找了一盘细铁丝，心想这回没问题了，晚上，将剪好的一段一段细铁丝穿针引线般地加固好那裂开的棉裤缝，谁知第二天一上工地，裤缝又裂开了，这可咋办？棉裤仅有一条，哪个同学也没多余的，只有一个办法，就是修，将裂缝的棉裤修好。秦文生为这事动起脑子。

蓦地，秦文生来了一种灵感，他发现一个同学穿的"包子头布棉鞋"，朝前中间有一条缝，尽管走路时压力很大，但那缝却绷不开，因为在脚受力的部位打了一个"结"，说是"结"，实际是多缝几针，去加固它。有了，就这么办。晚上，秦文生坐在土炕上，在煤油灯光下，开始缝他的裤缝。长长的缝子，每隔几针，他就打一个"结"，怕那"结"不牢固，他就狠往上缝，也不知花了多少时间，反正是整个屋里的小伙伴都睡熟了，他方把结打好。第二天上工地，修好的棉裤果然没再裂缝开裆。3个月过去了，天气逐渐热了起来，他还穿着这条棉裤，因为来时就穿着棉裤，没有带别的裤子。待他回家，妈妈为他拆洗棉裤时，方发现儿子竟然这样修缝棉裤，流着泪动情地说："孩儿呀，你个傻小子，连闺女的手艺都学会了呀……"

秦文生虽然年纪轻轻，却连续三次去修红旗渠，第二次是在16岁，第三次是17岁那年。第二次上红旗渠，是在合涧大队和上庄大队组成的队伍中，这支队伍负责打洞。洞子在赵所的南山，上庄大队由山北向南钻洞，合涧大队由山南向北钻洞，上级要求必须在春节之前将洞子钻通。这期间，16岁的秦文生已老练多了，干的是用钢钎打炮眼的活，有时还帮助炮手装药、放炮，然后出渣等。

一个后夜班，天气晴好，明月当空，月光映照出一幅美丽的太行月夜图画。待打好眼，装好药，秦文生随炮手启增进了洞子。这次要点三个炮，秦文生提着马灯，照亮了漆黑的山洞，启增是个老炮手，很快安装好三个炮的雷管、导火线，启增点着第一个炮，30公分长的蓝色火焰闪亮闪亮的，伴着"刺刺"的响声，秦文生虽然干着打炮眼的活计，但真正进洞点炮还是第一次，他以为一米长的导火线刹那间就会燃尽烧完，炮就要爆炸，心头"突"地紧张起来，不知怎地就碰翻了马灯，洞子里顿时一片漆黑。这种突发的情况，使练达的老炮手启增也慌张起来，因为洞子是土法上马，钻得不直，如果没有灯光照路，往外走特别容易碰伤甚至跌倒，那样就非常危险了，要命的是这时导火索正在燃烧呢。

说时迟，那时快，启增携着秦文生，左一脚右一脚，跌跌撞撞，连滚带爬地往洞口跑，幸亏戴着安全帽，不然早就碰得头破血流了。待二人刚到洞口，震天的炮声响了，巨大的气浪把他俩冲出洞外三四米远，又把他俩重重地摔在地上……

太险了，至今回忆起来，秦文生还心有余悸。若不是启增师傅经验丰富又手脚麻利，恐怕那一回自己就出不了洞口，到阴曹地府报到了。

从打字员到副指挥长

他伴随着红旗渠成长，见证了太行山人独有的坚忍、顽强、硬朗、永不屈服。

王文全是林州市合涧镇三阳村人，红旗渠一开始修建，他就离开林县县委打字员的岗位，奔往修渠工地，他的任务是办《引漳入林报》（后改名为《红旗渠快报》）。1961年6月，王文全到红旗渠工地指挥部办公室任干事。工地办公室其实是个帆布篷。工地周边房子有限，即使有房，也要让修渠干活的民工住。帆布篷寝办合一，没有床，五六个人打地铺拥挤在一起睡觉，凌晨起床后将被褥一卷堆在一隅，就纷纷奔往各自的位置。唯王文全不能出去，他是分工坐办公室的。办公室可谓整个工地的指挥中心，在这里，不仅耳听八方，还要眼观六路，工地上所有信息都会在第一时间传递到这个中心。帆布篷里有一部电话，这部电话，白天黑夜陪伴着王文全，要是在半夜三更电话响了，多是工地出了事故和问题，王文全要马上通知医生和有关负责人，火速赶往现场；要么就是运材料的货车到了，要立马组织人卸车；要么是出现了纠纷碰撞，要赶紧去协调斡旋……直到1964年他任办公室副主任，1965年升任办公室主任，这样的工作模式都没有改变。

当然，办公室的任务可不只是听电话，平时有三件必须要做的工作。一是为修渠的人定出合理的任务，怎么定，这要经历实践检验，方能把任务定得准。如打石头、挖土方、砌墙运料等等，都要组织人员到现场实干真干，经过三天的满负荷劳动，找出一人日平均的工作量，这就是应该完成的任务。二是抓安全。工地上砸石头，装药放炮，空中除险等等，都是很危险的活计，稍有不慎，就可能致伤致残，甚至有致命恶果。工地能否安全施工，人身有无安全保障，成为决定工程进度的重要因素，这任务就压在办公室的头上。三是抓工作效率。当合理分工与安全施工有了保证，工作进度就是最重要的目标，这就需要鼓动、宣传、开展劳动竞赛，等等。

除此之外，工地上的吃喝拉撒等诸多没有明确分工的事情，也顺其自然地成为办公室该管的事。

如果说为修渠民工订作业计划派任务，发挥大家的积极性、高效率地干活，这两项任务虽不容易，但只要努力就能做到的话，在抓安全和生活方面就没那么简单了。毕竟干的是不寻常的事，民工们又没条件做上岗前的培训和安全训练，整个工地更缺少训练有素的工程技术人员的管理和现场指导，所以，民工们付出沉重的学费和宝贵的生命就在所难免。身为办公室负责人，王文全目睹了个中不少事故：

一天傍晚，王家庄安全洞时有塌方，技术员吴祖太与负责安全的李茂德一同进入洞内查看，谁知祸从天降，塌方的碎石接二连三砸下来，两位修渠壮士刹那间离开人世。

1960年6月12日，红旗渠的谷堆寺段工程出了大事故，九位修渠壮士被一块从山上滑落下来的足有一面床铺大的巨石砸死，三

佳话轶闻

工地一景　　　　供图　《红旗渠》杂志编辑部

人被砸成重伤，迸飞的碎石还擦伤撞伤了许多人。

在工地，因工程死人的事故是人人皆晓的，可是，因饮食死人却是始料不及的事情。

在那个吃不饱的年代，树叶、树皮、水草、野菜、野果等等都是用来充饥的食物。在林县，有一种食物叫柿糠，是用柿子和糠混合而成的食物。工地上的柿糠，原材料就存在问题，柿子是从树上坠落地上的未长熟的柿子，糠是从湖南买来的稻谷皮，混上些秕稻米，磨成粉，与那半生不熟的柿子加水和在一起，蒸成柿糠馍充饥。这东西吃进肚子，却难拉出屎，甚而造成肠梗阻，特严重的就会要了性命。王文全目睹吃柿糠要了命的同志，疼痛得在地上打滚儿……有那幸运的，医生为其做了手术，方挽救了生命。

那是什么样的手术呀！没有病房，也没有病床，就在工地现场，四盏马灯替代了做手术的无影灯，医生用手术刀划破肚子，取出肠子，吃了柿糠的肠子已变得又粗又大，医生将肠子中的柿糠一点一点挤出来，然后将肠子缝合再复归肚中……王文全目睹手术的全过程，他明白，这样的手术绝非一般人能挺得住的，倘若不是用太行山的特殊材料造就的修渠壮士，是下不了这种特殊手术台的！

王文全伴随红旗渠半个世纪了，从修渠到护渠，从市委打字员到工地办公室主任，直到红旗渠指挥部副指挥长。红旗渠建成后，王文全任红旗渠管理处副处长。

如今，八十岁的王文全说起修建红旗渠的往事，依然容光焕发，神采奕奕。是红旗渠精神为他的生命注入了勃勃生机，方使他活力永驻，永远不老。

两位铁姑娘

当人们为一个至高无上的目标活着时,是乐于牺牲一切的。

(一)

李玉珠是红旗渠工地有名的铁姑娘。她出生于林县任村镇皇后村,皇后村位于太行山的深山区,也是最贫穷的地方。有句话叫"深山里飞出金凤凰",个中含意是山窝窝里往往走出美丽的姑娘。李玉珠就是太行山里的金凤凰,她相貌端庄秀丽,身材矫健,倘若当年的李玉珠出现在今天,没有人不说她是美女的,如今虽年过古稀,但她那明朗的面庞和端正的五官依然透露出健美的韵致。

李玉珠上红旗渠工地时刚刚芳龄二十,正是姑娘们花枝招展的青春季节,也是花前月下谈情说爱的诗意年华。然而,这时美丽苗条的玉珠姑娘却在红旗渠工地冰凉的水中开挖坝基。第一次下水是个特别值得纪念的日子,正赶上农历正月十五,元宵佳节。太行山农历正月的风,依然凛冽寒冷,太行山残冬早春的河水,依然冰凉

铁姑娘　　　　　　供图　《红旗渠》杂志编辑部

刺骨。在人们身着崭新的衣衫，放鞭炮、观烟火、看灯展、吃元宵时，李玉珠和铁姑娘们却在天不明的凌晨，穿着掏去棉花的单薄裤子（因当时布和棉花稀缺，害怕水湿了棉花）跳进冷水里挖坝基。那是一天中气温最低的时刻，她们一直在水中泡着，一锹一锹地挖，直到太阳到了正当头的晌午，姑娘们才跳出水面，三下五除二地吃过午饭，就又赶紧下水继续挖坝基了。直干到了日头落山，伸手不见五指，天黑透了方才收工。那个忙啊，紧啊，累啊，就连梳头的工夫都没有，只能是在往工地赶的路上，拿出梳子马马虎虎地梳上两下。

　　如今李玉珠的双膝常常疼痛，两脚发麻。能不疼不麻吗？那是当年长时间泡在冷水里落下的老毛病。至于她和铁姑娘们住羊圈，打地铺，吃杨叶、猪毛菜，啃榆树皮，那根本不算一回事儿，也不值得叫苦，山里的姑娘，天生地吃苦耐劳，不娇惯，个性硬朗。

　　真正叫李玉珠心疼的是那次放炮，那时李玉珠换了岗位，不再挖坝基，去干打炮眼的活计。她的任务是用双手将钢钎对准炮眼并扶正它，另外的人抡起铁锤猛砸钢钎，这样经过几十锤甚至上百锤的猛打，炮眼打好了，再往炮眼里放炸药、雷管，之后由炮手点燃雷管崩炸。那一天是立秋后的8月16日，连长（铁姑娘团队是模仿部队的编制）吩咐李玉珠将一个炮眼再打深一点儿。谁知这个炮眼里已放了雷管，只是没点响成了哑炮，玉珠拿起钢钎对准那个炮眼一打，哑炮响了，活生生将她的右手崩上了天，血淋淋的手腕，血流如注，疼得她晕倒在工地上……

李玉珠不幸失去了右手，21岁的姑娘残疾了，不得不离开她热爱的红旗渠工地，回到了丈夫家——林州市姚村镇西章村。她没有像她的铁姑娘伙伴们最终转为红旗渠管理处的职工，可以拿工资生活和养老。她回到了农村，至今依然是农民，农民当然没有工资了。当笔者见到75岁的李玉珠时，她的面庞是开朗的、慈祥的，话语是厚道的、乐观的。她微笑着说："我如今有儿有女，还是不错的。为修红旗渠，我没了右手，值得！只要你们还能记得我，有个铁姑娘叫李玉珠，是放炮崩山把手崩没的，就中啦！要是过年过节能有人来看看我，要是能有空儿开个座谈会，叫俺当年修红旗渠的老姐妹、老兄弟们见见面、说说话、叙叙旧，那就美完啦！"

（二）

比起李玉珠，铁姑娘郭秋英幸运多了！

郭秋英是林州市陵阳镇水磨山村人，比李玉珠整整小十岁。1968年的秋天，她与同村的许多姑娘主动报名修渠，上了工地。这是红旗渠即将竣工的最后一期工程，当时红旗渠虽已通水，但郭秋英的村子却进不去水，需要在挡住水渠的山上打一个1公里长的洞子，方能引水进村。平时，水磨山村的人要到2公里外的洹水河畔取水，来回行走的全是山路，一听说能把红旗渠水引进村里，年轻人都争先恐后地要去开洞引水。许多农户还把自家的木料、钢钎、

郭秋英　　供图　《红旗渠》杂志编辑部

小车、电线之类的东西捐给了工地。

开挖山洞的工程开始了，水磨山村有 19 名姑娘加入了工程队伍。起初分给这些女人的是推车、拉车、抬筐、运料之类没啥技术性的简单活计，像抡锤、打眼、放炮崩山之类的事是不让女人做的。18岁的郭秋英是个要强的女同志，上级让她当了铁姑娘队队长，她首先提出来："我们女同志要单独领任务，单独考核，不拖男同志的后腿。"

打山洞的繁重任务是按人头分派活计的，并不考虑男女性别差异，是一个人，就分派一个人的任务。这种做法，无疑，女人多的地方，任务完成的就不如男人们的好，也难免有男人会嫌弃女人干活慢，气力小。不服输的郭秋英想，同是一个人，我们女同志为啥要拖人家男同志的后腿，和男同志一起干活，一个人却顶不了一个人干。我不信，他们男同志能干的活计，女同志就干不成！如果让女同志单独干，单独考核，这样做肯定能把每个人的积极性都调动起来，谁也别想让男同志照顾，谁不拼足力气干都不行。都是健健康康的年轻人，谁愿意落后呀！

郭秋英的倡议获得了领导的认可，一支清一色的女性队伍出现了，她们中最小的17岁，最大的21岁。工地上男人能做的活，她们也要做。为了练抡锤，她们将钢钎插在地上演练，用双臂抡起铁锤，狠狠地砸下去，一开始砸不准、常砸歪，渐渐就熟练了。演练过后，她们就开始真干，有人手扶着钢钎，对准岩石，有人抡锤猛砸。开始还是难免砸偏，有时将锤砸到扶钎人的手上，鲜血染红了铁钎；还有装药、点炮之类的技术活，经过认真的反复的实践，终于掌握了要领，铁姑娘们成为一个个技术娴熟的工匠。在工地上，男人能干的活计，铁姑娘们也能干，男人不注意的"细活"，铁姑娘们且干得比男人还好。像点炮崩石后，山洞里一时翻滚着浓浓的烟雾，在洞子里久久不能散去，影响着洞子开挖的进程。在那个没有排风机和其他通风设施的年代，开始只能靠自然通风使烟雾渐渐排出。当呛人的烟雾排出去后，施工队伍方能进场。郭秋英与姑娘商量，怎么能尽快把烟雾赶跑，让施工的人早一点进入洞子。她们开始尝试用衣衫扇烟，以人力加快空气流动，使烟雾尽快散尽。果然，这种办法十分奏效，男同志也学着干起来。

但是女人毕竟是女人，女人倘若干成男人干的活计，实际付出的代价要比男人大得多，这与男女的生理条件有关。郭秋英率领的铁姑娘们，在工地干几个月后，一个个全都没了例假，医生说这是断经，是女人超出自身能量后出现的症状，按照生理健康的要求，有些男人能干的活是不适于女人做的。可是，铁姑娘们顾不得这些，打通山洞，早一天将红旗渠水引进村子，是至高无上的理想，为了实现理想，牺牲自己的利益，对铁姑娘来说，牺牲得值得，牺牲得应该。

铁姑娘们没有一个因为断经而退却，而拈轻怕重，她们依然刚毅顽强地奋战在工地前沿，像男人们一样，在一个又一个艰苦卓绝的岗位上兢兢业业地劳作，甚至连她们的穿戴也与男人一个样子：宽裤腿中式裤子，对襟中式上衣，铁姑娘们穿的粗布衣衫、粗布裤子，颜色只有两种，非黑即蓝，且是买的白粗布，再用颜料染成黑色或蓝色；那鞋子，全是女人一针一线纳的鞋底、缝的鞋帮。即使洗澡，也与男同志一样，下附近的洹河去洗澡，只是她们会选择隐秘的时间结伴而去。

郭秋英是幸运的，当红旗渠工程结束以后，她顺理成章地成为红旗渠管理处的正式职工。1973年，郭秋英被任命为林县团县委副书记，之后又调入县交通局。如今，郭秋英已退休多年，当笔者走进她宽敞的家院，坐在窗明几净的客厅与她攀谈时，她的面庞闪跳出一种如意的欢乐。她告诉笔者，她的儿子和女儿都受到良好的教育，如今在政府和金融部门供职，自己每月有2800元的退休工资，在林州市生活得很幸福。

工地上的火头军

只要有一颗火热的心,无论在哪里都能发热发光。

付新顺是林州市东岗镇后郊村人,在修渠的万人大军中,他有许多与众不同的地方。

付新顺的第一个特殊是他的经历。付新顺上渠前已是一名解放军战士。1956年,21岁的他参加了中国人民解放军,驻扎在距林州不远的安阳市北郊的兵营。之后,部队派他到位于武汉市的解放军后勤学院学习后勤军事给养;不久又派他进入朝鲜,入编志愿军。其实这时候抗美援朝战事已停战多年,付新顺的任务只是在朝鲜与韩国交界处的三八线站岗。

当付新顺从部队退伍时,正赶上老家南谷洞水库修建,那是1958年农历八月十五,在花好月圆的中秋节,退伍战士踏上新的征程——修水库。

付新顺的第二个特殊是他的岗位。他没有像成千上万的工地壮士那样,在烈日炎炎下,在寒风凛冽中开山凿石,除险运料……他

扁担后勤　　　供图　《红旗渠》杂志编辑部

进了工地指挥部，干的是指挥部伙房的司务长，管理一百多人的伙食一年有余。1959年冬天，付新顺到了红旗渠测量队，依然是管伙，担负着测量队伍一日三餐的任务。测量队伍可以说是红旗渠工地的精英，更是红旗渠工程的先行者。

测量队随测量任务在大山中流动行走，走到哪里，就在哪里安营扎寨，垒砌地灶，生火做饭。垒灶的地方往往是有水的地方，像河滩闲地、小溪岸边。测量队的生活异常艰苦，到了一个新环境，有时能找到老乡的闲房子住下，有时却找不到房子，至于做饭的灶台，更是不舍得安置在房子里的。做饭的场所往往是在宽敞的天地之间，既不遮风雨，也不挡严寒，这当然需要管伙的人能随机应变。这种地灶是不烧煤的，其实也根本弄不来煤，只能随地去找木拾柴，山坡上、沟沿儿、河岸边，哪里能弄到柴火，就去哪儿弄。当然，对怕湿怕淋的粮食之类，也得有保护措施。

一次，付新顺正在小河边垒起的炉灶上与厨师一道做饭，这是位于山西省的一个小山村。当一锅小米稠饭刚刚做好时，突然一伙人气势汹汹地跑过来，二话没说，抱着大石头砸进饭锅，锅被砸坏了，宝贵的小米饭漫溢出来，流了一地，付新顺心疼得恨不得用双手捧起溢出的稠饭喝进肚子里。砸锅的一伙人却对现场的狼藉景象视而不见，只是狠狠地说："你们这帮人小心点儿，要是再踩我们的庄稼，连你们的炉灶都掀掉。"说罢，扬长而去。

原来是测量队的人只顾忙着测量，没顾得上人家绿油油的麦田，深一脚浅一脚地踩踏了麦苗儿，人家才用这种手段报复。"咋办？"做饭的厨师看着凌乱不堪的现场，无奈地问付新顺。是啊，测量的人马快回来了，得赶紧想法子弄午饭吃。付新顺只好说："我找老乡去。"说完就大步奔向不远的村子。村里的山民是善良厚道的，当付新顺对一对父女说了刚才的遭遇，又承认了自家的过失之后，面前的中年汉子对闺女说："快去把咱那口大锅洗洗，叫人家用去。出门在外，都不容易，还有几十号人吃饭呢。"十几岁的姑娘赶紧去洗锅了，付新顺说："洗啥哩，把锅借给我，我们自己洗吧。"

就这样，借老乡这口大锅一连用了许多天，直到离开这个测量点时方还了人家。说起这事，付新顺至今还很感激那家借锅的父女，他们是山西省太行山中一个叫豆口村的村民，那个姑娘叫史爱云，她爹的名字记不得了。

付新顺随测量队在大山里辗转奔波，忙碌测量，完成总干渠测量任务之后，又回到了指挥部，依然是管理伙食，依然承担着百余人的一日三餐。

付新顺的第三个特殊是他整出的饭菜。那是一个物资极其匮乏的年代，人的口粮、副食都供应不上，很多人被饥饿折磨着，连树叶和能吃的树皮都吃光了。有人发现漳河里有一种草，有人叫它河草，有人叫它水草，也有人称它为水芹。这种玩意儿也应该能充饥吧，有人出主意，可以试试，应该能吃的。付新顺与厨师开始行动了，他们将铁钩绑在棍子头上，做成捞水草的工具，这样很容易地把水中的草捞上来，洗净，切碎，放在大锅里烹煮，洒上些许盐，开饭时将这特殊的菜肴放在案子上，对就餐的人讲，这种菜不收粮票，吃不饱的伙计，用这种菜充饥吧！

这么一说，那些出大力的、饭量大的人兴奋了，除了吃去自己那一份饭菜，还能再吃这种不收粮票的东西。果然，这菜吃起来还不赖，没有啥副作用，只是有人说，要是能往这菜里再加点盐就更好了，要是再加进点儿油，吃起来才美哩！可是，就这点儿要求，付新顺也做不到啊！那时候一人一月供应半斤油，哪有可能往这不占分配指标的水草里加油啊；至于加盐，也是不行的，那时的盐也是限量供应，盐也缺啊。只能将就着吃这缺滋少味的玩意儿了。不过，大家还是挺高兴的，毕竟比没水草充饥的日子要好多了！

付新顺并没有只停留在整治水草拌菜的水平上，有一次县委书记杨贵在指挥部的厨房与大家一道吃饭，杨贵对付新顺说："你们管伙的，要多吃些苦，把生活抓好，多想些点子，让大家多吃些，吃得可口些。如今粮食缺，野菜啊、水草啊都不占粮食指标，可以在这方面下下功夫。你是管伙的，身担重任啊！要是大家都吃不饱，咱的红旗渠能修成吗？"

是的，不能只简单把水草弄熟洒些盐拌一拌充饥，那样虽能下肚，但不好吃，得变变花样儿，让大家吃得香些，吃得饱些。付新顺让厨师将水草剁成馅，生法子弄些佐料洒到里面，包成包子，并且尽量把包子皮擀薄，把馅填多，蒸出的包子特大。果然，这样的包子，大家都说好吃，而且能吃饱。

做小米饭，付新顺也动了脑子，他让厨师将萝卜擦成细细的丝，放在锅底，上面放米，再添上水，这样蒸成的饭，量大多了。

蒸玉米面馍，他让厨师提前一天和面，第二天再加水，一斤面比原来多加一斤水，之后再加工一番，这样蒸出来的馍特大，当然也能让出力的人吃饱了。

付新顺常年当司务长，管理伙食，大家都说他管的食堂好，能吃饱，还能吃得有滋味。

付新顺说："不管干啥，都不能懒，不能不用心。要当好司务长，管好伙食，叫大家尽可能满意些，就得勤快，就得跟大家打得火热，大家有啥想法、看法，特别是一日三餐，有啥意见，就能随时跟你直说。只有这样，才能知道大家的口味，知道存在的差距，知道了这些，才能去改变……"

在洞子里摸爬滚打

漫漫长夜是他的"伴侣",屡屡凶险是他的"旅途"。五个年头一直在洞子里打拼的人。

邓文堂,1941年生,林州市东岗镇教场村人。他与众多同乡一样,是第一批上红旗渠工地的农民。与许多满怀激情、积极报名修渠的乡亲不同的是,他是生产队长指定去修渠的,因为分配给教场村的修渠任务,每个生产队都有计划派工的名额。1960年农历正月十四,生产队长对邓文堂说:"明天你去引漳入林工地,回家准备一下,一早就出发。"

听了队长的话,19岁的邓文堂没有像大多的年轻人那般激动亢奋,他想打退堂鼓,担心走不了那么远的崎岖山道,下意识地说:"不中啊,我就没走过恁远的路,怕走不到工地就趴那了!"他知道,"引漳入林"工地在林县与山西平顺县交界的翟裕村。去时又没汽车送,全靠两条腿丈量,这么远的路程,可不是闹着玩的。队长瞥一眼满

洞中的日子　　供图　《红旗渠》杂志编辑部

脸为难情绪的小青年，不屑一顾地讲："这是任务，去也得去，不去也得去，走不动，用牲口驮也得把你驮去……"

听队长那板上钉钉般响脆的语调，年轻人不敢再说半个不字。

有一点与众不同的是，邓文堂进入修渠工地，就与打洞子结下不解之缘，先是青年洞，继而寺沟洞，之后又进入红旗渠三干渠的曙光洞。从曙光洞出来，已到了1965年，红旗渠总干渠通水了，邓文堂又开始了护渠生涯。

邓文堂刚到红旗渠工地，领工的人看他身单力薄，只叫他干些运送工具的轻活，就是将打毛磨秃的钢钎、钻子之类从工地背到铁匠炉，铁匠将这些工具打磨好后，他再背回去。后来在组织青年洞突击队的时候，邓文堂方被抽调过去，成为三百多名突击队员中的一个。

邓文堂所在的东岗公社与任村、河顺两个公社大约有四十人组合成一班人马,开挖青年洞的一个方位。开始没有专业炮手,大家公推由邓文堂点炮。点炮只是一瞬间的事,关键是点炮前要打一个深一米五、直径六十公分的洞子,将炸药装进洞里,上面盖好土,夯实,同时摆弄好两米长的导火索。洞子里的分工很明确,一天24个小时由两个班完成,每班干12个小时,要用炸药炸七八次山体,也就是说,每天要打七八个深度及直径同样大小的洞子,填好炸药,埋上土,点燃导火索,放炮,崩石。下班前,将崩碎的渣石清理干净。计划每天洞子向前推进一米五,其实这是个超负荷的目标,在设备简陋、技术落后的年代,干这种活的确不是闹着玩的,稍有闪失,就会受伤,甚至有致命危险。这样的事,邓文堂有亲身经历:

那是同在一班干活的丁冶村的张西生点的炮,因为放药时没将炸药放严实,使炸药中间隔断了,分成了上下层,张西生虽然点响了炮,只是上边一层炸药起了作用,人们都以为刚才已经炸过的场地突然又一次爆炸了,照明的马灯全震黑了,洞子里一片黑暗,邓文堂被惊呆了,幸亏这次没有炸死人,只是离炮位最近的张西生的屁股被炸开了花。

从那以后,邓文堂更加知道放炮的危险了。然而,更危险的是出现哑炮。一次,炮点过后没响,年轻的突击队员莫万生性急,跑到点炮的位置要查个究竟,谁知道那哑炮突然响了,莫万生的一只左眼被炸瞎了。

同样有危险的是炮炸响之后散发出的毒气。对这种毒气,邓文堂可是吃够了苦头。那是在1960年与1961年之交的一天,邓文堂在青年洞里放炮炸石,这次用的炸药量很大,炮响过后,洞子里烟雾弥漫,久久不散,现场的邓文堂顶不住了,竟晕倒在地。体格壮实的指挥长石玉杰这时就在邓文堂身边,他知道邓文堂中毒了,就用胳膊搂起躺倒的邓文堂，并用绳子将他与自己捆绑在一起，呼叫洞上边的人赶快用辘轳把他们绞上去。辘轳的绳子很快下来了，谁知当两人升至半空，绳子突然断了，俩人狠狠地摔到了洞底。这时刻，昏迷的邓文堂被摔得呕吐起来，弄得俩人浑身脏兮兮的，还夹杂一种呛鼻的酸涩味道。指挥长哪里顾得了这些，他反而兴奋起来，凭经验他知道，邓文堂这一呕吐就没事了，至少不会有生命危险。他从容地重新用绳子将二人系好，辘轳终于把他俩绞到了地面。时值三九严寒，又是夜半三更，天正下着鹅毛大雪，依然没有清醒的邓文堂被放到一片平坦开阔的雪地，医生这时赶至现场，听听邓文堂的心脏还在跳动着，就告诉在场的人说，这是放炮后产生的一种毒气，距炮眼愈近的人，愈易中毒。也是邓文堂体格瘦小，医生指着指挥长石玉杰说："他俩不是在一块嘛，他怎么没中毒，你一看就明白，他那身躯又粗又壮，抵抗力当然强了……"在医生看护下，直到上午十点钟，邓文堂才苏醒过来。

其实，邓文堂在洞子里中毒昏迷，又从死亡线上回归于世，并非仅青年洞一次。他第二次中毒昏迷是在寺沟洞。1962年5月邓文堂进入寺沟洞，在洞里抢分夺秒地干活，日夜重复着一种模式的劳作，至于外边的事，啥都不知道，甚至连时光到了何月何日，也根本不知晓。从1962年夏天干到1963年春天，中间过大年也没离开洞子一天，大概就是在过年里的那一天，又是放炮后被烟雾熏倒，中毒昏迷。

第三次中毒昏迷是在曙光洞里，大概是1964年早春，那次放炮正在半夜，由于装的炸药多，炮响后放的毒气也多，当人们迅速撤离出洞时，邓文堂的动作却慢了半拍，一觉得情况不妙，有天旋地转的感觉，他就立即趴下，奋力用四肢向洞外爬行。可是，爬着爬着就没知觉了，又昏迷过去，当他醒来时，方知是大家把他抬出来的。

太行基因

是太行山的基因，使这里的空气都纯朴高尚！

绵绵八百里太行山，"愚公移山"的传说早已脍炙人口，流芳千古。而同属太行山系林虑山的"天开杜乔像"却鲜为人知。林虑山上有一个天然形成的人面像，其高昂的头颅，端正的鼻眼，彰显出男子汉特有的阳刚之气。

据说，东汉末年，政治昏暗，外戚大将军梁冀毒死小皇帝刘瓒，另立性格怯懦的刘志为帝，遭到大鸿胪杜乔等大臣的反对。梁冀以谋逆罪将杜乔陷害至死，汉桓帝建和元年（公元147年），杜乔遗体运回故里林县，下葬之日，飞沙走石，天昏地暗，上苍感念杜乔刚直不阿，忠诚坚毅，特将其头像雕刻在林虑山上，以示其英名与形象与山河同在，与日月同辉。

正是传承了愚公与杜乔的基因，林县人具有了超常的刚强和耐力、正直与忠诚的品格。

儿子生在了工地上

石麦花是河顺公社有名的漂亮女人，她还是共青团支部书记，带领几十号青年妇女在南谷洞水库干活。当时她有了身孕，有人劝她该回家歇歇了，怀了孕的女人，不像先前的身子那么灵便了。她说，怀了孕的女人，在工地照样干活，没有关系。当她怀孕五六个月时，肚子已显得凸了起来，家里人说，别在工地了，挺着个肚子，干活还行吗？再说，对孩子也不好。她说，战士们打仗，轻伤不下火线，我比受轻伤的战士强，咋能离开工地。直到石麦花怀孕8个月，还是坚持在工地修水库。她认为自己是团支书，又是妇女队的队长，她不能离开这个领头羊的岗位。忽一日的正午，她要临产了，女工友们赶紧把她抬进工棚，没等叫来医生，婴儿就降生了，工棚成了产房，该给产妇准备的东西都没准备，真叫因陋就简了。就在水库工棚，喂养着这个降生在水库工地的男孩。工地指挥长马有金得悉石麦花生产的消息，十分感动，他暗暗佩服石麦花的敬业精神，眼里噙着泪花说："我们有接班人了，这孩子生在水库工棚，我看就起名叫'库生'吧……"

为乡亲落下终身残疾

红旗渠第三干渠通过东岗公社卢寨岭，需要挖一条长4000米、高宽各2米的过水洞，这洞子被冠名"曙光洞"。卢寨村施工队长王师存带领村民废寝忘食，在洞子苦干了8个月，眼看就要大功告成，见到曙光，没有想到洞中发生意外塌方事故。开始，只是哩哩啦啦的小石块与沙粒向下坠落，接下来，有一方大石就要脱落，只见队长王师存眼明脚快，立马迎着凶险之处，立起粗壮的身躯，用肩头硬顶住即将下落的石块，边高声呼喊洞中的乡亲：

"快往外跑，快……快……"

几十个在洞里干活的人闻声飞奔洞外。

当王师存依石就势脱开险石，爬出洞子时，大家见他的肩头衣

八百里太行

衫已经破碎,红肿的肩上渗着鲜血,有人泣不成声地说:

"你咋不往外跑哩,为了俺们,自己的命都不要了!"

"我一个人扛着,就是出事,大不了是我一个人,只要大家没事,咱就不误引漳河水……"王师存回答得很是自然轻松,他觉得身为施工队长,就应该这样做。

有人一边用手轻轻地去抚摸他渗血的肩膀,一边说:

"呀——呀!看肿成啥了,该叫医生看看。"

"小菜一碟儿,比起大旱年逃荒外地吃的苦、受的难,这点小伤算个啥呀!"王师存一点不在乎这次的受伤。是的,了解他的人知道,王师存是在大旱年随全家从林县东岗公社东卢寨村逃荒到了千里之外,是他听到老家人要修渠引漳河水,又带领全家人返迁故土的。

摄影 彭新生

为了水他回归故乡，怎能不把自己的全部身心献给治水呢！

也是这次他的舍己救人，使右肩落下了终身残疾。

教师营里送饭人

在红旗渠的建设队伍中，有一支特殊团队，叫"教师营"，由全县的部分教师和医生组成，轮流上岗，每期一个月。这样安排兼顾了教师与医生的本职工作，又能参与修渠工程。教师营实行军事化管理，每个公社为一个排，三个公社组成一个教师连，全县参与修渠的教师与医生为一个营。

上工地后，教师、医生的特长用不上，他们又不会打钎、爆破之类的技术，指挥部就让这个团队负责清运爆破后的渣石。由于军事化管理，纪律严明，又时常开展竞赛和打擂，教师营里这些平时不出力气的文化人，在工地上真出大力气了，一辈子也干不了这么多这么重的活计，在这地方，三五天就干够了。为了竞赛，有的教师背起一筐石头不是在走，是小跑着运送。在渠首干了一个月，教师营转移到平顺县白杨坡村，时值三伏，热气袭人，这个仅十多户人家的小村，容不下这么多人住宿，教师们只好住在羊圈。怎么住呢？直接在地上铺层干草，再铺上床单，就成了床。夜间，蚊子苍蝇嗡嗡叫，还有乱蹦的跳蚤，咬得人难以入睡。天刚明，教师们就起床，向距羊圈二里多地的工地奔去，到早晨8点多钟，送饭的师傅送去早饭。

东岗、任村的教师排有二十个人，做饭和送饭的就一个人，叫桑长生，他也是教师。有一天，桑长生照例担着两桶小米稠饭往工地送，从住处到工地，路程虽不算远，但却崎岖难行，坑坑洼洼，高高低低，一会儿上坡，一会儿下坡，脚下时有不规则的石头蛋子磕绊。在下坡时，桑长生的脚下一滑，两个饭桶倒在地上，这下子心疼坏了桑长生，这可是二十个人的早饭啊，桑长生甩去扁担，伸长胳膊，用双臂去拦饭桶。由于动作迅速，竟将饭桶拦住了，桑长生却跌落至路边两米深的崖底下。这时，桑长生不知从哪里来了一股冲劲，他竟然起身扑到岸上，两手赶紧把流到地上的小米稠饭捧回桶里，尽管饭里已混进泥沙碎石。当桑长生把两桶饭担到工地，大家发现他的胳膊已经骨折了。

教师营本来是一个月轮换一批，可是桑长生这批教师直干了三个多月方来了接替队伍。二三百号教师、医生从工地开到了县城会场，三个多月搬运劳作，摸爬滚打，衣服早就磨得不成样子，扯成一缕一缕的，许多教师把布条挽成疙瘩，满是疙瘩的衣服脏兮兮的，脖子上围的白毛巾则是黑乎乎的，再加上好久没有理发修面胡子拉碴的面孔，在场的人相互瞅着个个狼狈相，都哄然大笑起来……

三过家门而不入的黑铁匠

黑铁匠是因为他的皮肤黝黑,熟人们这样称呼他好像比叫真名崔书年更显得亲切。黑铁匠老家虽在林县,可是他很早就到了山西沁县机械厂,当上了全民固定工,每月都享用旱涝保收的工资。有一日他得知老家要做引漳河水入林县的大事,年纪已知天命的他,毫不犹豫地辞别了铁饭碗职业,从山西这家国有企业来到红旗渠工地。根据他的专长,做了一名铁具修理工。他每日守着一盘熊熊的炉火,以他忠诚火热的心志,修理锻造着一个个钢钎、钻头……工程前前后后进行了十个寒暑,他守着炉火十个春秋。3600多个日日夜夜,他一心一意扑在了红旗渠工程,其中三次路过自己家门,他都没有与亲人打个照面。特别是当二干渠修到他的村边,同伴们都劝他,这回该回家看看,在家住上一夜,与老婆孩子温馨温馨。他却说,红旗渠没有完全通水,俺咋能去想自个小家的温馨,等红旗渠全部完工了,咱们大家都回家过温馨日子……

崔书年就是这样,用行动写下了渠比家大,成为红旗渠畔传颂的三过家门而不入的黑铁匠。

红旗渠式创业守业三代人

郑浩是林县河顺镇马家山人,红旗渠刚开始修建,他就一马当先走进修渠大军,当设计的渠线要从他家宅院穿过时,郑浩二话没说,携全家老小搬迁出祖祖辈辈安居的宅地,让红旗渠顺畅地通过。在修渠的险峻地段,郑浩为护卫年轻的民工献出了他的生命。这一年,郑浩的儿子郑万年中学毕业,就接了父亲修渠的班,从修渠到护渠,郑万年都干得兢兢业业。有一次山洪暴发,渠段被洪水冲垮、淤塞。

郑万年夜间去排除险情，黑灯瞎火的，排险人随时有被山洪冲走的危险。去时郑万年是赤脚蹚过露水河的，待返回时，河上的临时木桥已被冲塌，人过不去，郑万年只好返回附近村庄。时值半夜三更，怎能去打扰老乡借宿呀，他就在一家农户楼下蹲了一宿。谁能知晓，这时的郑万年连晚饭还没吃呀，饥肠辘辘的他是怎样撑过漫漫长夜的。直到天亮，露水河水下落之后，郑万年方才返回。

这一年郑万年的儿子高中就要毕业，他让儿子一定报考水利大学，去学水利知识技能。他对儿子讲，待学成毕业后，一定要回来维护咱的红旗渠。

郑万年是这样对儿子讲的，儿子也是照父亲的嘱托做的。

老一代人为修渠献出了生命，后一代人为护渠献出青春，正是红旗渠式创业守业三代人的真实写照。

路银的主人翁姿态

路银是林县合涧镇东郭家园村人，在红旗渠工地，大家称他是农民水利土专家。说是专家，一是他会石工，二是他懂水利施工技术。路银的石匠手艺是跟他爹学的，不幸的是，在路银13岁那年，林县大旱，他爹活活饿死。一家4口人没了依靠，小小的路银就背起锤钻做起匠人，养家糊口。后来，林县修建英雄渠，路银到了英雄渠工地，勤奋爱学的他从这里学会了水利工程技术。

在红旗渠工地，路银是合涧公社分指挥部施工员，也是工地不可多得的人才。说是人才，因为他不仅有一套过硬的技术知识和施工手艺，更有一种责任心和主人翁精神。无论是总指挥部，还是分指挥部，对路银都有很高评价。大家都认为，哪地方施工中有路银在，就特别放心。

当接受总干渠皇后沟大渡槽施工任务后，由于工程重要且时间

农民水利技术员路银（前一）　供图　《红旗渠》杂志编辑部

紧迫，路银没睡过一个囫囵觉。一个夜晚，天下起大雨，路银听到雨声，猛地从床上起来了，他想到渡槽还被泥土堵着孔眼，这样的大雨，一旦山洪下来，刚刚垒起的渡槽会有被冲垮的危险。此刻，他顾不着大风大雨、天黑路滑，掂起铁锨深一脚浅一脚地就往工地跑，一路上还高喊着"快到渡槽抢险啊！"到了工地，他拼命地挖土，雨愈下愈大，渡槽下的河沟很快聚满半人深的水，他硬是坚持着在水里挖土胎，土胎砸得又实又硬，累得他汗水和着雨水顺身子流下。这时候，民工们提着马灯，掂着工具，陆续赶来了。经过一番苦干，终于挖通了渡槽孔，排走了洪水，保住了渡槽。路银却大口大口地吐起了血，民工们立即把他送进医院，经医生检查，路银是过于劳累、成倍地超负荷劳作累出的病症，需要好好休养调理，就安排他先住医院。可是，路银只是在医院睡了一夜，第二天一早就跑到了工地。

通向希望　　　　　　摄影　李俊生

工友们都劝他,让他好好歇几天,待身体彻底好了再上工地不迟。路银却说:"这是啥时候知道吗?这些天正是大雨季节,不敢歇啊!你们没看,前天咱们幸亏抢险及时,要是慢两个钟头,渡槽就会被冲垮。那样损失就大多了。前些时大家出的力、流的汗、花的时间就全报废了,岂不是徒劳无功呀!咱们抢险及时,就防住了损失。有些事只要操心，是能预防得住的。这些天大家都多操心些，看看哪些地方可能会出事，脑子要绷紧这根弦，要想到暴雨随时会来，会袭击咱工地哪些薄弱的地方，咱得做到预防为主啊！"

路银一席话使大家警觉起来，也使人们理解了路银的心思，他要在易出问题的时候在一线前沿阵地"站好岗"、"放好哨"。

命大的郭财福

红旗渠工地不只有初上"战场"的农民壮士，也不乏身经百战的老兵斗士。郭财福就是位久经沙场历练的老兵。1926年出生于林县城郊乡止坊村的郭财福，1943年就参加了八路军，在淮海战役中，他拉响了一颗手榴弹，一下子缴获敌人五杆枪；百万雄师过大江，他冲锋在前，受到嘉奖；之后进军大西南，他连续抓获几十名俘虏；抗美援朝，他跨过鸭绿江，出生入死，在激烈的上甘岭殊死血战中，他负伤并荣立战功。郭财福最大的"资产"就是有许多勋章，那是屡建功勋的证明。1955年，郭财福复员回家务农。

红旗渠进军号角一吹响，非等闲之辈的郭财福就冲锋在前了。在界牌岭隧洞施工时，由于地质关系，时常发生塌方，不少民工难免心有余悸，惶恐不安。郭财福就鼓励民工说："恐慌和退缩都解决不了问题，大家要细心寻找那些活络的有可能坠落的石头，然后把炸药包绑在竹竿上，再点炮炸掉这些险石，为安全施工开路。"在他的指导下，民工们有条不紊地干着，隧洞的挖掘进度有了明显的起色，军心也稳定下来。

没有想到，有一次郭财福却出事了。那天大家正在干活，忽然山石塌下来，刚好砸在郭财福干活的地方。因为塌方来得突然，下边的人哪里躲得过去，郭财福整个人被埋住了。人们见不到他的踪影，十分着急，有人用撬杠去撬石块，有人用手扒石头，有人用灯往石缝里照……突然，石头下面传来郭财福的声音：

"不要慌！不要慌！我还活着哩，嘿嘿，慢慢地刨吧。"

大家小心翼翼地撬着石块，一块块地搬动着，郭财福的身躯终于露了出来，见他毫发无损，大家方松了口气，有人对他开玩笑说：

"你这条命，就差一根发梢，就交给山大王啦！哈哈……"

"你们不知道，我是一个苦命人，更是一个大命人啊！嘿嘿！"

说是苦命，大家知道，郭财福一家穷得差点儿没饿死，新中国建立后才过上正常人的日子；说是大命人，却鲜为人知，就有人发问：

"你咋个大命哩？"

"告诉你们吧，不管是淮海战役大军过长江，还是进军大西南，直到朝鲜战场，我都受过伤，而且是多处受伤，可是那子弹像是长了眼睛，就不打我的头和身上要害地方，专打那些不要命的地方，嘿嘿，信不信？我脱光衣服，你们看看子弹落下的疤就知道了。你们说这还不是命大是啥？再想想，那么多的战争都过来了，那炮火连天，硝烟滚滚，可称为大江大河都游过来了；如今不是红旗渠嘛，这是一条小渠，能过不来吗？放心吧，山大王决不会叫我走，除非红旗渠修成通水了……"

郭财福一番风趣又乐观的话逗得大家喜笑颜开，忘记了刚才凶险的一幕。

郭财福这人，屡立战功，却不居功自傲，他不大命，谁还能大命呢！

与骡马为一家的驭手

冯后法是桂村公社三井村的保管员，由于工作认真，一丝不苟，被社员评为"红管家"。后来，村里筹款买了三头骡子、一辆马车，这些家当可称为大队的一半家产，因为冯后法这人忠厚可靠，大队

红旗渠掠影　　供图　《红旗渠》杂志编辑部

干部一致同意把骡子和马车交给他来管理。

冯后法对骡马的爱是一般人理解不了的。有人说他爱骡马如命,这话说得一点儿不错。冯后法有老婆有孩子有自己的宅院,可是,自从大队把三头骡子和一辆新马车交他管理之后,那马棚就成了他食宿的"家",从此再也没在家住过。就是有事离开这些牲口一会儿,待办完事就小跑着返回马棚,他生怕骡马出点啥状况。不干活时,冯后法为骡子梳毛、钉掌、喂草、溜圈;出外干活,最重要的是往红旗渠工地送东西,像拉煤、拉粮、拉工具,当然还有村中老少爷儿们兄弟姐妹乡里乡亲要他捎的东西和话。"冯后法要出车上工地了"，在这个村子就是重要新闻，谁家都有在红旗渠工地干活的亲人，谁都在时时惦念牵挂着亲人的温饱住行，一听说冯后法要上工地，为亲人准备什么的都有，不过，东西不能太大太重，因为车身容量有限，村里人又多，捎的东西尽量轻便。有那有文化的，只是写封信让冯后法带去，有那不会写信又没东西可捎的，就让冯后法捎几句给亲人报平安的话……

每次上红旗渠工地，近者几十里，远者上百里，冯后法总是起五更，带上两顿干粮，赶着车就上路了。在路上啃俩干窝窝头，快晌午时到了工地，卸完车，冯后法趁机把各家各户的东西和口信捎到。这时候民工乡亲都拉着冯后法去食堂用饭。冯后法不知道去工地送过多少次货了，可是他一次也没有在工地大食堂用过饭。他说："现在粮食紧，肚子都难填饱，咱不能沾人家那光，自己来时就带着干粮哩。"每每说完这话，大家见他态度坚决，也了解他的脾气，就不劝他吃饭了。不过，这时他会说："咱那骡子跑了半晌，又拉这么沉的货，是真饥了，你看它那架式是想吃草哩。"冯后法一边说着话，一边开始为骡子们弄"午饭"，然后再找来水饮一饮骡子，就赶着车返回。在返回的路上，他把来时带的窝窝头，一个个消灭得干干净净。

要干成事就得豁出命来

"要干成事，就得豁出命来。"这是张中和常说的一句话。他把这话写成字条，压在办公桌的玻璃板下。其实，这句话就是他的座右铭。

张中和 1920 年生于林县合涧乡道棚庵村，18 岁就投身抗日斗争。新中国建立后，先后任县委宣传部副部长、文教局长、公安局长、县委常委、县革委会副主任。

张中和在林县的水利事业中可称为一位强硬的"主战派"，先后任弓上水库、南谷洞水库、金牛山水库的指挥长。特别是在红旗渠工程上马前后,他是坚决主张修建这条引漳入林水渠的。在林县,他不仅负责筹建了林县钢厂、林县化肥厂,还一手建成了红旗渠水泥厂。

张中和虽然是领导身份,却总是到工程第一线与民工们吃住在一起,干活在一起,苦活累活抢在先。在南谷洞水库那年,因为任务重,时间紧,他日日夜夜不离工地,不仅是个眼观六路、耳听八方、善于指挥全局战斗的指挥员,而且是个冲锋在工程最重要、最艰巨的关键部位的先锋战士。当时工程遇上困难,山体石头特别硬,非常"难啃",他向大家鼓劲说:

"要开通道路,就得豁出命来干!"

不巧,这时老家来人告诉他,父亲病重,让他回家。他十分为难地说:"工地眼前的活儿更重要,一时半会儿离不开。"不日后,老家又捎信说,父亲因病去世了,等他回家安葬。这回张中和不再说离不开工地了,愧疚的情愫一时涌上心头:唉,父亲怎么没挺过这一关,没等我这里工程顺利了回去看他老人家啊!

张中和怀着沉重的心情,不声不响地悄然离开工地,徒步到家办了丧事,第二天一早他又急匆匆地徒步从家赶回工地。因为他明白,自己是指挥长,要以身作则,率先垂范,"要干成事,就得豁出命来"。

这不是一句空话,更非标语口号,它是实实在在的行为。在一个旱灾肆虐的时节,红旗渠受上游障碍影响,漳河水不能畅通流进林县大地。张中和与县里几位领导连夜乘车赴渠首山西省平顺县,去交涉斡旋用水事宜。由于事急车快,途中发生车祸,张中和不幸以身殉职。

摄影 彭新生

风 光 无 限

苍天有情亦叹服,林县从此换人间。

美梦成真

美梦成真之时,是一个新的美梦的开始……

1965年4月5日,红旗渠总干渠通水了。上午10点半钟,通水典礼开始,云集会场的两万余人与省市领导,沉浸在一片欢乐的海洋中,即使以神州大地作纸,蘸黄河之水当墨,也写不尽那场景的激昂振奋,道不完百姓的喜悦之情!

已记不清多少代了,祖祖辈辈期盼的水终于来了,还是在"引漳入林"上马之际,林县人就将憧憬的有水美景勾画出来,有来自民间的诗文为证:

> 清水高山流,渠道网山头,
> 吃的自来水,鱼在水中游,
> 遍地苹果笑,森林满山沟,
> 走的林荫道,两旁赛花楼,
> 犁地不用牛,点灯不用油,

通水典礼　　　供图　《红旗渠》杂志编辑部

旱涝能增产，不怕灾年头，
生活日日好，百姓永无忧。

当盼水的美梦正在成为现实，当人们已经亲眼看见哗哗的漳河水流进林县大地，百姓们怎能不欢呼雀跃，庶民们怎能不欣喜若狂呢！

为了这一天，为了使漳河水通过总干渠流进林县，林县人从1960年2月10日，一直干到1964年12月1日，共1753个日日夜夜，近五个春秋寒暑，共做工日1200万个，最终建成全长70余公里、渠底净宽8米、渠墙高4.3米的总干渠。

总干渠绝大部分开凿在太行山腰，逢山钻洞，遇沟架桥，艰难地通过了险恶的老虎嘴、石子山、通天沟、鹰嘴山、四眉辿等200米以上的悬崖绝壁50多处，斩断131个山头，越过114道沟河，完成土石砌方870万方，修建大小建筑物253个，其中山洞42个，长

红旗渠总干渠分水闸　　供图　《红旗渠》杂志编辑部

3502米（最大的青年洞长达616米，高5米，宽6.2米），涵洞86个，渡槽14个，泄洪洞17个，路桥、洪水桥82座，节制闸9个，分水闸2个，拦河大坝1个。总投资1308万元，其中国家拨款433万元，受益社队集体投资875万元。

数字是枯燥乏味的，但是，倘若你能设身处地地用心琢磨，细细品味，它却是有血有肉、有生命的。这些数字足以令人叹为观止！

时光进入1966年4月20日，红旗渠的三条干渠竣工通水典礼召开了。中心会场设在合涧公社红英汇流处，桃园渡槽、曙光洞东口、皇墓夺丰渡槽、安阳科泉西长虹渡槽等处分会场同时举行，参加大会的有12万人，收听广播的有21万人。时任河南省政府省长文敏生莅临现场剪彩放水。

让我们来看看三条干渠的规模及态势，只有这些枯燥的却是有血有肉的自然数字，方能阐述个中的艰辛与壮丽。

总干渠由山西省平顺县侯壁断下起，到林县分水岭。分水岭以下分为三条干渠，一干渠由分水岭起，经姚村、城关两个公社，到合涧与英雄渠汇合，全长41.5公里，渠底宽6.5米，渠墙高3.5米，可过14个流量；二干渠由分水岭起，经姚村、河顺两个公社，到横水公社的马店大队，长48公里，渠底宽3.5米，渠墙高2.5米，可过7.7个流量；三干渠由分水岭起，经任村公社到东岗公社卢寨，长12公里，渠底宽2.5米，渠墙高2.2米，可过3.3个流量。总干渠与三条干渠总长度171.5公里，全部盘绕在山上，经过屡屡悬崖绝壁，斩断山头246个，跨过沟河274条，修建大小建筑物722个，其中山洞59个，长8820米，最长的曙光洞达4000米，涵洞201个，渡槽59座，最大的夺丰渡槽长413米，泄洪闸26个，节制闸18个，分水闸2个，支渠闸41个，路桥、洪水桥300座，拦河大坝1座。共投工1922万个，完成土石砌方1132.6万立方米。按现成渠道设计需投资5530.9万元，实际投资4236.98万元，其中国家投资868.98万元，占投资总额的20.5%，自筹资金3368万元，占总投资额79.5%。

三条干渠通水，使林县33万亩耕地得到滋润，大大改变了生产条件，增强了抗旱能力。红旗渠的更大意义，是为林县培养了大批人才。仅在三条干渠竣工之时的统计，就培养出27名工程师，560名技术员，810名炮手，33000名石匠，110名铁匠，200名木匠，还有700多人学会了烧石灰，320人学会了做炸药，110人学会了生产水泥，1610名干部懂得了如何领导水利工程施工……

然而，艰巨的工程并没有就此终止。1969年7月6日，在林县召开了庆祝红旗渠工程全面竣工大会。且不说这次会议的盛大场景与参会者奔放亢奋的情绪，还是看看惊人的数字与其产生的功能：

这期间，已斩断1004座山头，跨越1850条沟堑，修建91座总长8华里的渡槽，开凿了75座全长30余华里的大型过水隧洞，建起了路桥、防洪桥、涵洞、闸门等大小建筑物6029个，总计投工

1730多万个，完成挖砌土石508万多方，建成全长900余公里的红旗渠支渠工程。同时，沿渠建成中小型水电站5个，排灌站23个，挖蓄水池105个，打旱井1838眼，建筑大小水库26个。

这时的林县，从山坡梯田，到丘陵盆地，已形成一个能蓄能灌、渠道纵横的水利网，水浇地面积比解放初期增加了47倍，全县平均达到每人一亩水浇地。林县民间的一首诗正是如今林县的真实写照：

渠道绕山头，清水到处流，
旱涝都不怕，年年保丰收。

除了灌溉农田，红旗渠还具有防涝功能，发展了水电，带动了公路交通。特别是因为不再缺水，人们的生活质量大幅度提高，以往连洗脸洗手都舍不得用水，如今，竟然可以洗澡了……

正是：

当代愚公多壮志，林县从此换新天。

"林县从此换新天"，它不是一句虚夸空喊，而是从农业、林业、畜牧业、交通邮电行业、县办工业、社队工业，直到上层建筑的文化教育事业、卫生医疗事业都在发生巨大变化，从此有"换了人间"的新天地、新林县。

这里，笔者不面面俱到地罗列各个领域自通水之后的崭新面貌，只是跳跃式地摄取一些镜头和片断，以期达到窥一斑而识全豹的效果。

先前，由于缺水，林县诸多村庄都是光秃秃的荒山野岭，如今，全县15个乡镇500多个村庄，纷纷兴办林场，成立了林业队。一开始就请高人规划，实行山、水、田、林、路统一治理。坚持生态林、用材林和经济林并重，其中有各种果树。仅林业的科学规划与落实，就使秃山着上绿衣，荒滩变成果园，崎岖羊肠小道一改为林荫幽径，花椒树、栗子树、核桃树、山楂树、柿子树这些本来土生土长的生

红旗渠三条干渠通水　　供图　《红旗渠》杂志编辑部

灵自有水后更是争相斗艳，竞搏高低；而各种用材林和经济林则是由无到有，遍及沟坎。到 1992 年，全县绿化面积达 101 万亩，各种果品年产量 3000 万公斤。花椒、板栗、山楂、核桃、苹果等畅销国内外。不仅增加了经济收入，且使生态环境得到改善。

　　说起畜牧业和养殖业，在缺水时期的林县，这两个行业很是可怜。想一想，连人都缺水吃，畜生家禽之类，只能是不养不行的牛、骡、驴子之类，勉强地喂着以供为人驮货运粮犁地。那种状态哪里会成为一种产业，更形不成规模了。自有了红旗渠，畜牧业与养殖业飞快发展，除牛、驴、骡、马、羊、猪等传统家畜饲养业飞速发展外，还发展了兔、貂等家庭饲养动物及渔业。1992年，全县养殖专业户已达5220户，拥有3万只以上的养鸡场10个，300头以上的养猪场2个，100头以上的养猪场50个。特别是养鱼业有了新景象。过去，缺水的林县哪里能养鱼啊，那是连想也不敢想的白日梦。在20世纪80年代之前，林县人是不吃鱼的，也不会烹饪这道菜肴——无论红烧、清蒸、干炸。只要是鱼，从不上餐桌，即使有名的饭店酒楼，也见不到"鱼"的踪迹，尽管流经林县的淇河就有鲜蹦活跳的野生鲫鱼。是红旗渠的落成，方使这道佳肴端上了林县人的餐桌，且成为招待贵宾的不可或缺的名吃。

也是因为有了红旗渠，一贯吃苦耐劳又无比勤俭的林县人在工业方面如鱼得水。无论是县办工业、乡村工业，还是个体企业，皆如雨后春笋，飞速发展，成为安阳地区五个县市的排头兵，综合实力跻身于全省前十名。而"丁角"与"史家河"两家位于姚村镇的村办企业，则成为中州大地工业王国中熠熠闪光的明珠，以它的规模效益和企业文化，吸引着四方行家里手、经理厂长、科研志士等各路宾客前来取经调研、参观学习。江泽民、胡锦涛、温家宝等国家领导人都曾莅临此地。

还是因为有了红旗渠，林县人的腰包悄然鼓了起来。虽记不清从哪一年开始，但肯定是红旗渠水流进林县以后，林县人的人均存款就是河南省第一名了。那记录直到今天，无论是林县，还是从1994年更名为林州市，它依然是全省第一。有人说，这个第一不能说明林州的发达兴旺，是林县人太节约俭朴的结果。不错，林县人是节俭，可是，在没有红旗渠之前，林县的人均存款为何不是全省第一呢？那时的林县人根本没钱，就是不吃不喝，也没余钱啊！更何谈存钱？

又是因为有了红旗渠，林县人的卫生条件得到巨大改善。农民群众开始讲卫生了，洗手、洗脸、洗澡、洗衣、洗菜、刷锅洗碗，等等，能够与不缺水的地方的人一样了；先前的地方病、传染病明显减少，县委县政府成立了地方病防治领导小组，组织医疗队，建立研制机构，对多发的甲状腺肿大、食管癌、肠胃病等的预防和治疗，取得了一定效果。

更是因为有了红旗渠，林县在教育方面的变化显现得更为清晰。自从红旗渠水进了林县，县、公社、大队都办起了小学，初中、高中也增加许多，儿童入学率较以前大增。每年升入初中、高中、大学的学生数量显著增多。输送回农村的各类学校毕业生成倍增长，文化水平与科学种田技术不断提高和普及。这种变化大大提高了林县农民的整体素质和综合实力，有力地推动着生产力的发展。

红旗渠水冲开了林县的大门，推开了林县的窗子，不仅在神州，而且在世界。随着专题电影片《红旗渠》的推介放映，数百个国家的各界精英、各色人物，甚至于元首领袖们，都慕名前来瞻仰红旗渠的雄奇风貌。由此，红旗渠的浩然正气，红旗渠的宏伟壮丽，红旗渠的险峻艰辛，红旗渠的鬼斧神工……使得各路宾客或目瞪口呆，或惊叹不已……正是因此，红旗渠被世人称为世界第八大奇迹，被誉为水上长城，被传为是在一个不能修渠的地方修成的渠，是在一个不能做大工程的年代做成了大工程，是在一个不具备人力、财力、技术实力的情况下，建成了超越人们实力的巨型工程。

在没修成之前，红旗渠应该是一个天方夜谭；当它修建成功之后，红旗渠是一个真正的奇迹！20 世纪的 70 年代至 80 年代，到红旗渠参观的外国人士就达 11300 多人，涉及五大洲 119 个国家和地区。联合国工委主席迪曼说："参观了红旗渠，有必要更改历史的说法，世界上有七大奇迹不对，红旗渠应列为第八。它不仅是技术上

赞比亚总统卡翁达参观红旗渠　　供图　《红旗渠》杂志编辑部

的成功和突破，而且是政治上的意志的战胜。"

南斯拉夫通讯社主编奥利奇 1973 年 3 月 29 日至 30 日参观红旗渠后说：

"红旗渠是人类智慧的纪念品，我到过 50 多个国家，看到过很多建筑，但红旗渠给我的印象最深。"

赞比亚共和国总统肯尼思·戴维·卡翁达和夫人 1974 年 2 月

25日在李先念副总理陪同下参观了青年洞、分水闸、红英汇流等工程后,热情洋溢地说:

"感谢毛主席和周总理为我们安排了这样好的参观项目,我建议所有发展中国家,也就是第三世界,都来这里学习。"

尼泊尔青年组织中央执委会主席阿查利亚1974年5月9日参观红旗渠后说:

"通过参观,第三世界发展中国家怎样发展,找到了答案。"

加纳农业部部长内纳斯科1974年6月20日参观红旗渠后说:

"红旗渠这样伟大的工程,不亲眼看,难以相信;亲眼看了,又很难找到恰当的语言来表达。"

喀麦隆青年和体育部部长费利克斯·托尼耶1974年6月20日至7月2日参观红旗渠后说:

"喀麦隆人民如能像林县人民这样艰苦奋斗,吃饭问题就解决了。"

也门民主共和国总统委员会主席萨勒姆·鲁巴伊·阿里1974年11月14日到林县参观红旗渠后激动地说:

"红旗渠是林县人民创造的奇迹,表明了中国人民可以战胜任何困难和灾难。"

柬埔寨民族统一阵线中央政治局主席、柬埔寨王国民族团结政府首相宾努亲王1975年5月17日至19日参观红旗渠后说:

"只有人民当了主人,才能创造人间奇迹。"

莱索托外交大臣科措科阿内1975年5月22日至23日参观红旗渠后说:

"如果让我领导修建青年洞,我会说修不成。可是林县人民就修成了,这是伟大的业绩,是意志的反映。我活了这么大年纪,还从没有看到过这样伟大的奇迹,特别是工人、农民创造的奇迹。"

马达加斯加的马尔加什共和国最高革命委员会成员若埃尔·拉

科托马拉 1975 年 7 月 26 日参观红旗渠后说：

"只有英雄的人民，才能建成这样巨大的工程。"

土耳其革命工党主席多乌·贝林切克 1976 年 1 月 5 日至 7 日参观红旗渠后说：

"林县人民修红旗渠的锤声传遍了全世界，红旗渠将永远是世界上的一面红旗。"

西班牙工程学会主席费尔南 1976 年 4 月 14 日参观红旗渠时连声称赞：

"红旗渠是珍宝，是历史上最稀有的工程。"

索马里共和国副总统伊斯梅尔·阿里·阿布卡尔 1977 年 6 月 24 日至 25 日参观红旗渠后说：

"林县人民是改造大自然的主人，是世界人民学习的榜样，红旗渠是当代世界的奇迹。"

联合国水利考察组 17 人 1978 年 4 月 16 日至 17 日参观红旗渠后一致称赞：

"在世界上任何其他国家都不会看到这种艰巨的石工建筑。"

阿拉伯也门共和国公路总局主任海菲 1978 年 5 月 14 日参观红旗渠后称赞：

"红旗渠工程比登月球更伟大。"

斯里兰卡民主社会主义共和国总理拉纳辛哈·普鲁马达萨 1979 年 8 月 17 日参观红旗渠后说：

"我要多次向我国人民介绍中国人民为修建红旗渠做出的巨大努力和牺牲，以提高我国人民的自信心和自力更生精神。"

日本日中技术友好协会理事长深谷克海，从 1976 年 5 月到 1993 年先后 10 次来林县访问，每次都要看红旗渠，他说：

"如果不看红旗渠，等于没有到中国。"他为红旗渠精神所感动，在日本自费放电影、印画册、写文章、做报告，宣传红旗渠精神。他说：

"在当今物质文明高度发展的今天,全世界很需要精神文明,就是红旗渠精神,即现代化+红旗渠精神=世界更美好。"

当《红旗渠》纪录片在联合国放映后,引起很大震动,外界评价很高,美联社称:

"红旗渠的人工修建是毛泽东意志在红色中国的突出体现。"

……

林州,因有红旗渠而走出国门,走向世界;

世界,因有红旗渠而踏进林州。

中国与世界在红旗渠畔拥抱。

正是从红旗渠这方天地,走出了一支庞大的能工巧匠队伍,他们练就了超人的意志,超人的胆略,超人的手艺和超人的品性。乘改革开放的春风,林县的工匠大军走出家门,迈出省门,活跃在全国各地,从东北黑龙江畔到海南天涯海角,从西北乌鲁木齐到山东海滨青岛。之后,林县的工匠大军踏出国门,转战世界各地,俄罗斯、坦桑尼亚、科威特、南也门、伊拉克……他们用自己的双手,建成一幢幢或宏伟、或典雅、或别致、或朴实的建筑。就连科技最发达的美国,他们的关岛海军基地也留下了林县工匠的"作品",有一次美国科罗拉大峡谷公路招标,诸多强手竞相斗智斗勇,唯有一处施工环境险恶的悬崖绝壁无人问津。这时走出一支中国建筑队,驾轻就熟地拿下这段艰难工程。工程开始施工了,诸多外国筑路行家里手前来观看取经,只看到中国人腰缠速降绳宛如神兵天降,飞荡自如,正是当年修红旗渠练就的技艺,只是工具先进了。外国人看得眼花缭乱,钦佩无比。有人问:"你们是哪里的施工队伍?"得到的回答只有四个字:

"中国林州。"

是的,红旗渠的建成,其意义何止只是一条渠?!

红旗渠总干渠大弯　　供图　《红旗渠》杂志编辑部

　　红旗渠的修建，为林州"弘扬了志气，培育了才气，招来了运气"。红旗渠的落成使林州迈入了成功的轨道，拥抱起灿烂辉煌！

阳光没有背面

给弱者雪中送炭是做人的美德,不能让英雄流血流汗又流泪,是执政者的责任。

大凡人们在观察社会世态时,目光会停留在阳光照射的一面,而冷淡甚至忽略阳光的背面。其实,阳光的背面与正面同等重要。

当各种媒体与各界传闻聚光在红旗渠的丰功伟绩,红旗渠精英的卓识远见、英明决策,红旗渠英雄劳模的屡屡功勋、浴血奋战的生动故事时,有一种人和事却不被人注意,还有许多人压根就不知晓这些人和他们的事,实际上,他们是红旗渠精神的有机组成部分,他们与站在阳光下的红旗渠精英人物、英雄劳模同等重要。他们是在太行山腰修建红旗渠时被山石砸伤、被炮炸伤、滑坠悬崖摔伤、被不可预见的意外致伤……他们之中,有的失去了手,有的没有了脚,有的视力减退或双目失明,有的缺少了肋骨或行走不便……伤势虽然各异,但共性皆是丧失劳动能力。如今,他们皆已年过古稀,有的已至耄耋之年。其中有家者,有儿女照料尚能正常度日,而因伤残终生没有结婚成家者，如今年事已高，生活难以自理，日子过得就异常艰苦困顿。

林县人民政府于1991年4月16日，出台了林政［1991］26号文件，《关于解决水电建设中因公殉难民工的遗属和因公致残民工生活困难的意见》。据统计，因公致残的红旗渠民工有50多人，当时，对这个特殊的群体给予工分补贴，免义务工和乡统筹、村提留等费用，每人每年可以领到80～300元的医疗补贴和抚恤。补助的金额在那个时段还能解决一些问题。可是时代进入新世纪，这种补助的金额数字依然如故，就显得非常不足了。

请看：

任村镇皇后村民工李玉珠，1960年在总干渠王家庄施工段负伤，失去右手，丧失劳动能力，每年补助180元；

振林区南关西券村民工李林昌，1977年在合涧金牛山水库截流施工中负伤，左腿粉碎性骨折，丧失劳动能力，每年补助96元；

东姚镇老李沟村民工李书吉，1964年在红旗渠一干渠白草坡施工负伤，失去右脚，丧失劳动能力，每年补助80元；

原康镇柏尖沟村的赵崇明，19岁时在工地施工炸瞎双眼，只能靠侄儿照料终生，一个月补助10多元；

河顺镇东寨村郑年仔，1962年元宵佳节那天，在红旗渠工地被炮炸伤双眼，丧失劳动能力，半个世纪以来过着孑然一身的孤独日子，一个月补助10元。

……

水务局和红旗渠灌区管理处保存有红旗渠伤残人员名单，这里不必一一赘述。

国家在前进，经济在发展，人民生活在显著提高。中央对农村制定了诸多惠民政策，如：免征农业税，对农民种粮实行补贴，实施农村合作医疗。可是，这些曾在红旗渠建设中因公致残的民工待遇，却停留在1991年政府制定的标准。当时一般工作人员月工资仅几十元，对身在农村的伤残民工一个月发10元左右的补助，还算合乎情理，如今的工作人员月收入2000元左右，是普通平常的，而且市场所有物品的价格已今非昔比，仅拿一日三餐的面粉来说，那时每斤在0.20元左右，如今至少上涨六七倍了，至于其他生活必需品，涨得更高更多。唯伤残的民工们，待遇依然如旧。

难道这些人不在各级政府官员的视野之内吗？难道他们为红旗渠奉献的一片赤诚被忘记了吗？难道这种为公共事业做出的巨大牺牲不被承认吗？……

如何对待红旗渠伤残民工，在干部队伍中有两种截然不同的认识。有人认为，这个伤残群体是个马蜂窝，只要一捅，连锁反应大，是个没底的窟窿，有多少钱也难填平。不要管他们，即使有几个人上访告状，也成不了气候。一没权，二没钱，三没体力，政府硬顶着，他们蹦跶一阵子，就知难而退、息事宁人了！

另一种认识是，红旗渠伤残民工的现实生活的确困难，先前的那点补助根本不够最低的生活标准。为什么其他人的待遇都提高了，唯有他们这些修红旗渠的"功臣"不能提高？作为政府，应该正视这部分人的困难，帮助他们解决困难，否则就是失职！

增加这些因公致残民工的补贴，是一项顺民意、得民心的工作，可以达到安抚民心的效果，证明政府官员真的是人民公仆，是亲民爱民的干部，而非挂着"为人民服务"的招牌，实则是不顾百姓死活的官僚。只有把真正的温暖送至伤残民工身上，广大群众才能相信，只要是为公益事业做出贡献的人，政府永远不会忘记他们。

在2010年早春的林州市人大、政协两会上，由林州人大四位代表联名向大会提出了《关于增加在修建红旗渠及重大水利工程中负伤人员医药费的意见》。

对伤残民工提高补贴的呼吁引起各级领导关注。身为林州市人

红旗渠总干渠

大主任的翟建周是位亲民爱民又体贴百姓苦衷的干部。当他把目光关注到这个红旗渠伤残部落时,动情地流出伤心的眼泪。他对同仁说:

"红旗渠的建成,彻底改变了林州过去'水缺贵如油'的历史面貌,林州也因红旗渠而举世闻名。我们在任何时候都不能忘记当年为修渠付出艰辛劳动的人,特别是那些受伤致残的民工,他们是为修红旗渠做出巨大奉献的英雄!我听到和看到他们现在的困难处境,就感到心酸,决不能让英雄流血、流汗,又流泪。"

翟建周启动了该启动的程序,为解决伤残民工的补助事宜,他操动起人大的权力杠杆。然而,要办成一件事,是需要走程序的,更需要的是漫漫的等待甚至是旷日持久的熬煎,这当然得有超越常规的耐心和泰然稳固的心理素质。大多的红旗渠伤残民工是极其老

摄影 彭新生

实忠厚的，他们只知道苦，苦得眼里流泪，心底滴血。他们以沉默和苦熬度过了一年又一年，他们用等待和期盼瞅着日落月出。但是，他们从不声张，也不叫苦，更不哭穷。他们是一块又一块埋在红旗渠最底层的石头，实在、厚道、稳重、无声无息地与困苦的重荷抗争着。

恰在此时，林州市成立慈善总会，会长就是林州市人大主任翟建周。

正当人大政协两会结束，《关于增加在修建红旗渠及重大水利工程中负伤人员医药费的意见》提案转到林州市水务局，开始马拉松式程序的逐级审核、批示过程时，翟建周已率人大干部和慈善总会的工作人员来到伤残民工家中，去访问、去看望这些为红旗渠奉献一生的功臣了。他知道政府办成一件事的繁难程序和缓慢节奏，但那是必须履行的规矩。它是一架机器在运转，当然自己也无能为力改变这架机器的运转轨迹和节奏。只是时间太长，不仅伤残民工等不及，自己也等不及。他怪自己，为何不早些处理这事！今天，他有了一个林州市慈善总会会长的头衔，可以名正言顺地关心帮助伤残民工了。他深入基层了解伤残民工的现状，亲自与他们交谈、沟通，看到他们的衣食住行及身体状况，他开始忧虑起来，饭吃不香，觉睡不着。怎么会是这样？我们天天在宣扬红旗渠精神，这些伤残民工也是红旗渠精神的支撑者，没有他们的无私奉献，哪里会有今天的红旗渠？哪里会有红旗渠精神？一种沉沉的烦恼和忧虑，压在他的胸口，刺痛着他的心。作为市人大主任、市慈善总会会长，他决定把解决红旗渠伤残民工的问题作为最重要的工作来做。

翟建周与市委、市政府沟通切磋，最终达成共识，应该提高对红旗渠伤残民工的待遇，对40名生活困难的伤残民工，由林州市慈善总会一次性补助5000元。

2010年6月13日，林州市慈善总会救助修建红旗渠伤残民工专项活动仪式在慈善总部举行。

这次仪式，慈善总会特地为伤残民工安排了回忆当年修渠的文艺节目，当演员高唱"定叫山河换新装"的歌曲时，犹如一把开启记忆之门的钥匙，把修建红旗渠的英雄们带回那段激情燃烧的岁月，伤残民工们饱含热泪，与演员们一起引吭高歌，台上台下顿时成为一片欢腾的海洋，将气氛推向热烈的高潮……

当年修渠被山炮炸伤眼睛的城郊乡桑园村的莫随心感激地说：

"与那些当年修渠中牺牲了的兄弟姐妹比，俺幸运多了，俺不仅喝上红旗渠的水，吃上红旗渠水浇灌的粮，今天，领导还发给俺这么多的钱，真好啊！"

横水镇东下洹村伤残民工李金书流着泪说：

"修建红旗渠虽然俺不幸受伤残废了,可是咱林县领导没忘记俺,这一次就给俺 5000 元钱,叫俺咋谢谢领导啊,俺真高兴啊……"

……

救助活动仪式现场,当年流血流汗的修渠英雄为慈善的爱心义举所感动,激动的泪水折射出此时此刻内心的感慨,干部群众,此时此刻已融为亲密无间的整体。在乐队奏出"爱的奉献"的歌曲声中,伤残民工常鱼生代表受助兄弟姐妹将一面写有"情系伤残民工 慈善奉献爱心"的锦旗送到慈善总会会长翟建周手中……

救助活动一结束,翟建周一行专程跑到林州市人民医院,去看望没能亲临救助现场的正在住院治病的赵崇明。

赵崇明是林县原康镇柏尖沟村人,因修渠受伤,双目失明半个世纪了,一辈子没有结婚成家,始终孤身一人,吃喝拉撒由侄儿侄媳照料,今年已 79 岁。

翟建周将 5000 元善款亲手递到赵崇明的侄媳郭富英手里,并嘱咐医护人员:"一定要服侍好这位古稀老人,他是我们林县的英雄,是为修红旗渠而双目失明的,一定让他享受好人生最后的时光……"

躺在病床上的赵崇明只能用面部表情发出由衷的感激之情,他已不能言语。他的侄媳很是真诚地对翟会长说:

"孝敬长辈是俺应尽的责任,叔叔为改变咱县干旱面貌受伤致残,俺一定要精心侍候叔叔。今天你们给这么多钱,正是在俺最困难的时候送来的,以往俺叔叔一年才能领三百来元救助,哪里见过这么多钱。俺太感谢你们啦,翟会长和慈善总会,俺全家都掏出心地谢谢你们啊……"

听着这位年轻妇女的心里话,翟建周很是感动,在离开医院回去的路上,他对身边的同仁道:

"看看我们的百姓多好呀,又多么老实啊!只要政府能给他们一点儿温暖,就知足了,就要涌泉相报。咱们当干部的,执行政策和

红旗渠的基石

漳河穿山过　　　　摄影　彭新生

制定政策时,应该考虑不能让这么好的、这么老实的人吃亏……"

不日后,林州市出台了对红旗渠伤残民工的新的生活补助文件,新的文件摘引如下:

"根据经济社会发展变化,及时调整补贴标准,红旗渠及重点工程南谷洞水库、弓上水库建设中的伤残人员名单以1991年各工程管理单位备案名册为准。对名册范围内符合规定的伤残民工给予生活补贴,每人每月400元;林政〔1991〕26号文件规定的原医药费补助改为伤残补助……"

每月400元的补助,也许对城市人来讲是微不足道的,但是对常年一个月仅10元20元补贴的山村伤残民工,那是一个足以令人喜悦的数目。

更为可喜的是,不久以前笔者又亲临红旗渠畔,询问起伤残民工补贴事宜,方悉在几个月之前,已涨至每人每月720元了……

真正使笔者可喜的是,先前有点儿松动活络、有些裂痕的红旗渠基石,正在凝结固化,融为坚实牢靠的基石。它当更加稳固地支撑着红旗渠精神,使她绚丽多彩的光芒生生不息,青春永驻。

供图 《红旗渠》杂志编辑部

精 神 传 承

　　修红旗渠难，难的是要越过屡屡雄关、道道险隘；护红旗渠亦难，难的是要度过漫漫寂寞、绵绵孤独。然而，孤独的音符也能奏出华美的乐章。

不爱金钱愿清贫

物质是肉体，精神是灵魂。只有回到了红旗渠，他才找到了自己的归宿。

杨海江对红旗渠的感情，是无法用语言表达他的挚诚的，也是任何仪器难以量化这种感情的分量的。

杨海江的爷爷焦自富，1960年元宵节的那一天就背上铺盖卷，走进第一批修渠队伍，奔至山西省平顺县王家庄，开始在渠首打凿王家庄安全洞，一直干到1968年，直到离开人世的前几天，依然还在红旗渠工地。爷爷不能再修渠了，父亲焦用林就在这一年走进红旗渠工地，继续着爷爷干的活计。待红旗渠修成后，焦用林开始了他的护渠生涯。先后在河口渠段、回山角渠段和分水岭渠段聆听着红旗渠水的抒情歌唱。一直到2012年，焦用林方退休回家，整整伴随红旗渠44个春秋。其实，退休后的花甲老人，心里依然牵挂着那淙淙流动的红旗渠水，隔三岔五地还是要到渠段看看老伙计们……

1991年，17岁的杨海江就参加了工作，与父亲焦用林过着同样的维护红旗渠的生活。杨海江走进位置偏远、条件艰苦的渠首部位的河口管理段，这也是父亲焦用林当年工作的地方，如今父亲已不再年轻，到条件较好的河段护渠了。

杨海江进了河口管理段，不了解他的人颇感疑惑，为啥他爹姓焦，他却姓杨？

其实，这正是海江与红旗渠的缘分，也可以说，没有红旗渠，就没有焦用林的婚姻，更没有儿子杨海江。

事情是这样的，杨海江的父亲焦用林原本是林县姚村镇焦家屯人，修红旗渠二干渠时，总指挥部就设在焦家屯。大约到了1970年，焦用林到位于任村公社的渠段护渠，渠畔有个叫木秋泉的村子，村里有个姑娘叫杨春梅，不知是小伙子先追的大姑娘，还是杨春梅先向焦用林表达了爱意。时间走进了1972年，焦用林与杨春梅竟然在没有媒人牵线的情况下结婚了，其实这俩人的媒人就是"红旗渠"。当然女方是有条件的，就是要求男方倒插门，至于以后生儿育女，就顺理成章地姓杨了。焦用林结婚两年后，小海江出生了。尽管海江全家于1982年又迁回他爹的故里——姚村镇焦家屯，小海江依然姓杨，大名叫杨海江。

杨海江在河口段护渠三年，在年轻人争相报名参军入伍的热潮中，他应征入伍，到了大都市广州，在著名的广州军区司令部模范红一连当兵。因他品质好，为人厚道忠诚，很受部队领导器重和战友信任。1998年退伍时，部队推荐他进入了广东华侨信托投资公司的证券部，这是一家实力雄厚、信誉颇佳的大公司，老板见到身材魁梧、气质朴实的杨海江，一眼就相中了，又看档案，知道他是从广州军区司令部模范红一连退伍的，就更加信任和厚爱。这个连队早年为遵义会议做过警卫工作，在20世纪50年代参加过朝鲜战场的上甘岭战役，如今驻守广东，第一任司令员是许世友将军。俗话说，强将手下无弱兵。果然，杨海江在这里工作不久，就用他的行动证明了自己的德行和才干，很快被任命为保安队队长，月工资6000元。这一下把个山里来的年轻人震住了，尽管他在大都市广州生活了好几年，可那是在部队，不接触社会，更不了解广州，他只知道在老家林县，他爹一个月还拿不到2000元的工资，那可是几十年的红旗渠老护工了。

生活一向节俭的杨海江哪里花得了这么多钱，一发工资，他就把一多半寄回老家。但是父亲在一次回信中却说，希望儿子回家来维护红旗渠。

其实，父亲的期望与儿子的愿望不谋而合。很长时间以来，杨海江总有一种感觉，觉得不踏实，虽然身在繁华喧闹的大都市，月月有花花绿绿的花不完的钞票，有海鲜大餐美味，有时尚流行的衣装，还有人要做他的月下老人……可他却总是回忆在红旗渠护渠的岁月，向往故乡的山水、故乡的亲人和红旗渠畔的工友们。他觉得，只有回到红旗渠身边，才有家的温馨感觉，心里才感到踏实。可是，怎么向老板张口呢？老板对自己是真的厚爱和信任啊！是的，在广州，像杨海江这般实在、忠诚、踏实肯干的人用武之地更为广阔，也是一种可遇而不可求的人才。老板曾对他说："好好干，小伙子，你的前程光明啊……"

杨海江反反复复琢磨了几天，终于拿定了返回老家的主意。他推心置腹地对老板讲，自己只有姐弟二人，姐姐已经出嫁，父母仅有自己一个儿子，倘若儿子在遥远的南国，可怎么孝敬爹娘？自古有"父母在，不远游"的文化传统，希望老板能理解一个远离亲人的年轻人的心情……

老板被他真诚的话语感动了，杨海江于2000年从广州回到了林州，回到了昼思夜念的红旗渠渠首段，重新开始护渠生涯。

渠首段号称红旗渠第一管理段，听起来很是荣耀。可是，这里的实际情况与它的名声却有极大反差，生活和工作环境相当艰苦。

在风雪中前行　　　　　　摄影　李俊生

杨海江所在的管理段位于山西省平顺县侯壁断下两山夹一沟的漳河岸畔，一座小小的院落，周围被群山环抱，面前是昼夜流动不息的浊漳河。这里不通火车，仅有一条公路连通山西与河南，每日只有一趟通行的长途汽车，倘若遇上雨雪天气，一连三天五天不见汽车踪迹是常有的事。也是由于交通不便，环境闭塞，人烟就越发稀少，就连护渠的职工，说心里话，没人想来这地方的。但是，渠首的重要地位没有因为环境的恶劣丝毫减少，杨海江刚参加工作就在这里，如今从部队退伍归来，他心甘情愿地又回到这个岗位。

在这里，水利部海河委员会设立了漳河管理局，局下又设有专门调度红旗渠水量的机构。作为红旗渠渠首管理段，当然要接受漳河管理局的技术指导，更重要的也是有十分难度的工作，是处理山西境内与渠首有关联的各个村庄的疑难问题，实际是协调各种矛盾和平衡利益。尽管山西所有村庄的用水是有优先权的，但是面对当地村民，面对他们的诸多要求和随意任性，个中酸甜苦辣是难以言表的。不过，对于杨海江来说，攻克这样的难题就是他日常的工作和生活。

说是渠首段，实际仅有三名职工。每每夜晚，只能聆听山风的呼叫和鸟鸣兽吼，刚来的职工，一连数日地听到这样的声音，精神几近崩溃；同时，吃水是另一个困惑渠首人的难题。外人会大惑不解，守着漳河面临红旗渠，还有吃水的困难？是的，这是水污染造成的恶果，无论漳河还是渠水，近些年已不能饮用。渠首的同仁要吃水，只能去漳河上游管理局河道管理处挑水，吃水是每时每刻的事，一年三百六十五天，每天都要去挑水，烦不烦啊！这种磨练耐心和韧性的凡事，对杨海江又算得了什么？

杨海江在渠首管理段任多年段长，于2012年晋升为红旗渠河口管理所副所长、党支部书记，这个所管辖6个管理段，辖区长达32公里。

作为副所长，只需要在所办公室指挥各个段的工作。可是，杨海江虽为所长，却依然要亲自到各个管理段现场了解实情，化解矛盾，解决难题。

自杨海江由段长晋升为所长，工资也升到一个月可拿3000元，可是，比起18年前在广州当保安队长，才刚刚达到那时工资的一半。不过，杨海江从来没有对工资高低说三道四，他只是默默无闻地忙碌着，兢兢业业地劳作着，不仅是用他的全部体力，而且用他的一种精神，在维护红旗渠的安全和纯洁！

艰险的日子

　　艰险与希望是一对孪生兄弟。

　　申喜山的老家在太行山深处，1964年初冬，他出生于石板岩乡的西乡坪村。听听故乡石板岩这名字，就感到硬朗得跟石头一般。是的，这里房舍的墙壁全是就地取材的石块垒砌的，屋顶则是用当地特有的石板搭建的。一眼望去，村落里是清一色的淡紫泛红的石材屋舍，旮旮旯旯，无不透出太行山的本色：坚硬、实在、表里如一。

　　申喜山就是这样的汉子。1987年，他从部队转业回到老家林县，被安排到红旗渠管理局河口所工作。河口所下辖六个管理段，一般来讲，刚参加工作的年轻人要到底层的管理段去，能进入管理所的人是有相当资历和经验的老同志。河口所管辖的六个段，虽然规格同等，名字一样，但条件却各有优劣，甚至是天壤之别。申喜山接到工作安置通知以后，就有好心人对他说，你到河口所，最好去××段，如果去不成，去别的段也可以，但别去谷堆寺段，那儿简直是原始人待的地方，又特凶险！

红旗渠的基石

渠水通幽 摄影 李俊生

申喜山很是感激好心人的提示，但是他想，这次与他同时分配到河口所的同志肯定也听到这样的劝导，如果人人都不去谷堆寺，怎么办？

领导当然心知肚明，这些待分配的人都会从各自的渠道获得必要的信息，不会有人想去谷堆寺这个地方。可是，眼下最缺人手的就是谷堆寺，让谁去呢？河口所的领导着实犯愁，为这事耐心地做着被分配者的思想工作。申喜山看到领导为难，立即斩钉截铁地对领导说："我的思想工作不用做，我去谷堆寺，我想到那个段锻炼锻炼。"

领导顿时如释重负，申喜山也如愿了。

1988年农历正月初六，申喜山来到了谷堆寺段。这是他第一天上班，老段长傅天贵推着小推车，来到山下公路边接新到的同志，俩人见面的第一句话是老段长先开的口：

"可有人来啦，别人都不愿意来这儿，你咋来了？"说话间，老段长接过申喜山背的铺盖卷，放到小推车上。

"我是自愿的，只是想锻炼锻炼自己。"

"太好了，太好了！我这儿就缺年轻人啊，今年我都58岁了，再干，还能干多久，有你这年轻人做伴，我不再是光杆司令了！哈哈——"

"咱段不是有三个编制吗，咋你光杆一人？"

"有三个编制不假，可是人家来这地方待一段时间，就打退堂鼓了，不是身体不适，就是申请调动岗位，弄来弄去，就剩我一个人了！"

俩人说着说着已走了五六里路，来到漳河边，老段长让年轻人挽起裤腿，要蹚河了。过了河，他俩又吃力地推着小车往山上爬坡。老段长双手推着车子，脖子上套着车襻，申喜山在一侧帮着又拉又推。那不是平坦笔直的小路，是沟沟坎坎、高高低低又坑坑洼洼的乱石杂草灌木丛生的"废墟"，若不是老段长带路，申喜山就是摸到黑也摸不到谷堆寺管理所。这是啥路啊？里侧是万丈壁立的太行山体，外侧是一望无底的悬崖和滔滔漳河。这是啥管理段啊？办公与住宿在同一间窑洞；照明，是一盏煤油灯；吃饭，是一个地灶，一口铁锅，要自己做；燃料，当然是就地取材，到山上砍树枝，搂杂木；吃水，要下到渠根去取红旗渠水；吃粮，从家背；吃菜嘛，自己开荒种。

这就是谷堆寺管理段，申喜山主动要求的工作场地，位于河南、山西两省交界处，实际是在山西省平顺县。

申喜山的日常工作是巡渠、护渠、垒防护岸，勾补渗水的石缝，还要上山砍柴拾柴；老段长负责向上级汇报水情、看家、种菜、做饭。

这是个没有人烟的地方，整个渠段安静得难听到人的动静，唯有水流的声音和山鸟的歌鸣。不期而遇一个牧羊人，申喜山会感到莫大的惊喜和温暖，终于遇见人了，可以说说话了。是的，在常年缺少人烟的地方，一旦发现了人，的确是令人神往的幸事。更有幸的是，这个放羊人还是林县老乡，不过是在他爷爷的父亲那一代就从任村镇逃荒到山西平顺县了，如今他是第四代生活在山西的林县人。俩人渐渐熟了，到了中午，申喜山就领放羊人到管理所，老段长做好一锅面条汤，会让老乡放羊人吃个一碗两碗的，放羊人带的干粮，也会拿出来让护渠人尝尝口味。

最寂寞的时间是老段长休假回家的日子，这时的谷堆寺段仅有申喜山一个人，想找个说话的人都没有，真个无聊啊！只能隔河遥望对面公路奔跑的汽车，数一数一个钟头能过多少辆，这是打磨时光的一种办法。其实，这时的申喜山已经结婚近两年了，还有个不满周岁的小女儿，因交通不便，也因岗位人少，虽然距家不足百里，却难与妻子女儿团圆。有时候就让妻子带女儿来谷堆寺团聚，这时候来探亲的妻子却反客为主，她与丈夫一道巡渠，一起上山砍柴。有时男人有事外出，女人就在窑洞附近开荒种菜。山里的女人就这样好，不仅任劳且能任怨，妻子从没因为男人工作环境的艰苦发过一句怨言，她与丈夫一样，对谷堆寺这个荒凉的地方有了感情，就连夜深人静听到远山近邻的狼嚎狐叫野猫吼，也毫无恐惧，且将它当作一种伴奏长夜的乐曲。

妻子抱怨申喜山的事仅有两次，那是两次要命的凶险遭遇。一次，申喜山趁有点儿闲暇时间，叫上王家庄管理段的同仁李三，一道上山找木材，准备做个切菜的案板。他们将一个残留的椿树桩刨出来，装到小推车上。小推车也是管理段唯一的交通工具，为防止车子偏沉不稳，申喜山在车子另一端放几块石头，就下山回家。天不作美，突然下起鹅毛大雪，使本来就崎岖难行的山道又湿又滑，眼看就回到管理段了，却在一处凸起的山石处，小推车颠簸一下，这一颠可糟了，几块做平衡的石头掉了下来，车子随即向装着木桩的一侧翻倒了，一下子掉进红旗渠。两手推着车子、脖子上套着车襻的申喜山随车子摔进渠水。渠水深2.6米，足足埋住人高马大的推车人，更要命的是时值天寒地冻，又下着大雪，尽管申喜山水性尚好，也难抵御恶劣天气的侵袭和冷冰冰渠水的浸泡呀！他只能在水里拼命地扑腾，以防水淹头顶窒息死亡。岸上的李三跑回段里拿根木杆，伸进水中让申喜山抓住，企图拉他上岸。可是，小推车的车襻还套在落水人的脖子上，怎么扑腾都解不开那要命的玩意儿，真是急死人了。也是急中生智，申喜山在水中指示李三，用木杆顶端的铁钩钩住小推车，他一头扎个猛子进入冰凉的水中，终于将那车襻甩脱了，这时的申喜山已在水中搏斗了一个多小时。天依然那样的冷，雪依然在下，木杆上、渠墙上，就连手上都结成了冰，到处都是滑溜溜的，哪个地方都抓不住，太滑了！每次抓住什么东西待快到岸边时就又滑落下来，就这样反复了十多次，申喜山真的精疲力尽了，少气无力地对岸上的李三说：

"李三呀，甭管我了，这阵儿真没一点儿劲了，再弄下去，再把你拖拽下来，咱俩就都死了！"水中的人劝岸上的人别再救他。岸上的人哪里肯依，一个劲儿鼓励水中的人说："再试试，鼓足劲，一定能行……"

这时，申喜山的双手已冻得僵硬，哪里还听使唤，又是一次的急中生智，他知道水里的温度比水面上高，就又一个猛子扎进水中，不仅是暖双手，也是暖了全身，之后再钻出水面，拼足了全身的气力，抓住木杆，扶住渠墙。李三用木杆吃力地撬着往上爬的申喜山，也不知从哪里来的一股子猛劲、冲劲儿，落水的人终于爬上了岸。到岸上的申喜山整个身躯都冻僵了，嘴也张不开了，啥话都不会说了。这时来救援的人们马上生起了火，在火的温暖下，冻僵的申喜山终于苏醒过来……

还有一次，是在鸧鹉崖渠畔拔草护渠，这地方地势十分险恶，草却长得旺盛，有棵草长在渠边的石缝里，申喜山没有料到，那块草边的石头是活络的，他抓住草猛地一拔，草拔掉了，可是活络的石头却随拔出的草连着拔草人一块滚下悬崖。幸运的是，申喜山滚至半山腰被葱茏的灌木荆条拦住了，方捡回一条命！

申喜山对红旗渠的忠诚和奉献是有目共睹的，红旗渠对他的回报也是丰厚的。到谷堆寺管理段之后，申喜山先后被委任为河口管理所党支部书记、所长；合涧管理所所长、党支部书记；青年洞景区主任、党支部书记；红旗渠展览馆主任、党支部书记。回忆当年的艰险岁月，申喜山有一种自豪感，他觉得，那不只是艰苦和风险，更有一种难以言表的美好和憧憬。

护渠才女宋玉青

才华不只是显荣的精英与耀眼的明星的专利,才华同样在平凡的人间活跃。

宋玉青与诸多护渠人不同的是,她是从学校大门走出来的国家干部,在河南水利学校受过四年的专业知识的教育。毕业那年,大中专院校学生还是由国家分配工作的,也许是她学的水利工程专业,又是林州市人的缘故,也许是她压根就有回故乡林州效力的倾向,没有像同窗那样提出要留省城工作的愿望。就这样,宋玉青自然而然地回到了林州市,被分配到红旗渠灌区管理处。作为刚踏出校门的学生,当然是要到基层工作锻炼的。根据工作需要,宋玉青被分到了南峪渠管所。

宋玉青另一个与众不同的是,她有许多爱好,喜爱写诗、画画,有时还弹弹吉他,拍拍照片。也是性情使然,自幼爱吟咏诵读,追逐梦想,寄情山水。她欣赏"古道西风瘦马"的悲凉美景,更憧憬"小桥流水人家"的诗画意境。当她听说要到太行山间的南峪渠管所工作,蓦然萌生一种梦幻神往,那一定是个有山有水、有石有林的地方,年轻人向往的诗情画意终于要来到了。

宋玉青的钢笔画

宋玉青走进她的工作单位，南峪渠管所，一个前不临村、后不着店的孤独院落，一幢简陋的二层小楼，一个门上写着"宋玉青"名字的房间，是她寝办合一的场所，一日三餐是所里职工轮流做的单调饭菜。宋玉青想吃根油条，就得跑上五里地才能找到炸这东西的山村小店。如果遇上雨天，本是松软的溏土道路就泥泞不堪了，无论是小推车还是自行车，车轱辘轧下去，就被稀巴烂的泥浆黏得严严实实，要让车轱辘转起来，就像拽地上的口香糖那般费气力。如果徒步行走，鞋子也往往被沾黏得难以拔出。不过，雨天毕竟是不多的，这算不了大问题，难受的是一种漫漫的孤独和沉沉的寂寞，这时宋玉青方懂得了那"古道西风瘦马"原来是可欣赏不可经受的玩意儿，那"小桥流水人家"是可憧憬不好享用的生活。不是吗？就在自己眼前所处的境地，虽然少有瘦马经过，却常有瘦驴过往，更不缺西风东风刮来。管理所门前的路当然可称为一条"古道"，看着驴儿迎风过往于这条土路，却萌发不出一点儿诗意。是的，生活是实实在在的，它与诗意的向往和抒情的梦幻尚有偌大的距离。有一年遇到大旱，渠里的水很少过来，平日生活用的蓄水池也已见底，连做饭都成问题。所长吩咐宋玉青到他那儿取水，玉清端着饭锅过去，掀开缸盖一看，仅有的缸底的水散发出一股酸涩味道，这水也不知蓄了多长时间，哪里能饮用呀！怎么办？只好跑到远处的一个山洞里，耐心地接着一滴一滴渗出的水……这时候，宋玉青再看那处有山有石有树有草的南峪渠管所，先前的美好意境已荡然无存。夜晚，她听着远处野獾的叫声，田鼠顺窗爬动的窸窸窣窣声，又突然发现爬到床边的蝎子，这一切颇有刺激的声响和形象，使得她无法入睡，就穿好衣服坐在窗前挥笔写道：

　　孤灯山静水空流，耳际虫鸣自多愁，
　　秋夜寒山花睡去，窗前唯有倩人留。

　　宋玉青无奈地打发着难熬的日子，工作是单调的，日复一日地测量水位、看水放水；生活是艰苦的，无论是吃、是住、是行，都无法与"现代人"相比；精神是寂寞的，白日仅有渠水的淙淙歌唱，夜晚是永无休止的鸟鸣兽吼。

　　其实，人是最能适应环境的，当客观环境一时不好改变，那就去改变自己吧。在渠管所工作，不能像市区机关单位的职工，上班从家来，下班回家去。他们只能以所为家，这样就有了充裕的时间。时间可以成为难熬的孤寂空间，也能用来发展专长、练就技能。

　　一个春暖花开的季节，宋玉青与同仁沿着渠水、闻着花香，走进濒临渠畔的一个果园。她看着白色的花瓣、粉红的花苞缀满枝头，一阵轻风吹过，顿觉清香怡人；转眼去看渠水，几只野鸭在打闹嬉戏，一会儿钻进水中，一会儿又浮出水面，不时发出欢快的叫声；举目遥望山顶，蜿蜒盘旋的幽径，曲曲弯弯缠绕着山峦，忽地传来一阵"咩咩——"的羊叫声，只见牧羊人正哼着山民的小调，自由自在地

寂寞护渠路　　　　　　摄影　彭新生

走过来……

　　这不是一幅牧羊归来的美丽图画吗？这不是一首太行春早的诗篇吗？这不是一张园林花香的摄影作品吗？是的，宋玉青是这样爱恋上太行山水、这样爱恋上她的职业的。她买了如何画素描的绘画书籍，她拜老师学习古诗词，她购买了照相机练习摄影。

　　也是从这时开始，宋玉青变了，变得深沉，变得安静，变得柔韧了。可以说，她由衷地爱上了护渠的岗位，她要做一个称职的红旗渠卫士。再看那山间一幢幢历经沧桑的院落、房舍，都会联想到它的历史、它的主人，以及在这里可能发生的故事；即使去看一棵饱经风霜的老树、一条弯曲悠长的羊肠小道，也会让她心有感悟，总想与那老树和小路发出心灵的对话，真个是"夕阳芳草寻常物，解用都为绝妙词"。

　　宋玉青变了，变成一个大忙人。她不再感到孤独寂寞，不再感到艰苦难熬，她只觉得光阴的可贵。工作之余，她学画素描，速写渠畔的人与景。最终，她选择用钢笔作画，不仅要画红旗渠的壮丽风景，更要画出红旗渠的优秀人物；她的摄影技术也在飞跃进步，诸多有意义的红旗渠畔的活动已进入她的镜头；不过，她最钟情的还是写诗。又一个阳春季节，宋玉青与同仁豪迈地行走在红旗渠岸畔，从上午一直走到下午，从下午又走到傍晚。红旗渠，对宋玉青可谓百走不厌，常走常新，每每看到渠水潺潺的涌动，每每遥望渠畔的山色田园，每每聆听周围的鸟鸣歌唱，她总有新作面世。看，这是春走渠畔的又一新作：

    阳春三月踏石行，只为寻诗草色青。
    柳袅风柔同赋韵，水歌山舞总关情。
    一山一树一晚霞，一洞一桥一路风。
    见证十年风雨事，劈山修渠润苍生。

三十载风雨王家庄

生活是一场长途赛事，事业则是终生的旅程。

刘海昌是红旗渠十佳管理段段长之一。他之所以获得如此殊荣，是因为有在红旗渠王家庄管理段三十二个春秋寒暑摸爬滚打的"资本"。人生有几个三十二年？三十二年只在一个地方工作，那地方又是个极其艰苦、矛盾丛生、且距家遥远的穷乡僻壤——山西省平顺县王家庄。

1954年刘海昌出生于林县姚村镇下桃村，二十余岁时，他当了村里的生产队长和民兵排长。1972年，县里把他选调到红旗渠灌区管理处，安排到渠首王家庄管理段。八年后，他被任命为这个管理段的段长，直到2004年，方调到盘阳管理段任段长。

对于从小吃惯了苦的刘海昌来说，护渠中看水放水、修补渠体及巡视渠情之类的活计根本算不得苦；就是单调的饭菜、简陋的住室、孤寂的环境也不能使刘海昌退却。令他头疼的事是与当地人的关系。

红旗渠源　　　　　　　　　　　　　　摄影　李俊生

红旗渠是林县人修建的，可是渠首在人家山西平顺境内；再说，红旗渠水引的是发源于山西的浊漳河，因此，平顺县的居民就有反客为主的优越感，你林县人是红旗渠的主人不假，谁让你们的渠坐落在我们山西平顺，谁让你们红旗渠的水要从我们山西的漳河里引……

如此，只能是因势利导，灵活地处理具体矛盾，不仅为山西人制定用水的优惠政策，更要把人际关系处得融洽和睦。刘海昌不仅有力气，还有手艺，无论泥工瓦工、石匠木匠的活计，他都上得了手。这方面，平顺县王家庄的人却是弱项。这个一向封闭保守的远乡山村，人们除了种地还是种地，倘若盖个房子，打个家具，甚而垒个煤灶，都弄不好。这些情况，有心人刘海昌看在眼中，落实在行动上，只要看到或听说谁家有泥瓦匠、石匠、木匠的活计，他立马主动去帮忙。时间长了，方圆一带的山民都知道红旗渠的王家庄管理段有个姓刘的，啥匠人的活计都拿得下，这人又乐意帮忙，还不要工钱，可好啦……

也因为这种"匠人外交",改善了王家庄管理段与周围居民的关系。刘海昌所有的时间几乎都给了王家庄,王家庄人自然对这个异乡人有了好感,好感渐渐地积累成感情。当然,刘海昌也早已把这个异地山乡视为自己的故乡,把这里的山民看作自己的亲人。一次邻舍的一个老人烧火做早饭,不慎失了火,老人身单力薄,惊恐万分地跑出门呼喊"救火!快救火——"可是,由于时辰尚早,人们尚未起床,一向起早的刘海昌听到呼叫,立马掂桶出门赶至现场,打水救火。火终于扑灭了,老人感激地连声说:"多亏你海昌啊,要不,俺这家要烧光哩……"

又有一次,一个十岁的男孩下水游泳,由于水流急,孩子水性又不怎么样,顶不住奔腾的激流,顺流而下被水冲走,情况十分危急。此时此刻,刘海昌二话没说,一个猛子扎下去,游到孩子跟前抓住了他,靠他娴熟的水性,顶住了激流,最终把孩子救上岸。要知道,这个十岁的男孩可是爸妈的心肝肉,唯一的儿子啊!孩子的爸爸妈妈都是公社卫生院的医生,舅舅是王家庄的大队支书。刘海昌出手救人的义举深深地感动了王家庄的村民,事后,孩子的爸妈和舅舅一定要将孩子认给刘海昌做干儿子。

刘海昌的好名声就这样传出去了,然而比这个名声更响的则是,渠水管理段那个姓刘的是"说媒专家",是适龄男女牵线搭桥的"月下老人"。是的,仅经刘海昌一手牵线搭桥的姻缘就达到四十对。刘海昌要做红娘,并非没事找事或多管闲事,而是领导对下边各管理段的要求:"各管理段,特别是渠首,位于异地他乡,一定与当地群众搞好关系,至于怎么搞好关系,当然是靠你们的智慧和本事……"

其实搞好关系就是做好了工作。在乡村工作的人明白,倘若将上下左右的关系理顺了,事情就能顺理成章;倘若关系到达融洽的程度,要办的事就一顺百顺。反之,双方关系冰凉冷淡,要办的事就会磕磕绊绊,甚至卡壳;倘若关系弄僵,就连顺理成章的事也弄不成了！怎么把关系搞好，那就得为对方做好事。刘海昌很快发现，乡村里有不少看来很是般配的青年男女，却因为一些陈规陋习或者是鸡毛蒜皮的小事，将本可以成就的美好姻缘弄砸，这往往是因为没有一个愿成人之美又有成事策略的人在中间斡旋；还有一种情况是适龄的男女青年各方条件都"门当户对"，就是无人牵线搭桥，致使好事错失良机。刘海昌就开始在这方面下起功夫，想起办法，生起点子。其实，山里人大多是朴实的，通情达理的，刘海昌以他正直的、亲切的、将心比心的姿态，把男女双方当作自己的儿子和闺女，或去耐心调解双方关系，或为合适的青年双方牵线，很快收到了显著效果，促成一起起美满婚姻。婚礼上，刘海昌会用幽默又通俗的方言土语，以媒人知根知底的口吻，将青年男女恋爱中的有趣"隐私"揭示给参加婚礼的大众，往往逗得大家哄堂大笑，乐哉悠哉！刘海昌的"红娘"效应愈来愈大，经他一手促成的婚姻不仅有当地本乡本土的男女青年，还有几对女方是山西平顺王家庄的，男方是河南林县某个乡村的。其中有一对恋爱青年，男方是山西平顺王家庄的，女方是河南林县东岗镇东岗苑村的。姑娘到了林县最繁华的姚村镇一家饭店打工，小伙恰好也在这家饭店当厨师。俩人可谓一见钟情，感情发展到如胶似漆、难分难舍的地步。可是，女方的爹娘知道这事后，坚决要求女儿与男方吹灯，绝不允许自家闺女嫁到异地他乡，又是穷贫的山窝窝。男方的父亲王水田在村里也是个有头有脸的人，如今只有一门心思，就是儿子的婚姻大事。在这个封闭的山村，男孩子找媳妇是最难的事，如今儿子找到了媳妇，姑娘的爹娘却不认账，一时间急得孩子他爹像热锅上的蚂蚁——团团转。他去找村干部生法子，村干部为他指点迷津，这事何不找说媒专家刘海昌。

刘海昌欣然接受了这项工作，一是他有成人之美的秉性，二是他正直公平。他认为，以往已经有几对姻缘，都是人家平顺大姑娘嫁给了林县小伙子，这太不公平，林县的大姑娘也该嫁给平顺的小

红旗渠首王家庄　　　　　　摄影　彭新生

伙子啊！更为重要的是，说成这起婚姻，会使林县平顺两地的关系更为融洽亲密。为这事，刘海昌先后十多次从平顺县王家庄到林县东岗镇东岗苑村，找到女方的爹娘说合。每次仅乘汽车就得倒换五次，中间还有相当长的徒步里程，个中辛苦酸涩可想而知，弄不好还遭白眼冷语，这一切对于说媒专家刘海昌可谓都在意料之中。是啊，要成就一件好事，往往要走一番曲折漫长的路程。难题终于在刘海昌苦口婆心刚柔相济的进攻下被攻克了，平顺的小伙娶了林县的姑娘，也可谓结下了"晋豫之好"。

想一想，刘海昌把工作做到这步田地，与当地群众和干部的关系算是搞好了，但是，即使这样，有些事依然还要困扰刘海昌。

例如，有人掉进渠里，淹得没了影儿，失去家人的人家就来管理段要求将渠水放掉，以达到水落人出的目的。这事能不办吗？来求你的人失去了亲人，俗话讲，活要见人，死要见尸，你能说不让人家寻觅失踪的亲人吗？可以说，凡是这种情况落水失踪的人百分之百没了生还可能，即使放完渠水，最好的结果也只是捞出一具尸体。可是，付出的代价你知道吗？那是一渠水啊！水，对于林县人，对于刘海昌，那是宝中之宝，无比金贵的，倘若只是为打捞尸体就去放水，值吗？

遇到这情况，刘海昌的第一方案是："我下渠里为你们捞人，一个人不行，我叫管理段的同仁都下水里捞，你们放心，捞不出人我们不会罢休。"果然，每次刘海昌这样的承诺都兑现了，都让对方无话可说。因为他总能将掉进渠里的人捞出来，无论盛夏，还是寒冬，只要能保住金贵的水，无论吃多大苦，遭多少累，一概不在话下。

时光转眼进入2004年，领导突然想起，这个刘海昌已在王家庄管理段许久许久了，有三十年还多了吧，一万多个日日夜夜，他都守在远离家乡的渠首，他咋从没说过一句要求换换自己岗位的话呢？领导在想，不能让老实人吃亏，该给他调个离家近、条件好些的管理段。

在一个平平常常的日子，组织上终于找刘海昌谈话了：

"老刘啊，你到王家庄多长时间了？"

刘海昌掐指一算，说："整整三十二个年头了。"

"你就没想调换个条件好些的管理段？"代表组织的人问他。

"谁要说我不想，那是假话。"刘海昌憨厚的面庞越过一丝苦笑，他说的是心里话。

"那你咋不向组织要求呢？这种事，你不要求，组织想不到啊，不——不是想不到，组织是发愁，光安排有要求的人都安排不了啊！"

代表组织的人摊开双手,无奈地说。

"俺知道,组织也难,俺还要求个啥。再说,王家庄这地方俺也习惯了。"

"要是组织不找你说这事,你还不会要求调调岗位?"

"那——是,俺说了,如今组织上也难,俺是老人了,不能再添乱。"

"组织已经决定,调你到盘阳管理段任段长,你表个态吧。"

"我当然高兴啊,盘阳的条件比渠首好啊,离家又近,谢谢领导了……"

从2004年到盘阳管理段任段长,一直干到2014年,刘海昌方退休回家。他的一生,可谓维护红旗渠的一生,仅在护渠岗位就干了四十二个年头。

为护渠献出生命的人

他们没有像名人，走得地动山摇；没有像英雄，走得威震四方。他们默默地巡视在红旗渠畔，用自己的血肉之躯，化作了红旗渠的基石。

郭培仁

郭培仁的护渠岗位在河口管理段，他虽然不像活蹦乱跳的年轻人那样喜爱热火朝天的生活，但是不惑之年的他却也难熬护渠的寂寞，实在觉得无聊至极，就取出平时唯一的爱好——象棋，摊开棋盘，摆好红篮双方棋子，左手执红子，来个"当头炮"，右手拿蓝子，应上"把马跳"……就这样左手与右手博弈起来，直杀得天昏地暗，繁星密布，午夜降临。这是郭培仁的一种独特的娱乐活动，因为管理段大多夜间只有一人，如果是白天，工作之余，实在觉得孤单，可以遥望公路上穿梭的汽车和过往的行人。

一旦进入工作状态，郭培仁反而觉得充实，精力尤为旺盛。例行的巡查渠线如一日三餐的家常便饭，无论是春秋，还是寒暑，无论是和风细雨，还是地冻天寒，护渠人的巡查路线是不变的，巡查

红旗渠的基石

风雪红旗渠　　　　　　　　　摄影　彭新生

的长度是一分一厘不会少的。两个相邻的管理段，必须在交界处互换手里提着的照明马灯，以保证巡查的路线不留死角。

1968年9月的一个秋夜，秋风萧瑟，风沙扬起，时有碎石细渣凌空滚落。郭培仁提着防风的马灯，行走在红旗渠河口管理段渠岸上，他时而用马灯照亮可能发生漏水的石缝，时而被异常响声吸引过去，弯下身躯侧耳聆听个究竟。随着声音的变化，他一步步地检查着可能发生险情的地段。那是个月黑头的秋夜，四周除了护渠人手提的马灯光亮外，是伸手不见五指的夜色。许是郭培仁过于全神贯注，一心扑在了要细看的部位，却忘记有个汲水豁口就在脚边，竟然一脚踏空，瞬间连人带马灯掉进滚滚流动的红旗渠水中，时值洪水季节，已达20个流量的渠水迅猛地将郭培仁冲走了……

48岁的郭培仁，上有父母双亲，下有一双儿女，妻子带着儿子趴在他再也不会苏醒的身躯上，哭诉着说："培仁啊，你咋就这样狠心地走啦，连句话都没跟俺留啊……"已哭成泪人的小儿子双手晃动着父亲，泣不成声地说："爸爸啊……你不是……说……等你放了……假，回家……教我……下象棋……的吗……"是的，小儿子年方九岁，是郭培仁近四十时喜得的贵子。

郭培仁，一个平凡的护渠职工，就这样地走了，就像他日常的工作，默默地巡视在红旗渠畔，悄然地走向另一个世界。

李来仓

李来仓从林县高中一毕业，就上红旗渠干起维护渠水安全畅通的活计，他的岗位在谷堆寺管理段，这是一段挂在悬崖绝壁上的红旗渠，可谓"山崖壁立千仞险，漳河一线谷底流"。一面悬崖绝壁，山峰直插云霄；一面水波滚动，激流一泻而下。工作在谷堆寺管理段的人，被不舍昼夜奔腾的漳河水隔断了与外界的联络。谷堆寺的护渠人，过的依然是原始部落的生活，他们吃饭自己做，烧柴上山砍，吃菜自己种，粮食从家背。这些对常人来说属于艰苦的生活，对李来仓来说却是家常便饭。他是个能吃苦、爱吃苦、吃了苦还不跟任何人说的人。因为他不会发怨，也从没有怨言。他认为，来护渠是应该的，眼下艰苦的工作环境是正常的。日常的垒防洪岸，他从没有嫌过活儿累，也从不知疲劳，甚至忘记了时间，在大忙时节，从黎明干到天黑，只有天黑得看不见了，方才收工。记不清多久没有回家了，妻子担心他在管理段出什么事，就特地跑来看他。正巧那天他负了伤，躺在床上，这是难得的休整时光。妻子走至他身边，看见丈夫浑身伤痕，特别是两只有力的大手，活活地脱了一层皮……妻子哭了，哭得没有一点儿声音，只是心里在滴血，那是刀绞般的疼呀！李来仓却说："我没事，放心吧，家里眼下也忙，你住两天就赶紧回去吧。"

妻子哪里肯依，见丈夫又流血又脱皮的身子，她怎能放心回家。过了两天妻子还是没走，不是不想走，家里的事多着呢，可是那颗心疼丈夫的心实在放不下。她知道来仓这人心眼好、实在，就是不知道爱惜自己。她怕他这样干下去，把身子累坏了，她想陪陪丈夫，"监督"男人一段时间，就暂时留在李来仓身边。可是，李来仓还是李来仓啊，待他伤势稍稍好转，就又去垒防洪岸了，妻子也不拦他，就跟丈夫一道上了渠，成了一个好帮手。男人砌墙，女人就和泥；男人敲打石块，女人就打下手帮助运料；丈夫从清晨干到晌午，妻子就整整陪伴半天。虽然活计很累，但是女人的心里分外踏实，因为她能在丈夫身边，时时提醒丈夫，要注意什么。或者说，干得差不多了，该歇一会儿再干；或是把带来的饮水递给男人，该喝一口了……

可是，不幸的日子还是来了，1974年8月16日，李来仓在专心翻砌渠墙，他用力挪动一块石头，想把位置移动得更稳当些，由于用力过猛，没想到那方石块已经活络起来，竟然连人和石块跌下万丈悬崖。当同仁们找到李来仓时，他已闭上双眼、停止心跳了。

这一年，李来仓刚刚二十五岁！

李海林

李海林是林县采桑镇南景色村人，他在红旗渠回山角管理所下辖的杨耳庄管理段护渠。李海林浓眉大眼，身材魁梧，一看就是个性格开朗的乐天派。也许这与他有个玲珑贤惠的妻子有关，妻子又为他生了一对龙凤胎，能不让当爹的快乐惬意吗？整天乐哈哈的李海林，在整个管理所都是被人羡慕的。有人私下会说，别看他海林长得人高马大，又笨手笨脚，他找的老婆真个灵巧好看。李海林的妻子曾带着一双可爱的儿女来到渠管所探望丈夫。谁见了这一家子，都会羡慕得不能自已，倘若妻子率龙凤胎走在繁华的大街上，那回头率肯定会很高。

也许是玲珑的妻子与欢蹦乱跳的一双儿女使李海林胸中揣着"幸福之源"，无论护渠的活计多么辛苦，无论守渠的生活多么孤寂，对李海林来说，那都不是一回事儿。为啥？李海林知道，最终他是要回家的，回到采桑镇南景色村，回到他家的四合院，那里不仅有爹娘，还有爱妻和儿女，温馨的日子时时向他发出召唤，美好的明天终将来临。也许是这种因素，使他的干劲特别充足，精力也特别充沛，言谈话语更是阳光向上。

然而，我们的李海林没能再如愿回家与父母妻儿享天伦之乐，妻子再也没有带一双儿女来渠管理段探望，因为李海林在刚至三十而立之年时过早地离开了这个世界。

那是1973年仲夏的一天，忙得一身汗一身泥的李海林，站起身子，细细端详他垒的护坡，左看右看，企图发现需要修正的毛病。之后，

山　魂

他右手掂起锹,欲铲除渠畔的什么,谁知一不小心,铁锹碰着山体,使他从极其狭窄的工作面坠入渠中,站在岸边的一个工友立即将自己的铁锹伸下去,锹头正好对着欲要沉下去的海林,期盼他抓住铁锹,拉他上岸。李海林用双手牢牢抓住了铁锹,可是,没有想到的事情又发生了,也许是海林身躯太重,竟将锹头拽脱下来,连人带锹头摔进渠里。更不幸的是渠底的淤泥已堆积很厚,水深已近三米,

摄影　彭新生

　　李海林本来水性就不好，他的双脚又陷入淤泥，水埋住了全身，怎么扑腾也扑腾不出水面，淤泥渐渐地埋到他的胸部，这时候，即使水性再好的人，也只有望渠兴叹，无能为力了……

　　李海林，就这样结束了三十岁的生命！

摄影 李俊生

渠畔拾遗

红旗渠的瑰宝犹如不能量化的矿床,是采掘不尽的。

李天德 特等模范 88岁

林州市合涧镇北小庄村人。白天翻山越岭在太行山半山腰上测量，晚上在油灯下用算盘计算、复核数据，最后定下来的红旗渠渠线都是在算盘上打出来的。

王春山 特等模范 81岁

林州市陵阳镇北陵阳村人。在红旗渠工地当了十年炊事员，粮食短缺不够吃，组织挖野菜、捞水草，以粮食搭配糠菜，想方设法填饱修渠民工的肚子。

田永昌 甲等模范 83岁

林州市振林办事处南关村人，工地战报记者。每天爬山头钻隧洞，在修渠现场搜集典型、采写稿件，记录下一个个修渠英雄可歌可泣的感人事迹，每天出一期引漳入林战报，鼓舞大家的修渠热情。

王才库 甲等模范 89岁

林州市合涧镇河南园村人。带领全村三十多名修渠民工，不分昼夜奋战在修渠工地上，从未耽误工程进度。

傅长生 甲等模范 86岁

林州市合涧镇北小庄村人。参加过辽沈、淮海、平津三大战役，屡立战功。退伍回到家乡后，在红旗渠工地上带领合涧修渠大军，发扬吃苦耐劳的精神，苦干实干拼命干，出色完成各项工程任务。

路录先 甲等模范 81岁

林州市临淇镇荒庄村人。临淇修渠队连长，专拣苦活、累活、危险活干，严把工程质量标准，不讲情面。

刘仁堂 乙等模范 84岁

林州市五龙镇牛家岗村人。每天在任村负责的工程段上往返奔波，把渠线、抓安全，一年穿烂了13双厚实的千层底布鞋。

田启生 乙等模范 75岁

林州市合涧镇三池村人。赤脚医生，背着药箱和防疫工具在工程沿线奔忙，消毒防疫、救治伤病，确保修渠群众的身体健康。

李生吉 乙等模范 82岁

林州市合涧镇小寨村人。修渠时他用帆布桶挑水,桶是软的,不能放下休息,只能一口气把水从河道挑到工地。

张广庆 乙等模范 82岁

林州市合涧镇上庄村人。在开凿青年洞时,带领修渠壮士们采用打三分放一炮的方法,从而加快了工程进度。

李修林 乙等模范 78岁

林州市合涧镇稳政村人。修渠的人多,晚上没地方住,李修林和同伴就在坟堆里的棺材上睡觉。

崔啼芹 73岁

林州市合涧镇小付街村人。夫妻两人一起上修渠工地,同心同德,相互鼓励,被传为佳话。

郝顺才 70岁

林州市东姚镇下庄村人。14岁就上了红旗渠工地,当时刚上初二,为了不落下课程,他带着课本上工,下工看书学习。

崔复生 80岁

林州市河顺镇马家山村人。从1960年参加红旗渠建设,就开始写红旗渠,终生不渝。

彭士俊 83岁

林州市任村镇盘山村人,总指挥部党委副书记。当时渠上有三百多名国家干部,以身作则带头干,粮食补贴领的比群众还少。

魏爱英 81岁

林州市陵阳镇水磨山村人。她是唯一裹过小脚上红旗渠工地的女人,克服重重困难,干起活儿来毫不逊色。

红旗渠的基石

宋喜成 76岁

林州市石板岩镇龙床口村人。虽然家住石板岩深山区，喝不上红旗渠水，但修渠是全县的大事，他响应号召积极去修渠。

靳根奇 76岁

林州市石板岩镇郭家庄村人。从小就和石头打交道，练就一身开石本领，在红旗渠工地上干起活来得心应手。

路秋菊 71岁

林州市合涧镇上庄村人。她是路银的二女儿，16岁时穿着父亲给她买的黄军鞋，上了红旗渠工地。

江双金 78岁

林州市石板岩镇郭家庄村人。他在渠上打钎、放炮，是一名出色的炮手。

照片摄影　李俊生

不是尾声

物换星移,沧海桑田。大地上所有的物质,当随世事的变化到了世人再也看不见的地方,而先世留下的文化经典、精神财富,依然熠熠发光,常念常新。但是,精神光芒一旦被人忽略,一旦没有传真记载,一旦没有被自己人重视关爱,也就随岁月的前行,最终湮没于历史长河之中。这样的自然流失或自生自灭,实际是最大的损失,最痛的悲叹,也是不该发生的悲剧。

任何一个忠于自己民族的人,都是热爱民族文化的,崇尚民族精神的,弘扬民族信仰的,且会竭尽所能将这种精神财富传承后人,发扬光大。

上世纪60年代,河南林县人民创造的红旗渠,集中华民族优秀文化之大成,融华夏精神光泽之总汇,可谓中华民族之瑰宝,理当成为中国人的传家宝。

任何一个热爱自己民族的人,不可能对脚下蕴藏的瑰宝麻木不仁,对身边闪现的光华视而不见。

作为中华民族的忠实儿子,皆会竭尽所能,去耐心地挖掘它,潜心地冶炼它,诚心地收藏它,真心地弘扬它,让它在光大中传承,在传承中光大……

因为它是红旗渠精神!

红旗渠精神是华夏文化精髓之延续、之升华!

红旗渠精神就是中华民族精神!

它不啻是民族的,亦是世界的!

图书在版编目（CIP）数据

红旗渠的基石 / 焦述著. — 郑州：河南大学出版社，2017.1
（2021.11重印）
ISBN 978-7-5649-2683-0

Ⅰ．①红… Ⅱ．①焦… Ⅲ．①报告文学－作品集－中国－当代 Ⅳ．①I25

中国版本图书馆CIP数据核字（2017）第018390号

责任编辑　薛巧玲
责任校对　何　姣
装帧设计　陈盛杰
出版发行　河南大学出版社
地　　址　郑州市郑东新区商务外环中华大厦2401号
邮　　编　450046
电　　话　0371-22864490　0371-86059701（营销部）
网　　址　hupress.henu.edu.cn
印　　刷　河南瑞之光印刷股份有限公司
版　　次　2017年1月第1版
印　　次　2021年11月第5次印刷
开　　本　787mm×1092mm　1/16
印　　张　21.5
字　　数　279千字
定　　价　53.50元

（本书如有印装质量问题，请与河南大学出版社营销部联系调换）